■ 本书为浙江省哲学社会科学规划后期资助课题"马克思主义文化批判理论视阈下的中国传统文化现代意义研究"（项目编号：22HQZZ42YB）最终成果

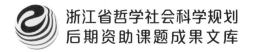浙江省哲学社会科学规划
后期资助课题成果文库

文化批判理论视阈下的
中国传统文化现代意义研究

朱晓虹 著

ZHEJIANG UNIVERSITY PRESS
浙江大学出版社
·杭州·

图书在版编目(CIP)数据

文化批判理论视阈下的中国传统文化现代意义研究 /
朱晓虹著 . —杭州：浙江大学出版社，2023.10
ISBN 978-7-308-24212-7

Ⅰ.①文… Ⅱ.①朱… Ⅲ.①中华文化－关系－哲学
－研究 Ⅳ.①K203②B0

中国国家版本馆 CIP 数据核字(2023)第 180114 号

文化批判理论视阈下的中国传统文化现代意义研究

朱晓虹 著

责任编辑	胡　畔	
责任校对	赵　静	
封面设计	周　灵	
出版发行	浙江大学出版社	
	（杭州市天目山路 148 号　邮政编码 310007）	
	（网址：http://www.zjupress.com）	
排　　版	浙江大千时代文化传媒有限公司	
印　　刷	杭州宏雅印刷有限公司	
开　　本	710mm×1000mm　1/16	
印　　张	14.75	
字　　数	300 千	
版 印 次	2023 年 10 月第 1 版　2023 年 10 月第 1 次印刷	
书　　号	ISBN 978-7-308-24212-7	
定　　价	88.00 元	

浙江大学出版社市场运营中心联系方式　(0571)88925591;http://zjdxcbs.tmall.com

目 录

1 导 论 …………………………………………………… (1)

1.1 研究缘起及意义 ………………………………… (1)

1.1.1 研究缘起 ………………………………… (1)

1.1.2 研究意义 ………………………………… (3)

1.2 国内外相关研究现状 …………………………… (6)

1.2.1 国内研究现状 …………………………… (6)

1.2.2 国外研究现状 …………………………… (11)

1.3 本书的研究思路与方法 ………………………… (15)

1.3.1 研究思路 ………………………………… (15)

1.3.2 研究方法 ………………………………… (17)

1.4 本书研究的重点、难点与创新点 ……………… (18)

1.4.1 研究的重点 ……………………………… (18)

1.4.2 研究的难点 ……………………………… (19)

1.4.3 研究的创新点 …………………………… (20)

2 唯物史观文化批判理论的基本内容 ……………… (22)

2.1 唯物史观文化批判理论的现代背景 …………… (22)

2.1.1 工业文明引导下的现代性转向 ………… (22)

2.1.2 消费社会的兴起及其文化问题 ………… (24)

2.1.3 资本逻辑控制下人的深度异化 ………… (26)

2.1.4 资本主义意识形态对人的操控 ………… (27)

2.2 唯物史观文化批判的理论基础 ………………… (29)

2.2.1 文化生成的历史唯物主义基础 ………… (29)

2.2.2 文化革新的实践哲学指向 ……………… (32)

2.2.3 文化发展的人学主题 …………………… (35)

2.3 唯物史观文化批判的三重向度 …………………………………（37）

2.3.1 文化生产的技术理性批判 ……………………………（37）

2.3.2 消费社会的意识形态批判 ……………………………（40）

2.3.3 文化商品化的大众文化批判 …………………………（42）

2.4 唯物史观文化批判的理论旨归 ………………………………（44）

2.4.1 批判与救赎：人与文化的深层矛盾及其克服 ………（45）

2.4.2 唯物史观文化批判的三维视角 ………………………（46）

3 中西马三重视野下的中国传统文化 …………………………（51）

3.1 中西马文化观的对立与会通 …………………………………（51）

3.1.1 中国传统文化的历史反省 ……………………………（52）

3.1.2 文化马克思主义与马克思主义的文化批判 …………（55）

3.1.3 继承与创新：综合创新传统文化观 …………………（57）

3.1.4 综合创新传统文化观视阈下传统文化继承与创新

……………………………………………………………（60）

3.2 人与自然关系的中西马文化观比较 …………………………（63）

3.2.1 西方的理性文化传统与科学自然观 …………………（63）

3.2.2 唯物史观的人化自然观及其文化意蕴 ………………（66）

3.2.3 传统天人合一观的概述及其现代价值 ………………（68）

3.3 人与社会关系的中西马文化观比较 …………………………（71）

3.3.1 西方人本主义传统及其理论局限 ……………………（72）

3.3.2 唯物史观共同体理论的文化表达 ……………………（74）

3.3.3 传统文化人我合一观及其现代价值 …………………（76）

3.4 人与自身关系的中西马文化观比较 …………………………（80）

3.4.1 西方个人主义传统及其文化冲突 ……………………（80）

3.4.2 唯物史观关于人的本质论及其文化意蕴 ……………（83）

3.4.3 传统文化的身心合一之道及其现代价值 ……………（85）

4 传统文化中天人合一之道的现代转换与价值创新 …………（90）

4.1 唯物史观在人与自然关系上的文化批判 ……………………（90）

4.1.1 资本主义生态危机造成天人关系的割裂 ……………（91）

4.1.2 工具理性批判与科学主义的反思 ……………… (93)

4.1.3 生态学马克思主义对天人关系的理论建构 ………… (95)

4.2 传统天人合一之道的创造性转换 ……………………… (97)

4.2.1 现代生态文明与新天人观的构建 ……………… (97)

4.2.2 "道法自然"思想的现代开掘 ………………… (102)

4.2.3 超越科学主义与人类中心主义的文化藩篱 ……… (106)

4.3 当今中国对天人合一之道的创新性发展 ……………… (109)

4.3.1 建立人与自然和谐相处的"生命共同体" ……… (110)

4.3.2 以绿色发展理念推进生态文化建设 …………… (111)

4.3.3 以大国担当的情怀推进全球生态文明的进步 …… (114)

5 传统文化中人我合一之道的现代转化与价值创新 ………… (118)

5.1 唯物史观对人我关系的文化阐发 ……………………… (119)

5.1.1 社会关系视阈下的个体需要及其满足 ………… (119)

5.1.2 个人利益与共同利益在"真实集体"中的统一 …… (122)

5.1.3 自我价值在社会历史活动中的实现 …………… (126)

5.2 传统文化中人我合一之道的创造性转化 ……………… (130)

5.2.1 由"自然人"向"道德人"的提升 ……………… (131)

5.2.2 个人主义的超越与自由的真正实现 …………… (136)

5.2.3 "大同"社会:从理想走向现实 ……………… (144)

5.3 当今中国在人我关系上的创新性发展 ………………… (152)

5.3.1 以共享发展理念化解社会分配矛盾 …………… (153)

5.3.2 以社会主义核心价值观增强公民的文化认同 …… (156)

5.3.3 以人类命运共同体理念引领全球化的发展 …… (162)

6 传统文化中身心合一之道的现代转换与价值创新 ………… (166)

6.1 唯物史观对人与自身关系的文化立场 ………………… (166)

6.1.1 "真实需求"对人的需要的澄清 ……………… (167)

6.1.2 消费异化的身心对立及其后果 ………………… (170)

6.1.3 "感性解放"谋求身心和谐发展 ……………… (173)

6.2 传统文化中身心合一之道的创造性转换 ……………… (176)

　　6.2.1　身之欲与心之理的合一 ……………………………（177）

　　6.2.2　以理制欲的道德理性及其基本范式 …………………（181）

　　6.2.3　超越压抑与放纵:身心合一之道的现代重建 ………（185）

　6.3　当代中国在身心关系问题上的创新性发展 ……………………（193）

　　6.3.1　建构身心合一的新时代修养观 ………………………（194）

　　6.3.2　推崇超越物欲主义的幸福观 …………………………（198）

　　6.3.3　倡导立德树人的生命观 ………………………………（205）

7　结束语 …………………………………………………………（208）

　7.1　以中华优秀传统文化增强文化自信的源头性力量 ………（208）

　7.2　以唯物史观文化批判理论为引领提升国家软实力 ………（212）

　7.3　以民族文化共识的培植凝聚起民族复兴的伟力 …………（214）

主要参考文献 …………………………………………………………（218）

后　记 …………………………………………………………………（231）

1 导　论

1.1　研究缘起及意义

1.1.1　研究缘起

在当今中国,增强文化自信、建设文化强国已然是国家层面的战略任务。它既需要执政的中国共产党引领人民大众进行积极的实践创新,也需要对在5000多年文明发展中孕育的中华优秀传统文化、在党和人民伟大斗争中孕育的革命文化和社会主义建设和改革实践中形成的社会主义先进文化进行整理、传承和弘扬光大。在这个过程中,我们尤其需要大力传承和发展好中华优秀传统文化,因为它具有源头性和基础性的地位。我们的理论研究无疑应该在这个过程中,做出系统的梳理和应有的学理贡献。

然而,就现实语境而论,有一个不可否认的基本事实是当今中国人正处于市场、资本的深度介入和影响中。对商品、买卖、价格、价值和消费等词语人们已经没有了任何陌生感,更不会如改革开放初期那样有人对它们强烈地排斥。由此带来的是工业文明迅速在中华大地崛起,与此相关联,文化也表现出更为深度的现代性转向。现代主义、后现代主义的理和事在经济急速增长的带领下被催生、被唤醒或者被引入。人们突然发现当代中国也面临着资本逻辑、资本意识形态对人的生活方式的支配,以及对人的自主性和个性的僭越。物欲主义、消费主义、利己主义、享乐主义等文化思潮对当代中国人的影响力不可忽视。人在崇拜"物"的五光十色的外表的同时,仿佛已不再关注内心的安宁、和谐与幸福。另外,中国在全球化的世界浪潮中迅速调整身姿,不断打开国门与世界深度融合。在这个过程中,中国的文化发展面临着更为复杂的环境。作为当代中国文化源头和基础部分的中国传统文化该如何在新的场域中发出自己的声音,去回应资本的全球化这些问题呢?事实上,在近代以来的中西方大论战中传统文化的优与劣就曾屡屡被论及。自 20 世纪 80 年代以来,"国学复兴""传统文化热"也曾引领过社会风尚。在当下,文化自信作为中国共产党治国理政的重要理念,更是促使传统文化的发掘、传授、研修与践行走入了大众生活,对优秀传统文化的继承与创新已成为当下中国文化领域里的一道亮丽的风景线。

但毋庸讳言的是,至今人们对于传统文化的态度依然是非常复杂的。无论是民众还是学界,无论是东方还是西方,对中华传统文化的评价显然充满着不同立场、不同观点的争议。有学者认为,当代中国所面临的文化矛盾,主要包括"中国模式"中的文化主体分化与融合、西方文化观的解构与中国化马克思主义文化观的建构、传统文化与社会主义市场经济的内在冲突等。① 这里,传统与现代之间的矛盾即便不再显示为当今社会的主要文化矛盾,但毋庸讳言这一矛盾始终潜隐地存在着。传统文化在当代中国人的文化血脉和基因里起着不可估量的影响作用,以海外新儒家为主要代表在世界范围掀起的中国传统文化热,一定程度上表明了人们已然站在现代的角度思索中国传统文化的时代价值。重要的还在于,这事实上正显露了对国人影响颇大的西方文明的现代危机和中国传统文化具有超越这一危机的潜力。

但可以肯定的是,传统文化无法不经批判与转换就彰显其现代价值。唯物史观以其对人类生存关切的内在逻辑而在超越传统与现代的对立中衍生了可贵的文化批判精神。而且,这一文化批判精神直接被以法兰克福学派为主要代表的西方马克思主义阵营所继承和弘扬。事实上,正如有学者论及的那样,西方马克思主义者对西方启蒙时代以来的文化批判和反思可谓成就斐然。② 这些理论成果所内蕴的合理性成分理所当然地为唯物史观的文化批判理论提供着有益的启迪。

可见,在唯物史观文化批判理论视阈下对中国传统文化的现代价值进行发掘、传承与转换不仅有着充分的必要性,而且也有了现实的可能性。这正是本书的研究缘起。

---

① 黄力之:《后革命语境中的中国文化矛盾》,上海三联书店 2016 年版,第 46—153 页。
② 万斌、张应杭主编:《马克思主义视阈下的当代西方思潮》,浙江大学出版社 2006 年版,第 155 页。

1.1.2 研究意义

传统文化在当代社会既不是完全无用的,也不是像文化复古主义者所主张的那样是不需要批判就可以直接拿来嫁接于现代社会的。它需要现代转化与重新开掘才能适应并应用于现代人的生活世界。从唯物史观文化批判理论的视阈下去探寻中国传统文化的现代意义,将彰显以下的理论意义:

一是可以从唯物史观文化批判的角度来全面审视中国传统文化的时代价值与创造性转换的可能性。在以往对马克思主义中国化的研究中,在文化层面上比较多地关注了马克思主义与争取民族独立解放年代形成的革命文化和社会主义先进文化的关联性,对马克思主义与中国传统文化的关联性,尤其在思想细节的展开方面仍有很大研究空间可以拓展。比如,在马克思主义中国化进程中做出颇为重要的理论贡献的冯契先生就认为,20世纪初在"主义的论战"中,中国为什么选择了马克思主义而不是别的主义,其中就有一个问题是很值得研究的。这个问题就是:唯物史观在诸如人我(群己)之辩、义利之辩问题上具有诸多与中国传统文化(尤其是儒家的道统)相契合的精神气质。[①] 依据这样的思路,我们显然可以为当今中国马克思主义中国化、时代化找到一条与传统文化相结合的新的、具体的发展路径。

二是以传统文化为切入点,可以为构建中国特色哲学社会科学体系提供理论和方法的参考。近年来,有越来越多的学者呼吁要尽快构建起彰显中国特色的哲学社会科学理论与方法论体系。这既是文化自信的题中应有之义,更可以为文化自信提供学理与方法层面的支撑。要实现这一目标,一项重要的工作就是哲学社会科学工作者要从对西方理论和话语体系的过度推崇中走出来。事实上,我们从中国文化的天人合一、人我(群己)合一、身心合一等概念中显然可以读出鲜明的中国特色、中国风格、中国气派。这些中国文化的标识性概念,经过创造性的转换,一定可以彰显出其特有的现代性,它对哲学社会科学工作者深入研究关系国计民生的重大课题和积极探索关系人类前途命运的重大问题无疑有着重要的智慧启迪。

三是可以为当前构筑文化自信、建设文化强国提供重要的学理支撑。本书拟就文化自信与中华优秀传统文化价值开掘的关联性为楔子,以马克

---

① 杨海燕、方金奇:《智慧的回望——纪念冯契先生百年诞辰访谈录》,广西师范大学出版社 2015 年版,第 131 页。

思的历史唯物主义理论为指导,借助中西方文化的比较研究方法,力图梳理和概括出若干条彰显中华民族文化特性的基本价值原则,从而为构筑文化自信提供若干来自思想史的智慧启迪。特别值得指出的是,因为这个学理支撑是源自我们的传统,因而它对中国人而言也许更具亲切感和认同感。

传统文化中体现着中华民族世世代代在生产生活中形成和传承的世界观、人生观、价值观、审美观等,几千年来已经成为中华民族最基本的文化基因,并因此形成了与别的民族不同的文化识别码。这些最基本的文化基因和文化识别码,是中华民族在修齐治平、尊时守位、知常达变、开物成务、建功立业过程中逐渐形成的有别于其他民族的独特精神标识。今天当我们不再偏激而是能够心平气和地看待传统文化时,便可发现其中有许多优秀成分。我们在本书中将通过比较系统的梳理和开掘,将这些中华优秀传统文化内蕴的现代性做若干具体的展示。它不仅可以为中国特色社会主义文化建设提供重要的思想史资源,也可以为"构筑中国精神、中国价值、中国力量,为中国人民的精神指引提供来自历史的智慧启迪"①。而且,从世界范围来看它还可以为诸如环境问题、可持续发展问题、地区冲突问题、国家利己主义及霸权、霸凌、霸道盛行等"全球问题"的解决提供中国思路、中国方案、中国智慧。可见,有着充分学理支撑和历史沉淀的中华优秀传统文化,使创造了中国道路、中国模式、中国奇迹的中国,以更加自信的姿态屹立于世界民族之林。

近代以来中国人民在中国共产党的带领下以马克思主义为指导对中国传统文化进行了深度的反思与剖析,也取得了诸多创造性转化的积极成果。比如毛泽东在《新民主主义论》中在坚持"新民主主义的文化是民族的,它主张中华民族的尊严与独立"②的基础上,提出了"无产阶级领导的民族的、科学的、大众的文化"③这一新民主主义文化纲领,就曾被认为是中国近代思想史上一直悬而未决的古今、中西之争的一个积极成果。④ 它既彰显了民族性又彰显了现代性,为新民主主义革命的胜利奠定了思想文化层面的根本基础。"而今迈步从头越。"在进入新时代之后的中国,我们同样需要从唯

---

① 黄寅:《传统文化与民族精神——源流、特质及现代意义》,当代中国出版社 2005 年版,第 206 页。
② 毛泽东:《毛泽东选集》(第 2 卷),人民出版社 1991 年版,第 706 页。
③ 毛泽东:《毛泽东选集》(第 2 卷),人民出版社 1991 年版,第 706 页。
④ 杨焕章主编:《毛泽东哲学思想研究概述》,天津教育出版社 1988 年版,第 309 页。

物史观文化批判的角度来审视传统文化的现代转化与价值创新问题,并致力于将这一转化和创新成果投入当代中国文化自信的建构过程之中。因此,从现实意义角度来看,本书将有着以下几方面的价值:

一是从中西马文化研究的角度综合分析传统文化的现代价值与价值创新的可能性及路径,从而有助于推进国家文化软实力的建构。当今中国虽然在包括文化在内的各个领域都取得了举世瞩目的成就,但不容否认的是,文化大国并不等于文化强国,我国文化软实力的表现跟不上国家硬实力前进的脚步。因此,提升文化软实力便成为国家战略高度的问题。实施这一国家战略当然是个庞大的系统工程,但其中从历史源头着手构筑文化自信,让中华优秀文化既走进国民的内心,又以自觉、自信、自豪的姿态走向世界,肯定是很重要的一个环节。正如"欲人勿疑,必先自信"格言所阐述的道理那样,对自己的文化我们要构筑起坚定的自信,从中国文化的源头出发,并大力推动中国文化"走出去",向世界传递中国好声音,让中国智慧、中国方案、中国道路充满自信地亮相全球,不仅可以为中国影响力的全球扩展提供有效的"软保护",构筑有利于中国长期发展的"软环境",更可以为我们的强国之路提供强大精神力量。我们的理论工作者必须有这样自觉的使命感和担当精神。

二是通过具体分析中国共产党对传统文化创造性转化和创新性发展的理论与实践,在天人合一、人我(群己)合一和身心合一等方面的文化再造,以期引领人们对中华优秀传统文化有一个整体而清晰的把握,在创造吸收中实现传统文化与现代生活方式的有机融合。已经有越来越多的事实证明,中西马文化的百年争论以当今中国现代化发展的实践成果为基础已然有了一个相对合理的解决方式,只是这种解决方式在理论阐述与意识形态的表达方面还需要对传统文化有一个现代转化与价值创新的跟进。也就是说,对中国传统文化现代价值的讨论我们要走出"空对空"的理论抽象,要在直面现实生活世界及其伦理难题的过程中将其核心价值转变为积极的生活理念。在人与自然、人与社会、人与自身的关系上,现代性的发展确实带来了诸多难题,传统文化只有在积极回应并解答这些难题的过程中才能彰显出自身的现代性价值。正是由此,我们断言:中华传统文化虽然产生于以小农经济和宗法等级制为前提的社会中,但从文明的角度,它有着诸多普遍性的价值可以用于解决现代人类生活中的物欲主义、消费主义、享乐主义、个人主义、利己主义以及价值虚无等问题。这不仅对社会主义和谐社会以及社会主义核心价值观构建大有裨益,而且这些经过了现代转化与价值创新的传统文化的优秀成分,其本身就是中国特色社会主义现代化进程中"中国特色"之语境的重要含义之一。

1.2 国内外相关研究现状

1.2.1 国内研究现状

自 20 世纪 80 年代以来,"国学热""传统文化热"的流行一波强似一波。人们深感市场、资本运作日益成熟的现代中国,传统文化尤其是传统的伦理文化在不断走向"滑坡"。在一些人看来,拯救传统就是在拯救社会伦理,就是在拯救民族精神。人们也纷纷从现代性、后现代性角度反思传统文化,也取得了不少研究成果。但至今人们对何谓"国学"或"传统文化",其现代价值到底何在等问题并未达成普遍共识。

第一是关于文化的界定问题。梁漱溟认为:"文化并非别的,乃是人类生活的样法。"[①]胡适界定文化为"人们生活的方式"[②]。毛泽东对于文化的定义代表了中国化马克思主义者所坚守的基本立场。他在《新民主主义论》中指出:"一定的文化(当作观念形态的文化)是一定社会的政治和经济的反映,又给予伟大影响和作用于一定社会的政治和经济,而经济是基础,政治则是经济的集中的表现。这是我们对于文化和政治、经济的关系及政治和经济的关系的基本观点。"[③]自此之后,国内学者对文化的定义基本以毛泽东的这一理解为基准。正是基于这一理解,陈先达早就对"文化就是人化"的观点提出批评意见,他认为如果脱离人与文化存在的社会,仅仅谈论人与文化将会陷入循环论证。他同时指出,文化研究也不能以人的抽象本质为中介,要考虑到人的社会性和实践性。由此,他认为正确把握人与文化的关系,需摆脱把一切人的创造物都称为文化的观点,而应把文化看成是一种观念形态,文化是"处于一定社会形态中的人,直接或间接、自觉或自发地为适

---

① 胡军主编:《梁漱溟论人生》,江西高校出版社 2010 年版,第 10 页。

② 胡适:《胡适的时论》,六艺书局 1948 年版,第 36 页。

③ 毛泽东:《毛泽东选集》(第 2 卷),人民出版社 1991 年版,第 663—664 页。

应和改造自己的生存环境而进行的精神生产的产物"①。笔者在本书中对传统文化、现代文化、西方文化的提法,其语义阐释基本承袭这一立场。

第二是传统文化如何现代化的探索。这在中国学界也是一个持续受到关注的问题。其被关注的核心问题大致可以归结为如下两个:一是如何处理中华文化与外来文化的关系;二是如何处理传统文化与今天的中国文化的关系。概括起来,就是"古今中外"这四个字。

这一探索从时间上大致可以分为以下几个阶段:第一阶段是鸦片战争后至五四运动。这一时期中国传统文化受涌入的西方文化的冲击,出现了认同危机。以魏源、严复、龚自珍等为代表的知识分子率先走上了介绍、思考和接受西方文化的道路,提出了"师夷长技以制夷""中学为体,西学为用"等主张。这是中国传统文化被迫走上现代化道路的发端。第二阶段是五四运动至新民主主义时期。经历五四新文化运动后,许多国人失去了对传统文化的敬畏感,对传统文化大多做了否定性的批判和审视,出现了一场激进的反传统以追求启蒙的文化转型。但即便是在这一语境下,传统文化也还是得到了一些学者的肯定与坚守。文化论争中最具代表性的阵营有以胡适、陈序经为代表的西化论和以梁启超、梁漱溟为代表的保守主义。毛泽东1940年发表的《新民主主义论》可谓对"这一文化论战做了革命性的总结"(冯契语)②。这堪称近现代中国文化现代化发展历程中的里程碑,因为这是马克思主义唯物史观作为文化现代化之指导方向的正式确立和自觉选择的开端。尤其是毛泽东认为新民主主义文化是"无产阶级领导的民族的、科学的、大众的文化"③这一定位,为新民主主义的文化建设确立了基本的向度和努力的方向。第三阶段是新民主主义时期至今。这一时期,学界通过对唯物史观理论的学习与自觉运用,对传统文化的现代性问题有了更科学、更理性、更全面的理解。学界同仁做了大量的卓有成效的研究。比如费孝通教授在1983年与李亦园、金耀基、杨国枢、乔健、李沛良等著名学者共同倡导并发起了"现代化与中国文化"(Modernization and Chinese Culture)研究会。其主旨即讨论现代化与传统文化之间的关系。研究会第一届的主题

① 陈先达:《关于文化研究中的几个问题》,《高校理论战线》1995年第10期。
② 杨海燕、方金奇:《智慧的回望——纪念冯契先生百年诞辰访谈录》,广西师范大学出版社2015年版,第12页。
③ 毛泽东:《毛泽东选集》(第2卷),人民出版社1991年版,第706页。

就是"中国传统文化对现代化的影响"。老一代学者对中国传统文化的现代性发掘以及探讨中国文化对世界贡献的研究热情至今仍激励着现代学人。2010 年起北京大学中国文化发展研究中心及马克思主义学院举办过多次中西马高端对话,涉及文化选择与文化发展、中国道路与中国文化的关系等问题。这些研究会或高端对话,力图以对话促进传统文化的传承和创新,其努力显然非常值得肯定,其取得的学术成果及价值共识更是弥足珍贵。

除了上述成果之外,在这一阶段的探索中还有许多成果也值得梳理和借鉴。丁立群在《中西古今之争的前提批判》中进行了四个前提性问题的探讨,包括:文化传统是固化、稳定的还是活的生命有机体;文化传统是整体不可拆分的还是可以部分借鉴的;文化传统的评价标准是内在还是外在的;"古今"与"中西"能否相互还原。[1] 对前提性问题的这一辨明有利于我们转换范式,在全球共同价值视野下重建民族文化的自尊与自信。

邹广文在《文化前行:在传统与现代之间》一文中形容文化是一条生生不息从"过去"经过"现在"流向"未来"的河流。他认为对传统文化与现代文化不应做实体化、僵化的理解,反对以唯一不变的样态去固定传统文化。他主张理解传统要立足于时代问题和全球视野,在当下的生存活动中寻找传统,在观照全球问题中重新发现传统。他坚信传统文化始终影响着我们当下的生活。这是因为文化拓新是既继承又背离的运动,新的文化成果会马上构成新的传统,而更新的文化成果又必然会超越它。因此我们要在自觉意识与批判意识的会通中延续、发展传统文化。[2]

置身全球文化多元化的现实背景下,在促进各民族文化的交融与对话过程中,文化比较是不可避免的。在这个过程中,既有具体概念的比较,也有宏观抽象的比较。赵敦华在《超越后现代性:神圣文化和世俗文化相结合的一种可能性》中强调了西方文化的复合性,他反对中西方文化比较中的整体主义倾向。[3] 邓晓芒《黑格尔辩证法讲演录》一书虽然是以黑格尔辩证法为论述主题,却穿插了大量的诸如理性精神、自由观等中西哲学深层次、本源性的差异比较,对批判地看待中国传统文化无疑颇具启发。[4]

---

[1] 丁立群:《中西古今之争的前提批判》,《哲学动态》2019 年第 8 期。

[2] 邹广文:《文化前行:在传统与现代之间》,《求是学刊》2007 年第 6 期。

[3] 赵敦华:《超越后现代性:神圣文化和世俗文化相结合的一种可能性》,《哲学研究》1994 年第 11 期。

[4] 邓晓芒:《黑格尔辩证法讲演录》,商务印书馆 2020 年版,第 49—52 页。

第三是关于从"现代性困境"角度来看待中国现代化进程以及传统文化的现代转化。"现代性困境"是西方学者描述现代化国家境遇的一个命题。尽管对"现代性困境"的具体解读见仁见智,但是在一个问题上却几乎取得一致的立场,这就是学者们相信这一困境与资本逻辑是具有内在关联性的。[①] 学者张明虽然不同意中国也面临所谓的"现代性困境",但是他认为中国的现代化的确存在着诸如两极分化、环境问题迭起等与西方现代性同样的弊病。他认为,以西方现代性弊病的透彻分析为基础,把中国问题和其对照,才能真正界定出我国当前发展问题的属性以及回应究竟有没有陷入西方现代性困境之类的问题。对于如何消除这些弊病,张明认为"以中国道路为代表的中国现代性建构,既继承了丰富的历史遗产,也结合新时代条件作出了丰富与发展;既延续了另类现代性的文化历史基因,也在资本现代性全球化的夹缝中作出了新的理论突围"[②]。

张明认为当代中国的现代性困境表现为双重性,它是现代性本身固有矛盾与中国自身的独特因素相互叠加导致的。这首先表现在现代性的固有困境上,即一方面随着经济的迅速发展以及社会财富的急剧增加,人们的物质生活水平有了不断的改善,社会发展成就也突飞猛进、日新月异;但另一方面由于这种急速发展也带来社会弊病和社会问题,经济、社会等领域的不同程度的异化现象使人的生活并未如期待的那么美好。其次,中国自身存在的独特因素导致当代中国的现代性困境。事实上,当前我们之所以热衷于探讨"中国模式",恰恰是因为我们以往在强调学习、模仿与借鉴西方现代化的成功经验的过程中,忽视了中国特色的政治、经济、文化因素,由此导致了自主探索的自觉意识和实践能力严重缺乏。特别是随着不同国家现代化的发展模式和思想观念的涌入,极容易让我们忽略这些现代化模式背后的现代性困境。我们在引入这些模式和观念的时候不得不详加审视,不可犯"拿来主义"的错误。于是,"中国模式"的思考便应运而生。而传统文化的现代化转型无疑是"中国模式"构建的重要文化路径之一。

在这个问题的探索中,也有学者分析了资本逻辑语境下的"现代文化"危机。在作者看来,现代文化是与工业生产和市场经济相联系的一种文化

① 万斌、张应杭主编:《马克思主义视阈下的当代西方思潮》,浙江大学出版社 2006 年版,第 260 页。
② 张明:《西方现代性困境与中国道路的理论前景》,《毛泽东邓小平理论研究》2016 年第 2 期。

样态,可称为工商文化。① 它在推动人类社会走向现代化的过程中功不可没。追求自身利益最大化是工商文化的最高原则。这一工商文化以自利性为根据的人性预设,成为西方近代以来所形成的代表性的现代化理论观点和制度设计的逻辑出发点。但问题的严峻性在于,自利带来了人与自然、与他者、与社会的必然性冲突。这一"现代文化"的危机在确立了市场经济的当今中国也同样存在。

第四是以唯物史观为视角总体审察传统文化的现代价值。有学者认为传统文化为马克思主义中国化提供了丰厚土壤,但其中的封建糟粕又在一定程度上阻碍了马克思主义中国化的进程。为此,丁立群将马克思主义中国化视为马克思主义与中国传统文化的双重创新。② 有学者将马克思主义作为外来文化予以论述,这引起了不同观点的争论。叶险明认为,把马克思主义视为一般意义上的外来文化或西方文化,在逻辑上是不通的。在他看来,马克思主义,尤其是马克思主义哲学作为中国共产党人的主导世界观和方法论,其中国化就是通过对中国社会重大问题的反思,从世界历史的角度对当代中国社会整体发展的进程、机制、特点、规律及其趋势做出哲学层面上的科学解释并为实践提供指导。③ 刘怀玉则进一步指出,马克思主义与传统文化的关系不同于常见的"批判—超越""继承—创新"逻辑,而是将马克思主义中国化的过程指认为中国文化的现代转化的同一过程或有机组成部分。④ 张应杭借对冯契哲学思想的评述而提出了"马克思主义理论和中国传统文化在许多问题上的内在契合既是中国在 20 世纪 20 年代主义的论战中选择马克思主义的思想史缘由,也是今天马克思主义中国化的一个重要推进路径"⑤的观点。周颜玲的博士论文《我国主流意识形态建设视域下传承弘扬中华优秀传统文化研究》(山东大学,2019)从马克思主义作为主流意识形态的角度研究了中华优秀传统文化的总体传承问题,并提出了以马克思主义为指导对中华优秀传统文化继承创新的本质,正是马克思主义中国化实现的重要路径。

---

① 王春福:《论"现代文化"的全面危机与转型》,《浙江社会科学》2016 年第 12 期。
② 丁立群:《马克思主义时代化的基本路径》,《哲学动态》2016 年第 6 期。
③ 叶险明:《马克思哲学革命的文化逻辑及其现代启示》,《中国社会科学》2007 年第 6 期。
④ 刘怀玉:《传统文化的现代转化与马克思主义中国化》,《南京政治学院学报》2014 年第 4 期。
⑤ 张应杭:《论冯契的理想观对马克思主义哲学的理论贡献》,《华东师范大学学报》2016 年第 3 期。

学界对马克思主义与中国传统文化之关系的这些研究显然从理论立场和方法论层面对本书的研究提供了基本的思路。正是依据这一思路,笔者在传统文化现代性转化的探讨中,始终以马克思主义的基本世界观和方法论为指导,把经过现代转化的传统文化的这些优秀成分既视为马克思主义中国化的积极成果,又将其理解为在文化自信语境下传统向现代转化时的中国智慧和中国价值观的当下呈现。

1.2.2 国外研究现状

在人类文明体系中,中国文化与文明①从来都是不可或缺的一个重要部分,比如亨廷顿就在《文明的冲突》一书中将中华文明列为世界重要文明体系之一。② 国外学者对中华文明、中国传统文化的研究成果也颇为丰厚,特别是对中华传统文明与文化该如何适应当代社会,其对现代生活方式有着怎样的价值和意义等问题也从不同于中国人自身的视角得出许多新见解。近年来关于中国传统文化的现代意义,国外学者主要聚焦于以下几个问题:

第一是从普遍、一般的意义上基于现代性困境反思的基础上研究传统文化的价值。在西方学界,现代性被理解为社会从前现代到现代的一个根本性跨越的结果和特征。众所周知的是,这个社会进化的过程催生了许多问题,包括环境恶化、经济危机频发、贫富差距扩大乃至恐怖主义的产生。这一因现代性而产生的问题被人称为"现代性的后果"③,这是吉登斯的称呼。哈贝马斯称其为"生活世界殖民化"④,西梅尔则将其表述为"文化悲剧"⑤。美国社会学家丹尼尔·贝尔指出西方发达社会内部的经济、政治、文化三大领域在其发展和演进的过程中,逐渐形成了相互间的根本对立和

---

① 关于文明的概念,宽泛的理解是指与人的活动相关的一切存在。因而,它应包含思想、典章、制度、器物等内容。就这一点而言,文明的概念与广义的文化概念大致相同。(参见张岱年主编《中国文史百科》,浙江人民出版社1998年版,第21页)不过作者在本书中指称的文化概念更侧重于思想观念方面,它是文明的一个重要方面。

② [美]塞缪尔·亨廷顿:《文明的冲突与世界秩序的重建》,周琪等译,新华出版社2010年版,第3—5页。

③ [英]安东尼·吉登斯:《现代性的后果》,田禾译,译林出版社2000年版,第34—35页。

④ [德]尤尔根·哈贝马斯:《合法化危机》,刘北成、曹卫东译,上海人民出版社2000年版,第245页。

⑤ 陈戎女:《西美尔与现代性》,上海书店出版社2006年版,第78页。

价值断裂。而且,他认为这是进行现代化建设的国家必然会遇见的普遍问题。① 雅思贝尔斯曾经总结过一个规律性的现象:任何现代文明的兴起都必然要重新回顾人类曾经出现的轴心时代的文明和文化的成果。于是,面对整体性消解、价值断裂、人被物质力量奴役等现状,从事现代性批判的许多西方学者都把希望转向了传统人文精神的回归,甚至转向对东方传统文化所特有的道德伦理性回归的期待,希冀在更广阔的文化视野中,以人文精神消解"异化",从而消除以经济利益为轴心原则造成的现代性后果。事实上,如果做一些追根溯源的梳理,我们就可以发现现代性问题引起了极多思想家的注目,更早地可以从帕斯卡尔、叔本华、克尔凯郭尔、尼采以及海德格尔、萨特的存在主义中找到对现代性问题反思的思想源头。这些哲人无一不是直面异化世界中人的文化困境,企图高扬人之情感、意志、心力、自由等特性来反抗异己的力量。

现代性批判反思的一个重要理论成果是产生了后现代主义。后者是从修正现代性弊病出发,力图消解启蒙理性对人之主体性的过分张扬。这事实上是对西方传统哲学的本质主义、基础主义、"形而上学的在场""逻各斯中心主义"等的批判与解构,代表人物主要有美国的理查德·罗蒂、法国的雅克·德里达和让-弗朗索瓦·利奥塔。当代美国最活跃的后现代主义者格里芬曾说,如果说后现代主义这一词语在使用时可以从不同方面找到共同之处的话,那就是,它指的是一种广泛的情绪,而不是一种共同的教条——一种认为人类可以而且必须超越现代的情绪。② 后现代主义的无中心意识以及多元价值取向带来了一个直接的后果,那就是其评判价值的标准并不清晰。这导致人们不再高度重视道德伦理、人生价值、国家命运等,因此一方面它使人的思想有了一定程度的解放,但另一方面后现代主义对真理、进步等的否定也导致了价值相对主义、怀疑主义乃至虚无主义的流行。而且,它坚持价值的相对性和多元性,也使其宣称的对现代性困境的解决有了与现代主义一样的局限性。可见,无论是现代性理论还是后现代主义,都没有最终解决现代性带来的问题。正是在这一背景下,包括文化批判在内的唯物史观现代性批判理论的出场就有了非常现实的意义。

第二是从特殊性的视阈探究了中华传统文化与现代社会价值理念的不

① [美]丹尼尔·贝尔:《资本主义文化矛盾》,严蓓雯译,江苏人民出版社 2012 年版,第 48 页。
② [美]大卫·雷·格里芬:《后现代精神》,王成兵译,中央编译出版社 1998 年版,第 32 页。

相容性问题。雅各布·布克哈特认为："文化的许多因素并不为人所感觉到，因为它们是从某个以往民族那里传承到人类共同血液中的。"①由此，他认为必须重视民族文化和世界文化的关系，要研究各文化门类的文化形态的历时性传统与现代性的关系问题。约瑟夫·列文森在《儒教中国及其现代命运》一书中着重论述了儒家文化在中国走向现代化过程中扮演的角色。他以儒教为中国传统文化的代表，将传统与现代的张力置于西方文化冲击的背景下，展示出了他独特的中国近代史观。在列文森的眼里，中国传统文化不可能孕育出科学理性精神，因此中国近代历史的发展便不能够独立地实现国家的现代转化。美国著名的中国学家费正清提出了以西方冲击与中国回应来考察近代中西关系的框架，即"冲击—回应"模式，认为中国只有借助外部力量才能实现近代化。在他看来，西方的冲击必然要求中国进行变革，但中国却"不得不在他自己的文化传统中去实现这个现代化，而这种传统是抗拒变革的"②。他认为这就是近现代中国必须面对的一个文明与文化的尴尬。

在解决现代性问题过程中，西方学者对以儒家文化为代表的中国传统文化无论是否定性还是肯定性的评价，毫无疑问为我们的研究提供了"旁观者"的多维视阈及其结论。但可以肯定的是，他们的结论往往缺乏令人信服的论证。这固然是非历史唯物主义历史观和方法论的局限所致，但这一局限性更多的应该还源自他们对中国传统文化缺乏真正深刻和系统性的了解。这就正如有学者曾尖锐指出的那样："西方学者对中国文化的解读往往以推理与想象的结论来取代基于经典文本及民俗的实证研究。"③

第三是西方学者对中国传统文化现代性的肯定性研究。事实上，西方文化界对中国文化的态度可归类为两种截然相反的看法。肯定者认为中国文化对于人类的发展具有积极的意义，具有批判现代性走向后现代文化的某种典范作用，其中尤以中华文化的道德价值观最受推崇。在这些对中国传统文化持肯定性立场的学者中，汤因比和李约瑟是最为典型的代表人物。

汤因比认为"中国模式"是理解人类文明的关键路径之一，它具有温厚典雅、追求自由与正义的优点，对人类走出道德沉沦、贫富悬殊以及环境、人

---

① ［瑞士］雅各布·布克哈特：《世界历史沉思录》，金寿福译，北京大学出版社2007年版，第51页。
② ［美］费正清：《伟大的中国革命》，刘尊棋译，国际文化出版公司1989年版，第3页。
③ 黄寅：《诸子经典散论》，中国言实出版社2007年版，第72页。

口等危机的挑战具有积极引领的意义。在《展望 21 世纪:汤因比与池田大作对话录》一书中,他指出正是由于中国所具有的"世界主义"精神和传统美德,"将来统一世界的大概不是西欧国家,也不是西欧化的国家,而是中国"①。他甚至断言:"人类未来的文明如果不以儒家天人和谐思想作为范式的话,人类的前途将是可悲的。"②事实上,汤因比对中国传统文化的认同,从一定意义上正反映着东方文化中诸多古老思想所内蕴的现代价值。

李约瑟也肯定了中国古代文化的现代价值与意义。他指出中国文明、中国文化对指引世界走向现代化有十分重要的启迪作用。比如他就曾经这样概括老子"道法自然"(《道德经》第二十五章)思想的现代性:与西方征服自然的理念不同,中国的道家主张效法自然,其实质就是指不做反自然的事,不做反常或不合事物本性的事,不做违反自然规律而注定要失败的事。③ 李约瑟的这一概括是精辟的。尤其难能可贵的是,李约瑟是在西方社会还过度迷信科学理性和技术力量的时代,就敏锐地借助道家自然哲学的智慧给出了"不做反自然之事"的忠告。这显然正是他被学界尊为海外新道家之鼻祖的重要缘由。④

还有一些西方学者通过具体研究中国传统文化的发展,得出了中国文化之所以有强大的生命力是因为其非凡的流变性。他们发现在古代中国包括传统文化在内的传统之物从来不是一个僵死之身,而是一个"活的"并且始终处于"流变"中的东西。为此,英国著名的历史学家霍布斯鲍姆在《传统的发明》一书中这样总结道:"当社会的迅速转型削弱甚至摧毁了那些与'旧'传统相适宜的社会模式,并产生了旧传统已不再能适应的新社会模式时;当这些旧传统和它们的机构载体与传播者不再具有充分的适应性和灵活性,或是已被消除时;总之,当需求方或供应方发生了相当大且迅速的变化时",在这种情况下,"传统的发明"会变得非常频繁。⑤ 这里霍布斯鲍姆所用的"传统的发明"一词正道出了一切传统的理念、价值与精神之物会不

① [英]汤因比、[日]池田大作:《展望 21 世纪汤因比与池田大作对话录》,荀春生等译,国际文化出版公司 1985 年版,第 278 页。
② [英]汤因比:《汤因比文粹》,陈奕南译,南粤出版社 1980 年版,第 121 页。
③ [英]李约瑟:《道家与道教》,余仲珏译,大同出版事业公司 1972 年版,第 185 页。
④ 张应杭:《唯道是从:〈老子〉道法自然思想研究》,团结出版社 2015 年版,第 122 页。
⑤ [英]E.霍布斯鲍姆、[英]T.兰格:《传统的发明》,顾杭、庞冠群译,译林出版社 2004 年版,第 5 页。

断被重新唤起,并运用于当下社会生活的一个基本事实。当然,人们不可能再一成不变地去重复那传统的一切事物,不是"回到源头的重复",而只能是"前进的重复"。①　正是基于此,中外学者对中国传统文化的关注也始终带着强烈的现实感,是基于摆脱现实困境的实践需求而进行的理论探索。其中西方学者对中国传统文化的特殊优越性的研究无论是结论还是方法,无疑都有值得我们参考和借鉴的地方。而且,一些国外学者研究的结论对于我们增强文化自信无疑是有积极意义的。

但从总体而言,国外学者的许多研究未免主观武断和充斥着意识形态的偏见,尤其是影响颇大的亨廷顿的"文明冲突"论,甚至可以说是"西方文化中心主义的傲慢和主观主义的任性相结合而诞生的谬论"②。这是我们进行传统文化研究不可忽视的、需要坚守的一个批判立场。

值得指出的是,中国学者在"传统的守成与继承"与"传统的创新发展"之间上下求索了许多年,为传统文化的守正创新探索了很多有益路径,并因此取得了颇为丰富的学术成果。这既使我们可以站在前人的肩膀上继续眺望、思考和探究,从而为传统文化在新时代的创新发展积极做出新的贡献,又使我们对西方学者的诸多观点在汲取其有益营养的同时,对其不合理的观点或方法有了辨识真伪的自信。

更重要的还在于,马克思主义文化观尤其是唯物史观的文化批判理论给我们提供了一个新的视野,可以让我们全面评估传统文化遗产,以便去粗取精、去伪存真,开掘出传统文化的积极成分,让转型与创新了的传统文化不仅真正介入我们的现代生活,而且还可以将其转化为推进中国式现代化的强大精神动力。

1.3　本书的研究思路与方法

1.3.1　研究思路

本书立足于唯物史观文化批判的理论视阈,从马克思的唯物史观、实践

---

①　李河:《传统:重复那不可重复之物——试析"传统"的几个教条》,《求是学刊》2017 年第 5 期。

②　王家范、瞿林东等:《论亨廷顿〈文明的冲突〉:58 位中国学者的观点》,《中国历史评论》2018 年第 4 期。

哲学以及人学理论出发，并立足于中国改革开放的伟大实践，尤其是中国共产党引领人民大众进行中国特色社会主义文化建设的实践创新，审视中国传统文化的现代意义等重大问题。

唯物史观文化批判理论主要涉及文化生产与技术理性批判、消费社会与意识形态批判、文化商品化与大众文化批判等向度。这些批判向度的一个立足点就是唯物史观的社会存在和社会意识的辩证关系原理，以及作为社会意识形态的文化的相对独立性理论，它表征着传统文化的现代生存离不开社会生产的最新水平、人们现代生活的一般文化需求以及精神价值理念。这是传统文化特定的社会存在空间。同时，唯物史观的文化批判理论也以人与文化之间的深层矛盾的克服为指归，明确了人与自然、人与社会以及人与自身的三重关系中的对立因素的消解是社会主义现代化发展的必然结果。

若将传统文化的现代性及其价值发掘放在中西马文化观的综合比较之下来审视，那么我们就会发现马克思唯物史观的立场和方法是不可或缺的理论基础。也就是说，如果说有了中西马的文化观对比分析，才能准确把握传统文化的现代价值，那么，马克思主义的唯物史观出场便可以让传统文化现代价值的讨论摆脱纯粹抽象性或机械运用的尴尬，使传统文化真正与现代生产和生活方式、现代人的价值诉求、现代社会的精神生活相互契合的优秀部分得到理解、传承与运用。

在确定了这一总体思路后，在现代社会实践及其现代化实践进程中出现问题进行反思的基础上对传统文化做取其精华去其糟粕的取舍，通过批判性的传承和创新性的转化来发掘传统文化的现代性，便是本书要展开阐述的理路。这一理路的展开将沿着人与世界的三重关系，即从人与自然的天人合一、人与他人的人我合一和人与自身的身心合一这三个向度对传统文化进行梳理和概括，以及开掘其中具有现代价值的成分。在这个阐发和开掘中，天人合一、人我合一和身心合一的文化价值理念如何完成现代转化与价值创新无疑是一个非常值得重点讨论的问题。我们将对传统文化的这三个重要价值理念如何实现创造性转换，尤其是对中国共产党人在领导现代中国走现代化道路过程中在这三个问题上的实践探索和理论创新做尽可能系统的阐述。

最后，本书将把所有的学理探究落实到现代中国社会的文化实践，即如何以优秀传统文化助力和增强中国特色社会主义文化自信的现实构建。也就是说,我们会清晰地意识到传统文化的现代"传承""转化"与"开掘"依然属于传统的"重新发明",需要服从于现代中国探索中国特色社会主义现代化的伟大实践以及与这一伟大实践相适应的新文化、新精神、新境界的自觉构建,并以此来彰显这一探索的时代风貌和现实品格。

1.3.2 研究方法

人与世界的关系无非人与自然、与他人和由许多他人构成的社会、与自身这三重关系。这三重关系就构成了所谓的自然观、社会历史观、人生观。马克思的唯物史观将在自然观、社会历史观和人生观层面上,为我们在天人之辩、人我之辩和身心之辩问题上评价中西方文化,确立基本的世界观和方法论。在坚持唯物史观的基本方法论原则前提下,本书还将借助如下具体的研究方法。

一是中西方文化比较方法。正如有学者概括的那样,近代中国经历了"比较文化"的两次热潮:一次是鸦片战争以后,以严复、魏源等为代表的知识界"开眼看世界";另一次是 20 世纪 80 年代改革开放背景下向西方学习的思潮。[①] 这两次热潮的积极成果是我们意识到了向西方文化学习的必要性和重要性,我们不再闭关锁国、夜郎自大。这带来了中国社会的巨大进步,但它"也带来了一个消极的后果就是对传统文化采取了过于偏激的批判立场"[②]。事实上,曾经一度出现的文化自信的缺失,与这一过于偏激甚至非理性的批判立场显然具有某种因果关联性。因此,我们将在审视和厘清这一比较文化热潮中的偏颇之后,以唯物史观的基本立场和方法来重新进行科学的比较文化研究。我们将立足中华民族伟大复兴这一"未来",既不忘"本来",又充分学习"外来",从而为文化自信奠定坚实的基础。

我们尤其要在中西方文化比较中进行价值排序。社会学家齐格蒙特·鲍曼曾经这样说过:"我们的时代是一个强烈地感受到道德模糊性的时代,这个时代给我们提供从未享有过的选择自由,同时也把我们抛入了一种从

---

① 黄寅:《传统文化与民族精神——源流、特质及现代意义》,当代中国出版社 2005 年版,第 363 页。

② 张应杭、蔡海榕主编:《中国传统文化概论》(第 2 版),浙江大学出版社 2016 年版,第 316 页。

未如此令人烦恼的不确定状态。"①但是,如果模糊和不确定成为一种常态,那社会包括伦理风险在内的诸多不可控因素就会陡然上升。解决这一问题的路径之一就是借助价值排序的方法。如果做一认真的审视,我们就可以发现,在人与自然(天人之辩)、人与他者(人我之辩)、人与自身(身心之辩)关系问题上,即天与人、人与我、身与心孰为先的问题在中西方文化中有着不同的价值排序思路,并因为思路的不同形成了不同的文化传承。可以肯定地说,多元而变化万千的现代社会迫切需要有确定性并形成共识的价值排序来引领现代化进程。

二是文本研读法。为有效地避免自说自话,我们强调所有的研究结论要以文本为依据。文本首先是马克思主义唯物史观的经典文本,它提供本书世界观与方法论的基础。其次,必要的中国古代经典的阅读是保障研究得以顺利进行的基础性工作。它可以使我们梳理、总结和归纳中国传统文化的特质时具有厚实的文本依据。再者,由于要从中西文化的比较出发来回望传统文化,故基本的西方文化名著的阅读也是必需的,这可以保证对西方传统文化的论述言之有据、言之成理。

三是理论与实际相结合的方法。马克思、恩格斯"实践的唯物主义"②的立场和方法可以帮助我们客观而不是主观地去关注现实、发现问题,形成问题意识,从而为研究确立主题。同样,这个实践唯物主义的立场和方法也可以为我们发掘传统文化的现代意义指明方向和实现路径。这样的立场和视野可以使理论研究避免过于抽象或纯粹书斋式的学理推究,并在以理论观照现实的过程中,彰显出理论对现实的真正指引意义。

1.4 本书研究的重点、难点与创新点

1.4.1 研究的重点

本书的重点有如下三点。

一是传统文化的现代出场问题。这里的着力点是回应对传统文化现代

---

① [英]齐格蒙特·鲍曼:《后现代伦理学》,张成岗译,江苏人民出版社 2003 年版,第 247 页。
② [德]马克思、[德]恩格斯:《马克思恩格斯全集》(第 3 卷),人民出版社 1960 年版,第 48 页。

价值的种种质疑。可以肯定的是,眼下热衷于从构筑文化自信、打造文化强国等治国理政之政策层面的回应是不够的,要从传统与现代的学理层面阐述好两者的关系。我们将以唯物史观的文化批判理论为学理依据,具体论证和阐释好传统文化依然具有丰富现代价值这一中心论题。

二是在中西马文化观的综合视野下如何发掘传统文化现代价值的具体内容。也就是说,在解决了传统文化的现代价值问题之后,紧接着要讨论的问题自然是:哪些传统的东西是有现代性价值的? 这个问题如果阐述得不够有说服力或不够完整,那整个研究就缺乏了主干的支撑。

三是作为马克思主义中国化时代化的重要成果,中国共产党人在中国传统文化资源的现代转化中做了许多实践探寻和理论创新。我们试图在本书中阐述好如下几个问题:对传统文化的现代价值发掘方面有哪些理论成果值得总结,以及这些理论成果作为中国智慧、中国方案、中国道路对全球问题的解决做出了哪些贡献。特别是作为体现"中国特色、中国风格、中国气派"的哲学社会科学成果之一,它对 21 世纪的马克思主义发展又做出了哪些贡献。

1.4.2　研究的难点

本书研究的难点有如下两点。

一是如何阐释好传统文化的现代生存问题。这个难题可表述为传统文化有无现代价值的问题。众所周知,哈贝马斯曾经把现代性理解为一个方案、一项未竟的事业。但是,一个国家或民族在完成这项未竟的事业的过程中,传统文化的价值是否存在? 如果存在,那它以怎样的方式出场? 对于此类的问题质疑颇多。兴起于 19 世纪末期的现代主义更是相信有必要将这些过时的"传统"形式的艺术、文学、社会组织和日常生活形态都扫除并且创造新的文化。本书显然要回应好这些对传统文化之现代价值的质疑和否定。

二是从博大精深的传统文化中如何令人信服地萃取出具有现代价值的内容。这个难题也可表述为:几千年传承下来的传统文化如何既系统又有重点地在一个研究的视阈里被合理地表述出来? 我们的设想是借助逻辑学的穷尽项方法,把传统文化思考与探究的问题做三方面的罗列:第一项是人与自然的关系(即天人之辩);第二项是人与他人的关系(即人我之辩);第三项是人与自身的关系(即身心之辩)。也就是说,人与世界的关系既然归根结底就这三重关系,那么借助这样的逻辑归纳法,我们大致可以解决传统文化梳理、探究和发掘的系统性问题。但是,难点依然存在。这个难点就是在这三重关系探究方面,中国古代留下了卷帙浩繁的文献,如何取舍和发掘是个需要用心解决的难题。

1.4.3 研究的创新点

本书研究的创新点有如下三点。

一是在对传统的西方现代性理论进行批判的基础上,重新阐释传统与现代的关系,从理论和实践两个向度论证传统文化所具有的现代价值,尤其是在坚定文化自信的现实情境下,着力阐发传统文化对中国特色社会主义现代化的意义。

二是通过中西方文化的比较研究,对传统文化蕴含现代意义的具体成分进行系统、全面的梳理和概括,使"古为今用"不再停留在抽象肯定的层面,而是能够具体地给出若干实践理性的原则。而且,我们将通过探讨如何对这些传统原则进行现代转化而使这些原则既是传统的、民族的,又是现代的、世界的。

三是可为马克思主义中国化找到民族化的表达方式提供一个实例。我们认为,学界对于"马克思主义中国化"的理解究竟何指的问题并没有达成共识。比较流行的解读是指把马克思主义的一般原理运用于中国的实践,也有将其解读为就是马克思主义理论的大众化。[①] 但与上述理解不同,也有学者如冯契就主张将其理解为马克思主义的普遍性、共性与中华民族传统文化的特殊性、个性的内在统一。他建立的智慧说正是这样一个将马克思主义的普遍原理和方法与中华民族传统文化相结合的学说体系。冯契在充分认可了马克思主义在古今、中西之辩中的指导地位的同时,又认为,中国古代涉及"人性和天道的认识……是最富有民族传统特点的"[②]。正是由此,冯契在自己的智慧说中借用了大量诸如天人之辩、名实之辩、心物(知行)之辩、理气(道器)之辩、群己之辩、习性之辩、仁智并举、身心合一的传统

① 何萍:《冯契哲学的双重身份及其对唯物史观哲学中国化的贡献》,《华东师范大学学报(哲学社会科学版)》2016 年第 3 期。
② 冯契:《冯契文集》(第 1 卷),华东师范大学出版社 2016 年版,第 18 页。

哲学范畴。也是因此,他被郭齐勇教授誉为"马克思主义中国化进程中少有的、建立了自己学说体系的哲人"①。借鉴冯契的这一思路,我们在本书中也尝试做一些这方面的积极探索。

---

① 杨海燕、方金奇:《智慧的回望——纪念冯契先生百年诞辰访谈录》,广西师范大学出版社 2015 年版,第 58 页。

2 唯物史观文化批判理论的基本内容

工业文明的发展使人类社会由传统社会走向了现代社会,它在带来先进生产力的同时也使自然环境遭受了严重破坏,人的社会交往关系发生了实质性变革,特别是在人与自然、人与社会、人与自身方面出现了前所未有的困惑与挑战。这种困惑与挑战在文化层面上就表现为对与现代化相伴而生的现代文化出现了怀疑甚至否定的情绪。与此相关的情绪则是对曾经的、传统的文化产生了回望和复归的念头。面对这一文化景象,我们将深入分析唯物史观文化批判理论的理论基础、批判向度以及理论指归,以便更加全面地审视和评价现代文化面临的困境,科学地认识传统文化当下所处的境遇以及为解决现代化困境给出的智慧启迪、方法和路径。

2.1 唯物史观文化批判理论的现代背景

17—18世纪欧洲启蒙运动后出现的现代性是一种同中世纪决裂并以进步的面貌出现的历史进程,其宗旨正如康德所说"使人脱离自己加之于自己的不成熟状态"①。但与此同时,现代性在飞速发展过程中也暴露出许多问题,其所具有的力量既可以将人们从封建社会这一困境中解放出来,又可以使人们受资本、物欲等新的异己力量奴役与驱使。这种现实不仅是现代社会诸矛盾的根源所在,也是造成现代性困境的根本原因。这构成了唯物史观文化批判理论的现代语境。

2.1.1 工业文明引导下的现代性转向

启蒙运动以理性之光照亮世界,当理性代替神话,现代文明就此开启。理性主义注重科学而非迷信神话,促进了科学技术的迅猛发展。事实上,科

---

① [德]康德:《历史理性批判文集》,何兆武译,商务印书馆1990年版,第22页。

学技术的革新在改变了传统的生产手段和生产方式后大大推动了社会生产力的发展。这就正如《共产党宣言》所说的："资产阶级在它的不到一百年阶级统治中所创造的生产力，比过去一切世代创造的生产力还要多，还要大。"①与此同时，伴随着资本主义的发展，人们生活水平显著提高，物质生活条件明显改善。但生产力发展的同时也带来了一系列弊病。这就如当代西方马克思主义者尖锐批判的那样："资本主义的存在是以不断扩大作为利润源泉的商品生产为基础的，而这种浪费性的过度生产必然对地球生态环境造成严重后果。此外，资本主义社会享乐主义的价值观以及资产阶级意识形态所制造出来的消费主义的生活方式必然带来异化消费，即为了逃避在劳动过程中的异化而在商品消费中体验消费幸福的消费，又会进一步强化生态问题，并必然造成资本主义工业文明和统治的危机。"②

正是因此，现代性从来就不只是一个褒义词。的确，启蒙运动带来了资本主义工业文明，由此开启了人类社会的现代性转向。现代性以其不同于前现代和后现代的特征而得名。然而，现代性的历史以及这个范畴，从一开始就在学界充满了不同意见的争论，甚至"现代性源于何时？这是一个有争议的问题"③。同样，对现代性的明确定义学界至今有争议。但无论如何，为了避免陷入相对主义或虚无主义的尴尬，对现代性的大致含义还是需要达成某些共识的。比如有学者就认为："凡是成为现代典型的那些东西，就构成了现代性，诸如科学技术、工商业、资本主义、市场经济、个人主义、西方化、契约伦理以及与上述诸多因素紧密关联在一起的时尚化。"④这个对现代性的解读不仅代表了大部分中国学者的大致立场，而且也是笔者在本书中论及现代性时所采纳的基本语义。

现代性改变了人们日常生活的样态，也对传统文化模式造成了巨大的冲击。比如人与自然愈加疏离；人的"主体意识"高涨；价值观念处于新旧交替下的虚无状态；当启蒙运动被视为世俗化的过程，随之而来的是在文化领域由与宗教相应的神圣文化转向世俗文化，出现了如海德格尔所说的"诸神远逝"的情形。不仅如此，现代性还在经济逐利的主导下，丧失了崇高和神

① ［德］马克思、［德］恩格斯：《共产党宣言》（单行本），人民出版社 2017 年版，第 34 页。
② 转引自王雨辰：《当代西方马克思主义社会批判哲学对现代性问题的研究》，《中南财经政法大学学报》2002 年第 4 期。
③ ［英］齐格蒙特·鲍曼：《现代性与矛盾性》，邵迎生译，商务印书馆 2013 年版，第 6 页。
④ 邹诗鹏：《民族精神的现代性处境》，《华中科技大学学报》（社会科学版）2006 年第 5 期。

圣的追求,它使文化从原来的神坛跌落,不再是贵族和特权阶级特有的产物,而逐渐大众化、平民化、市场化,并且逐渐和资本相融合形成了文化工业和文化产业,其利益诉求也从原来的追求高尚精神和深邃内涵、品位转向利润的攫取与扩张,即出现了工业文化,改变了过去文化仅存在于小范围内、接触途径和传播方式狭窄的境况。于是,伴随着商业资本主义的迅速发展,文化转而和资本相结合成为资本统治的工具。尤其在资本的全球扩张中,文化产业又加速了现存资本主义意识形态的合法化,驱使个体不自觉地融入资本主义制度预先规定好的意识形态框架。

马克思唯物史观内蕴的辩证法并不否定和拒斥现代性方案,甚至对现代性进程中带来的诸如社会生产力的提升而由衷地感到欣慰。但马克思主义者是现存制度的批判者,就如马克思说过的那样:"辩证法在对现存事物的肯定的理解中同时包含对现存事物的否定的理解,即对现存事物的必然灭亡的理解;辩证法对每一种既成的形式都是从不断的运动中,因而也是从它的暂时性方面去理解;辩证法不崇拜任何东西,按其本质来说,它是批判的和革命的。"①事实上,马克思基于人的自由全面发展和最终实现自我解放的立场,必然要深入剖析历史与现实向度中的启蒙理性和现代性,并提出自己的批判性理论。其中对现代文化模式的批判构成了马克思唯物史观对现代性的批判的题中应有之义。

西方马克思主义者的社会批判理论正是沿着马克思开辟的这一路径而对现代性进行怀疑、责难、反诘和否定的。毋庸置疑的是,如何评价西方马克思主义者在马克思主义发展史上的贡献是有争议的。但同样毋庸置疑的是,这一理论在继承马克思对资本主义的批判性方面不仅是坚定的,而且其所取得的理论成果也颇为丰富。当代中国的马克思主义在中国化、时代化发展的进程中,无疑要从西方马克思主义的理论成果中汲取思想营养,要在与其对话与交流中获得有利于马克思主义中国化、时代化发展的立场和方法论启迪。

2.1.2 消费社会的兴起及其文化问题

生产力的发展推动了资本主义的现代性进程。20 世纪二三十年代,伴

---

① ［德］马克思、［德］恩格斯:《马克思恩格斯选集》(第 2 卷),人民出版社 1995 年版,第 112 页。

随着第二次科学技术产业革命和工业化浪潮,通过集约化生产提高了生产效率。其中提高工资不仅缓解了劳资矛盾,而且进而刺激了消费,这通常被称为"福特主义"。西方马克思主义的早期代表人物葛兰西曾指出:这种生产方式用流水化作业代替了手工生产,将人同机器相结合,"在劳动中间发展机器自动的技能达到了最大程度,打破了要求一定程度地发挥劳动者智力、幻想和主动精神的熟练和专业劳动的旧的心理生理关系,把一切劳动作业都归结到他们的体力和机器的一个方面"①。事实上,在相当一段时期内,福特主义的蔓延无疑进一步解放了社会生产力,它提高了工人的工资,极大地刺激了人们消费的欲望。消费社会就这样形成了。

　　另一位著名的西方马克思主义者赫伯特·马尔库塞以意识形态和文化为切入口,批判了消费社会。他认为所谓的消费社会就是从以生产为中心的社会转向以消费为中心的社会,并且两者相互促进,通过满足消费者的需求来进行生产,而且在这个过程中形成了"虚假的需要"(false needs),让消费者迷失在虚幻的物质享受中,失去了对社会现实的批判能力和自我认知能力。这个社会离不开消费文化的支撑,除了满足特定商品使用价值的需要,更通过广告、包装、媒体等宣传手段和渲染技巧,动摇商品原来的使用价值或产品意义价值,赋予了其新的表象与内涵,让人们不自觉地产生类似的联想和欲望需求。赫伯特·马尔库塞认为消费社会是一种"病态社会"。②

　　在今天的西方社会,有越来越多的学者发现了消费社会带来的问题。其中经常被提及的问题之一就是消费社会为"文化工业"提供了土壤。比如过去传统农业社会的生产力低下,商品匮乏并且沟通不便,文化仅为贵族特权阶级所有。当时的艺术品大多为手工制品,不仅制作时间长而且成本高,融合或呈现的艺术元素较多,一般的人难以接触而且也很难理解其中的艺术含义。但是20世纪五六十年代后,第二次科学技术革命推动了生产力飞速发展,复制技术和传播技术快速发展的同时文化艺术也进入了复制时代。又比如,广告的出现为消费社会披上了迷人的外衣。工业的发展以及消费社会的出现导致了人们需求不断扩大,而交通的便利和全球化的进程,又加速了资本主义对外扩张的步伐。面对新的未知的产品时,广告就给人们打开了一扇大门,在人们未亲自见识到或者体会到这些物品的使用价值之前

---

① ［意］安东尼奥·葛兰西:《狱中札记》,葆煦译,人民出版社1983年版,第403页。
② ［美］赫伯特·马尔库塞:《工业社会和新左派》,任立编译,商务印书馆1982版,第11页。

就在脑海里形成了价值符号。尤其是朗朗上口的广告词成为现实产品的代名词,人们渐渐模糊了是真的喜欢这件商品,还是喜欢广告里宣传的那件商品。于是,哪怕真实的商品对自己并不具有那么大的吸引力,人们也会因为广告或因为自己喜欢的明星代言而纷纷解囊。

消费社会的诞生,与生产社会有着本质的不同。马克思当初批判消费社会所衍生的商品拜物教,今天甚至演变为让·鲍德里亚称谓的"符号拜物教"①。商品成了文化符号,而文化大部分也成了商品,尤其是大众传媒利用特有的优势,不断制造传播新的符号意义并刺激消费者,加剧人们的好奇心及消费欲望。就这样,西方的消费社会进入了商品崇拜的新阶段——符号拜物教阶段。这就是消费社会的兴起带来的最严峻的文化问题。

2.1.3　资本逻辑控制下人的深度异化

现代资本主义社会的首要逻辑就是资本逻辑。人们屈从于资本的安排与支配,其生活的一切方面都与之有着密切的关联。资本逻辑的首要方面是追求利润的最大化,资本唯一的一种本能便是使自身增殖,不断积累。在金钱问题上,没有任何温情可言,资本运动的目的简单而直接。在这一过程中,资本如同吸血鬼,吮吸人的生命,以保持自己的生命。资本左右了人,它不仅可以买来一切商品,也能使人黑白颠倒,善恶不分。

在《1844年经济学哲学手稿》中,马克思系统阐释了异化劳动这一马克思哲学中极其重要的概念。在马克思看来,异化劳动内蕴着四重规定,即劳动产品异化、劳动活动异化、人的本质异化、社会关系异化。马克思认为,从感性的对象性关系出发,作为劳动对象的自然、作为与你发生联系的他人,就是人本身;自然主义就等于人道主义。而全面异化的后果就是劳动成果作为异己之物与人对立;他人成为工具性的存在;人丧失了对自己本质的占有,其最终的结果必然呈现出人与自然、人与社会、人与自身的矛盾、分化、对立。

正如我们在今天的现实社会中看到的那样,在资本逻辑控制下人在现实世界里产生了深度的异化,其具体表现为:人受到了资本支配,受拜物教奴役,人的自我欲望和需求也变得模糊,这是"资本的独立性和个性"取代

---

① ［法］让·鲍德里亚:《消费社会》,刘成富、全志钢译,南京大学出版社2008年版,第90页。

"现实的人的理性和个性"①的过程。这在我们日常生活中的赤裸裸表现就是诸如"双十一"这样怪异节日的诞生。其实,这一天本身不带有任何特殊含义,是部分人为追求某种仪式感而发明了带有自娱自嘲性质的"光棍节"。就商业逻辑而言,节日促进消费已然是屡见不鲜的事实。于是,互联网销售的巨头嗅到了商机,在这个前后都没节日的空缺期,设置了"双十一"这一购物狂欢节,实现了一个又一个销售奇迹。随着销售量持续飙升,一个又一个吸引人眼球的销售额的出现,资本逻辑控制下的人的异化也不断地加深。为了迎接"双十一",各个商家无所不用其极,"一年不开张,开张抵一年"的现象屡见不鲜。比如通过提高商品原有价格再进行打折赚取眼球、让消费者花费大量的时间转发收集能量和抢红包,以及线下线上去千方百计获得优惠券,如此等等。在这个过程中,殊不知会浪费多少时间和精力,而且还会增加自己原本不必要的消费,分不清哪些商品是自己真实需要的,哪些又是被资本逻辑潜移默化后强加的如赫伯特·马尔库塞说的"虚假需要"②。

当文化和资本结合后,资本逻辑控制着文化的发展,而文化原先具有的特性也和资本逻辑相融合产生了新的功能。还是以"双十一"为例。这个被资本精心炮制的购物节不再是纯商业行为的让利促销,它成了由一家企业联合大众媒介共同打造的消费盛宴,人们从中可以通过购物来狂欢,其自主意识、身份认同几乎被琳琅满目、光怪陆离的商品世界所激活。这场仪式给了每个消费者以归属感和成就感,尤其是在这个消费节日的当天,大屏幕上的数字节节攀升的时候,物赋予人的一切能量达到顶点,仿佛每个人都是快乐的,每个人都因为欢笑和消费而成为这个节日的缔造者。人们在消费过程中已然不像过去那样看重商品的使用价值,而更多看重的是赋予在商品上的文化符号。于是,各种奢侈品吸引大家的往往不是其做工和质量,更多的是其代表的身份与地位。人们在资本逻辑控制的社会中无法清醒地认识自己的需求,许多时候都做出超出自己能力的消费行为,但仍然乐在其中。从马克思唯物史观的立场来看,这正是消费社会带来的人的深度异化。

2.1.4 资本主义意识形态对人的操控

正如马克思、恩格斯高度评价的那样,文艺复兴和宗教改革解放了人们

---

① [德]马克思、[德]恩格斯:《马克思恩格斯全集》(第30卷),人民出版社1995年版,第174页。
② [美]赫伯特·马尔库塞:《工业社会和新左派》,任立编译,商务印书馆1982版,第12页。

的思想和精神,带来了现代社会诸多的进步。的确,相比于以往的世纪,现代世界倡导个人的自由和独立,并且在启蒙运动确立的理性精神中似乎实现了人类的自由、平等及公正等价值。但令人遗憾的是,同时包括价值理性和工具理性(也称功效理性)的启蒙理性精神随着资本逻辑的入侵和科学技术的发展也出现了异化。异化的最重要表现之一就是,这种理性逐渐变异为单方面突出工具理性,而价值理性被严重地疏忽甚至无视。这不仅仅让人们对自然过度地征服,也将人自身异化为物,片面追求物质享受而导致精神追求极度匮乏。

正是为了解决这一异化困境,西方马克思主义的现代性批判指向了揭示现代性的理性本质,并对现代人的不自由状态进行了批判性的反思。在他们看来,现代性文化的价值理念的核心是自由和理性。自由是现代性所宣称的人的基本权利,是现代人生存的"首要前提",而理性则是现代性的"精神和灵魂",它是现代性价值观的直接源泉。① 但现代性文化有着深层的带有异化性质的意识形态控制。正是因此,在法兰克福学派第一代代表人物阿多诺看来,文化工业与其说是启蒙现代性的合理延伸,毋宁说是具备大众欺骗功能的"柔性"国家机器。后现代社会的到来更使文化工业成为一种与金融资本互生共谋的全球资本主义意识形态。为此,阿多诺视文化工业为调和"异见"的"社会水泥",对其持明确的批判立场。② 的确,消费主义文化给人们强加的是适应资本需要的意识形态,并让人们乐在其中无法自拔,因而文化注定失去其批判的功能,变得无比通俗化、平庸化、功利化。在消费主义的情境下,对商品符号的消费实则是对人的欲望本身的消费,满足的是虚妄的欲望,随之而来的是无止境的物欲补偿。

尤其需要指出的是,在这个消费社会中,大众文化扮演了意识形态传播的有效推动者和执行者。"娱乐至死"是大众文化的一个重要特征,通过创造种种"快乐"表象吸引大众消费,推动大众持续消费的欲望。但也正是在这种舒适的消费情境中大众文化将其价值理念和意识形态渗透给了大众,并按照产品提供的思维模式去观察世界的现象与本质。它从表面看是以愉

---

① 马新颖:《异化与解放:西方马克思主义的现代性批判理论研究》,中央编译出版社 2015 年版,第 12 页。

② Max Horkheimer, Theodor W. Adorno. *Dialectic of Enlightenment*, New York: Stanford University Press, 2007:34—56.

悦的方式丰富了大众的精神生活,实际上却让人们陷入"被快乐"的假象因而丧失了独立思考与判断的能力,放弃了深层次的思考与批判的理性能力,最终出现了大众的集体无意识状态。大众文化就这样通过娱乐的方式将意识形态宣传隐藏其中,构建起美好而虚假的蓝图与愿景,并通过对大众反复进行感官刺激,长此以往它在不知不觉中就让大众于思维中形成特定的认知。在这个认知中,人被深度异化,马克思唯物史观所憧憬的人的自由全面发展就不再被认同、体悟和践行了。

可见,现代性所开启的文化精神让人的思想观念都有了解放的可能与条件,也让人有可能成长为前现代性不可能实现的自由的、独立的个人。但在马克思看来,这种解放依然不是真正意义上的解放。现代性的困境使人从满足自我需要的消费、娱乐中再度丧失了自己,在"占有"中再度"被占有"。正是由此,我们认为现代性的文化精神的普遍状况迫切呼唤唯物史观文化批判理论的出场。

2.2　唯物史观文化批判的理论基础

唯物史观文化批判有其产生的理论基础。在这之中,辩证唯物主义为唯物史观文化批判奠定了根基。在辩证唯物主义视阈中,社会实践作为不可或缺的一部分,决定并贯穿了社会发展的整个历程,伴随社会实践出现的文化也必然反映着时代发展的主题和资本主义批判的价值诉求。唯物史观文化批判就在这样一个辩证唯物主义以及由此而引申出来的人学理论,尤其是实现人的自由全面发展理论中,被合理地建构。

2.2.1　文化生成的历史唯物主义基础

文化一直以来被视为一个不言而喻的概念,但如果仔细推敲,便会发现这个"不言而喻"只是一个表象。事实上,对于文化的定义就因为学科边界、研究视角、中西差异而众说纷呈,至今已达几百种之多。

《易经》中有"关乎天文,以察时变;关乎人文,以化成天下"的说法,这体现了中国语境中文化最初的"文治教化"的含义。西方语境中 culture 词根上也有类似于耕作、培养之意。随着历史演进,文化的含义也越来越多样化,其中,梁漱溟提出的文化是"人类生活的样法"①为人熟知且接受度较高。其实,从学界的约定俗成来看,文化一直有广义与狭义之分,"广义的文化,主要是指社会和人在历史上一定的发展水平,表现为人们生活活动的种种类型和形式,以及人们所创造的物质和精神财富……狭义的文化主要是指人类精神创造活动及其成果,包括信仰、风俗、艺术、法律、制度等等"②。人类学家泰勒给出的经典的定义也是从狭义而言的:"文化或文明是一个复杂的整体,它包括知识、信仰、艺术、道德、法律、风俗以及作为社会成员的人所具有的其他一切能力和习惯。"③这正是狭义的文化定义。有必要指出的是,不同的定义和分类彰显出不同的研究理路与侧重点。马克思唯物史观视域下的文化及其批判理论,无疑要积极汲取这些研究学理结论与方法论所积累的成果。

黄力之教授做过《马克思恩格斯全集》中关于文化一词的使用情况统计,发现马克思、恩格斯较少使用或独立使用"文化"一词,且常在文明意义上使用文化。他认为,马克思、恩格斯"不深究、不回答'文化是什么? 文化是如何产生的?'之类的本体论问题,只涉及'什么属于文化? 文化有什么用'之类的功能性问题"④。但他认为有必要指出的是,马克思主义经典作家文本中文化概念的缺席并不等同于文化思想的缺席,"马克思恩格斯对文化现象的研究是通过哪些范畴来进行的呢? 首先当然是'文明'概念……另外则是'精神生产'与'精神生活'概念、'意识形态'概念,甚至还有'上层建筑'概念"⑤。他认为,马克思主义经典作家是从狭义的文化内涵出发来定位文化这一范畴的。也就是说,在社会存在与社会意识结构下的马克思主义"文化"思想的生成,乃是历史唯物主义理论这一马克思"两大发现"之一的必然衍生物。依据历史唯物主义的立场,文化批判也应回到决定"上层建筑"的经济基础中、回到物质生产方式中,即马克思说的"不是意识决定生活,而是生活决定意识"⑥。

众所周知,唯物史观的创立是人类思想史上的一次历史性变革。唯物

① 胡军主编:《梁漱溟论人生》,江西高校出版社 2010 年版,第 10 页。
② 邓红学、熊伟业主编:《中国传统文化概观》,复旦大学出版社 2011 年版,第 3 页。
③ [英]爱德华·伯内特·泰勒:《原始文化》,蔡江浓编译,浙江人民出版社 1988 年版,第 1 页。
④ 黄力之:《马克思主义与资本主义文化矛盾》,河南大学出版社 2010 年版,第 65 页。
⑤ 黄力之:《马克思主义与资本主义文化矛盾》,河南大学出版社 2010 年版,第 75 页。
⑥ [德]马克思、[德]恩格斯:《马克思恩格斯文集》(第 1 卷),人民出版社 2009 年版,第 525 页。

史观揭示了人类社会历史发展的客观规律,发现了共产主义终将代替资本主义的必然趋势,科学地论证了人类生存发展方式从"人的依附性"到"物的依赖性"再到"人的自由全面发展"的辩证否定的演进历程。

马克思和恩格斯在《德意志意识形态》中就开始转向现实的社会生活,他们用"现实的个人"来表达这一意蕴。但同时马克思发现,仅仅转向现实生活还是不够的,还需要继续分析其内在机理,深挖现实个人和社会状态形成的根本推动力。正是在这里,马克思划时代的哲学革命就开始了。① 在马克思的历史唯物主义视野中,文化作为社会存在和发展的机理,属于社会意识的范畴,植根于人的现实社会生活并对人的社会生活作出反应。马克思认为:"思想、观念、意识的生产最初是直接与人们的物质活动,与人们的物质交往,与现实生活的语言交织在一起的。"②因此"意识在任何时候都只能是被意识到了的存在,而人们的存在就是他们的实际生活过程"③。马克思在这里所表达的意思是,文化并不能作为自在自为的存在物出现,它不能自我揭示,而只能从它所依赖的物质基础中得以说明。这就如俄国的马克思主义理论家普列汉诺夫说的那样,它其实也是我们通过经验就能理解了的,就像农耕文化与工业文化所根源的社会生产方式是完全不同的一样。④同理,这也就注定了在一定的阶级社会,每种文化也都有一定的阶级基础。

从马克思的唯物主义立场来看,一切人类的意识、精神现象,归根到底都是人们现实的物质生活过程的必然升华物。它具有相对独立性,都是以特定社会的生产力与生产关系为基础,以特定社会所积累起来的物质财富为前提的。文化具有相对独立性就是这方面的经典表现。人们在继承传统文化的同时进行梳理与总结,又可以立足于现代社会发展的问题、阶段与矛盾,对现代社会及其文化现象进行总体性批判。以马克思的唯物史观立场和方法而论,所谓文化相对独立性至少可以从如下两个方面进行理解。

第一,文化的演进与社会经济政治的发展存在着一定的张力。当社会经济发展繁荣时期,文化可能会处于停滞状态,而当社会环境动荡不安,往往会孕育出优秀的、流传后世的文化。比如在我国古代的历史长河中,当统

---

① 张奎良:《马克思哲学历程的深刻启示》,《学术交流》2010 年第 7 期。
② 〔德〕马克思、〔德〕恩格斯:《马克思恩格斯全集》(第 3 卷),人民出版社 1960 年版,第 29 页。
③ 〔德〕马克思、〔德〕恩格斯:《马克思恩格斯全集》(第 3 卷),人民出版社 1960 年版,第 29 页。
④ 〔俄〕普列汉诺夫:《普列汉诺夫哲学著作选集》(第 4 卷),汝信、刘若水、何匡译,生活・读书・新知三联书店 1974 年版,第 302 页。

治者管理得当，人们生活稳定，歌舞升平，甚至导致享乐主义出现，人们的文化生活相对没有大的波动，就难以形成对社会的强烈反思和批判，往往难以创作出优秀的作品；而当国家处于内忧外患过程中，社会的政治经济衰退，但是人们的思想并没有停滞不前，而是迸发出了改革创新、救国救民的文化潮流，就如在我国文化史上影响巨大的春秋战国时期是如此，三国时期是如此，"五四运动"也是如此。

第二，文化的演进具有相对的滞后性。文化不仅仅是从生产力和经济活动的发展中产生，也可以是从对社会发展过程中出现的问题与困境进行讨论、反思和总结中产生。这就导致了文化不单纯是伴随着生产力的发展而不断变化，而是有一个自身传承的过程。也就是说，新的生产方式产生广泛的变革作用之后，新文化的诞生暂时还摆脱不了旧文化的影响。比如就我国的现代文化发展历程而论，传统文化固然是在封建社会的历史背景下出现的，它主要是阶级统治的工具，有其特定的历史和阶级烙印。但是，这一传统文化却至今影响着我们的当代社会。而且，我们发现这一传统文化本身也有优秀文化和糟粕文化之分。新时代的我们仍然可以借助文化批判，去粗取精，将不适应现代生存的文化因素去除，而将顺应时代发展的予以借鉴、吸收，创新性地转化，从而形成更具民族性、更具影响力和说服力的现代文化。

2.2.2　文化革新的实践哲学指向

在不同的社会境遇和认知背景下，实践范畴有其不同的含义。而马克思将人的"感性实践活动"从本体论的角度加以理解，实现了真正意义上的哲学革命。在《关于费尔巴哈的提纲》中，马克思指出："全部社会生活在本质上是实践的。"他又强调，"凡是把理论引向神秘主义的神秘东西，都能在人的实践中以及对这个实践的理解中得到合理的解决"①。正是从这一实践的观点出发，人类社会才不再被看作一种抽象的、概念的产物，也不会被当作某种神秘力量的结果。文化的产生与发展也是如此。它不是遵循着固有的观念进行自身的逻辑推演，而是与现实的人的现实活动紧密相连。由此，社会的进步也就表现为人类实践活动的代际积累的结果，而精神、文化

①　［德］马克思、［德］恩格斯：《马克思恩格斯选集》（第 1 卷），人民出版社 1995 年版，第 56 页。

的革新则构成其中一个重要的向度。

马克思历史唯物主义关于社会生活的实践性观点确证了人类社会的进步及其精神、文化的发展的必然性。首先,实践作为人生存发展的基本方式,是人的客观现实性的感性活动。只有满足了人们基本的生存需求才能创造历史。其次,实践是对象性的感性的客观的活动。正是在这方面中国古代的王阳明那著名的"一念发动处即是行"(《传习录下》)的断言,混淆了主观与客观的界限,滑入了唯心论的泥潭。再次,实践是人的有意识有目的创造性活动。人和动物的主要区别就在于此,动物的活动虽然有一定的客观性,但它是没有目的和意识指导的本能性活动,因而不能算作实践。而人是有理性、有思想、有目的能动存在物,人可以按照自己的需求与喜好来判断、选择改造世界的活动,并针对不同客观事物的特性选择为己所用,从而达到自己的目的。最后,实践是社会性的历史活动。每一个时代的实践活动发展都是在继承了前人的物质和精神创造的基础上开展的,现实的实践活动虽然可以表现为单个人的自主活动,但人们又总是凭借总体的力量来结成一定的社会关系去与自然、与他人及社会发生一定的关系。这就是实践的社会性和历史性。马克思的唯物史观明确地认为,文明与文化的存在、发展和革新都只有基于社会实践的基础上才是可能的。

在马克思的唯物史观看来,生产力的发展推动了不同社会形态的渐次演进,从前资本主义社会过渡到资本主义社会,再到生产力高度发达的社会主义、共产主义社会,归根到底起决定作用的正是社会生产力的发展。人们在解决了基本的生存问题之后才能把目光转向精神、文化的创造活动。实践的发展推动社会进步,而社会进步会在其现实进程中带来符合这个时代需要的精神、文化产品。

以西方的现代性理论来看,现代社会的最终表现即是人本身的现代化。从西方文明来说,就是从封建社会到现代资本主义社会所体现出来的从神本到人本的转变。由于世界市场的出现,全球化浪潮奔涌向前,这种现代性所标示的普遍价值于是就成为"普照的光"(马克思语)[①]。以普遍价值表现出的精神、文化代表了这个时代的思想发展状况,它的出现必然具有其社会实践的客观依据。以马克思的唯物史观立场而论,社会存在决定社会意识,

---

① [德]马克思、[德]恩格斯:《马克思恩格斯选集》(第 2 卷),人民出版社 1995 年版,第 24 页。

社会意识反作用于社会存在。随着时代的变迁,社会形态在不断进步发展,作为时代结晶的精神、文化伴随着社会进步也在向前发展。在经历了文艺复兴、宗教改革和启蒙运动后,西方出现了一系列现代价值理念,比如自由、个性、平等。我们不得不承认的一个基本事实是,资本主义工业文明所积累起来的社会物质财富引起人们的社会交往关系的变革,人们在不断争取利益诉求的过程中形成了这些基本价值取向。而且,随着现代生产方式的世界性扩展,这些价值理念也在世界其他地区引起人们的共鸣从而出现了新的精神、新的文化追求。这当然是社会存在和社会意识领域的巨大进步。

但令人遗憾的是,在现代社会中,这些曾经推动社会发展进步的精神文化反而成为西方资本主义控制人们思想的武器与手段,通过隐形的意识形态斗争将这些思想片面地向全世界灌输,通过诸般手段将不同地区、不同民族、不同意识形态背景的文化收编、吸纳甚至歪曲、消灭。这就必然导致世界文化发展的现代性困境。唯物史观向来强调,作为文化核心形态的价值观是有阶级性和历史性的,那种超阶级、超历史的价值观在阶级社会里是不存在的。“普适价值”论者仅仅是借用一些抽象的概念体系,并没有对具体地区的不同人们的思想意识和发展水平细加分析。比如就“普适价值”论者常常论及的人性问题,毛泽东早就这样说过:“只有具体的人性,没有抽象的人性。在阶级社会里就是只有带阶级性的人性,而没有什么超阶级的人性。”①

基于同样的道理,在马克思的实践哲学看来,中国古代的文化传统也不可能如董仲舒声称的那样“天不变,道亦不变”(《汉书·董仲舒传》)。没有不变的伦理纲常,没有不变的道统。在这一点上无论是五四时期的复古主义者,还是现代借国学热之势的好古非今者,无疑都缺乏现实合理性。

事实上,中国传统文化生长于传统的小农社会及其所代表的私有制社会关系之中,其所衍生的精神、文化也带有其局限性和糟粕性。几千年的农业文明传统让人们小富即安,小贵则满,产生的是普遍安于现状、墨守成规的文化模式,习惯于凭借经验、人情、常识自发性地生存与发展。重要的还在于,这种状况在现代仍然对中国人的思维模式和价值观念有着深刻的影响。比如我们应该清晰地意识到,传统社会重人情,推崇人治,它与现代的法治和契约精神是格格不入的。仅这一点就足以证明传统文化不经一番认

---

① 毛泽东:《毛泽东选集》(第3卷),人民出版社1991年版,第870页。

真的批判反思是不能获得它的现代性之生存根基的。诚然,传统文化中孝敬父母、友善邻里、诚实守信等值得我们继承和发扬,但即便是这些属于精华的传统伦理文化,也必须与时俱进,在新的时代条件和实践活动中赋予其新的内涵。更不用说传统文化中诸如男尊女卑、三从四德等伦理观已经完全不适应当下时代的发展。随着文化的发展与社会的进步,传统文化中的这些消极内容早已被时代所抛弃,我们在现代社会中如果对传统文化不加以甄别就盲目学习推广,将会造成严重的后果。这显然是马克思唯物史观论域中的文化批判理论所必须守持的一个基本理论立场。

2.2.3 文化发展的人学主题

综观马克思主义的经典著作我们能看到其所蕴含的丰富人学内容。就马克思而言,所谓的人学就是指作为实践主体的人及人的本质和发展规律的理论学说。马克思人学理论的核心内容为人的本质问题,马克思人学理论的核心问题为人的发展问题。而在这一过程中人的发展理论形成的逻辑路径是以现实的人为出发点,以"人的自由全面发展"为终极目标和最终归宿。这就正如《共产党宣言》中所说的那样:"代替那存在着阶级和阶级对立的资产阶级旧社会的,将是这样一个联合体,在那里,每个人的自由发展是一切人的自由发展的条件。"①

青年马克思曾借鉴了德国古典哲学的传统,将人的本质理解为自由的、自觉的活动,并认为自由是标志人的存在状态的一个最基本的概念。众所周知,"自由是人的本质"是黑格尔哲学的著名论断。黑格尔认为只有人是自由的,因为思想是活着的人的特征,思想一定是自由的。而且,黑格尔还认为:"不包含必然性的自由,或者一种没有自由的单纯必然性,只是一种抽象而不真实的观点,自由本质上是具体的,它永远自己决定自己,因此同时又是必然的。"②虽然黑格尔的自由观对青年马克思曾产生了极大的影响,但马克思在创立了历史唯物主义理论后,其自由观便与黑格尔分道扬镳了。马克思认为自由是人的活动状态表现出来的,只有通过社会实践才能够实现,也只有在改造社会中才能够真正实现人的自由。但是马克思进而指出,现实社会生活中的资本逻辑,要使思维方式的革命性、批判性从人自身抽离

---

① [德]马克思、[德]恩格斯:《马克思恩格斯选集》(第4卷),人民出版社1995年版,第730页。
② [德]黑格尔:《小逻辑》,贺麟译,商务印书馆1980年版,第105页。

出去,通过异化劳动建立的其实是抽象同一的思维方式。这样的思维方式使人失去的是实践基础,人类活动不再是实践的、创造性活动,而是创造剩余价值的奴役劳动罢了。在这样的历史境遇下,自由也就成为不可能实现的追求。

马克思正是从历史唯物主义出发,指明了人们需要做的就是使现实社会革命化,从现实生活中开始改造社会。在马克思看来,人们在生活中受到了自然界和人类社会的制约,但人们通过社会实践活动可以将自身解放出来从而实现了越来越多的自由。由此,自由就不仅是人对自然、社会等规律的认识和把握,自由也成为主体在生活中发挥主观能动性,结合客观规律从而达到自觉、自为、自主的状态。

重要的还在于,在马克思的唯物史观那里人的自由发展和人的全面发展其实是一体两面的关系。当人们还停留在为生存而斗争的阶段时,谈不上什么自由与全面的发展,人们的精神、文化的层次与境界也不会有什么普遍性的质的提升。一旦人开始不为谋生而劳动,而是开展了自我实现的创造性活动,人才会获得真正自由与全面的发展。由此,唯物史观人学理论向现代社会中的人们阐明,为了实现人的自由和全面发展,必须扬弃人的自我异化。它以社会化生产力的高度发达为前提,人们要摆脱生存性斗争的困境,去构建"自由王国"。它表现为现实人在多元社会历史实践活动中从异化、拜物教、阶级压迫等诸般束缚中解放出来,最终在自由的共同体中实现自由和全面的发展。

可见,责备马克思的理论出现了"人学空场"(萨特语)是缺乏说服力的。事实上,马克思的唯物史观对现实的人始终投以理论关注的热切目光,人的现实生存境遇和解放问题一直在其研究视野之内。尤其值得指出的还在于,无论是农业文明时期原始自发的以生存为目的的生活方式,还是工业文明发展下劳动产品异化、劳动活动异化、人的本质异化、社会关系的异化下的生存状态,抑或追求理性和自主性的现代人的生存困境,从"文化就是人的生存样法"的含义来说,唯物史观立足人的历史与现存境遇的批判而提出的自由全面发展的解放理论,其批判理论包含了文化批判的向度。

2.3 唯物史观文化批判的三重向度

人类进入资本主义社会,虽然生产力得到了极大的发展,社会生活更加便利,但与此同时也给社会和个人的发展带来了诸多的束缚,甚至是不幸、痛苦和灾难。马克思唯物史观的文化批判旨在唤醒和激发无产阶级与广大劳动人民的批判意识、超越意识和革命意识,通过技术理性批判来客观对待文化生产,通过对消费社会和大众文化的批判看到背后的意识形态属性。唯物史观对现代性的批判同时包含了对现代性文化的批判,它指出文化不是独立发生的现象,而是有着深刻的社会生产根源与人的交往实践基础。它认为,现代资本主义社会的文化工业使文化的意识形态性增强,即它使文化受资本逻辑"强控制"的现状必须予以改变。

2.3.1 文化生产的技术理性批判

技术理性是在现代社会发展中逐渐形成的。它是科学技术与理性主义相结合的产物。众所周知,伴随着社会现代化的程度不断加深,技术理性推动了西方现代化发展和进程,促进了文明的发展和进步。尤其在现代工业生产中,技术作为先进生产力的推动者,促进了社会财富的积累,影响着整个社会发展的进程。我们无疑必须承认,技术是一种合理的、高效率的手段,技术理性是一种增强人对自然掌控能力的实用的、功利的技术精神。但已经有或正在有的社会现实也告诉了我们,技术的发展也会给人类带来负面的影响,这一影响有时候甚至是灾难性的。比如第二次世界大战美国在日本投下的原子弹,让全世界人民直观地感受到了核技术的严重后果。即便是核能的和平利用,也因为核能的发展面临核废料的处理问题以及有可能的核事故而在当今社会遭到越来越多的批评与抵制。

重要的还在于,这种技术理性的形成在给社会带来进步的同时,也会造成深重的文化危机。事实上,技术理性批判就是对理性主义同现代科学技术相结合造成的文化和生存困境的反思与批判。技术理性的文化批判究其本质,既是对形成文化背后的社会现实的反思与批判,更是对人的生存境遇的总结与反思。

在马克思的历史辩证法看来,资本主义对科学技术竭尽全力的革新其实是一把双刃剑。它在促进了社会生产力的大发展并提高了人们的物质生活水平的同时,必然会由于对自然资源无限度地消耗而造成严重的生态危机。在启蒙理性产生之前,人们对自然总是保持敬畏之心和神秘感,这种神秘感约束了人们对自然的探索。但是随着思想解放和启蒙运动的开展,人们认识自然的能力增强,尤其在"知识就是力量"的过度自信中,开始征服、控制并利用自然。作为生态学马克思主义的代表人物,威廉·莱斯曾经这样分析说:"通过科学和技术征服自然的概念,在 17 世纪以后日益成为一种不证自明的东西。因此,几乎所有的哲学家都认为没有必要对'控制自然'的观念做进一步的分析和解剖。"[①]人们为了推动生产力发展将人与自然的矛盾对立关系悬置,这又加剧了无限的资本扩张和有限的自然资源之间的矛盾冲突。但问题是,自然的承受能力是有限度的,一旦人的无度开发超过了自然资源的有限性和承受力,自然界必然会给予相应的报复。资本主义无限扩张的贪婪本性和自然界有限承受力之间的矛盾无法抑制,最终便表现为严重的生态危机,从而导致了人类的普遍生存危机。

尤其需要指出的是,不仅人与自然的关系异化了,人与人之间的关系也被深度地异化了。被"利润最大化"原则所驱使的资本家通过不断压榨工人攫取更多的剩余价值,但工人阶级权利意识的觉醒和反抗剥削的激烈行动使资本家难以继续采用攫取绝对剩余价值的方法,转而通过推进科学技术的进步以缩短必要劳动时间,从而提高劳动生产率。于是,科学技术和社会发展相结合不断融入日常生活之后,工人劳动生产率和资本有机构成大大提高,技术理性的统治以及功利主义的膨胀使人们陷入纯粹的物质追求。资本家又通过追逐超额剩余价值和相对剩余价值的方法来不断扩大资本主义生产。但是,物质的极大丰富并没有缓解人与人之间的紧张对立,人们在科学技术的发展中反而逐渐迷失了自我。统治阶级不断制造出来的"虚假的需求"让人们丧失了对现实社会的批判和反思,成为赫伯特·马尔库塞说的"单向度的人"[②]。人成为单一向度的"经济人"(或"利益人""物欲人"),其"道德人""审美人""文化人"的多向度身份被严重疏忽甚至无视。于是,来去匆匆的现代人就这样沦为资本主义利益攫取链条上的一个工具。

---

① [加]威廉·莱斯:《自然的控制》,岳长龄等译,重庆出版社 1993 年版,第 30 页。
② [美]赫伯特·马尔库塞:《单向度的人:发达工业社会意识形态研究》,刘继译,上海译文出版社 2014 年版,第 218 页。

正是由此,法兰克福学派的理论家霍克海默和阿多诺与赫伯特·马尔库塞一样,坚定地表达了必须批判发达工业社会的理论立场。他们指出工业社会中的技术理性让人们丧失了主体性,人们成为异化的存在。他们试图用宗教和艺术等方式将人们从异化的奴役和束缚中解放出来。赫伯特·马尔库塞认为,科学技术是统治阶级的利益工具,人们沉醉于现实生活,难以挣脱"单向度"的生存限制。他认为要想克服人的异化状态,需要建立"新感性":"艺术作品从其内在的逻辑结论中,产生出另一种理性、另一种感性,这些理性和感性公开对抗那些滋生在统治的社会制度中的理性和感性。"①哈贝马斯认为,交往行动是人的本体性活动,也是总体性的存在方式。而在资本主义社会中,受到了技术统治的影响,交往行为丧失了原有的含义而可悲地沦为技术统治的工具和过程,这也是造成资本主义"合法性危机"的根源。因此,他提倡重建合理性的交往活动以实现人的本质的复归。② 可以说,法兰克福学派技术批判理论其本质是在马克思的异化理论基础上展开的对现代人生存境遇的深刻批判与反思。

可见,法兰克福学派的学者们发现,现代科学技术改善了人们的物质生活质量,为人们带来了舒适的生存和生活环境,但是与此同时异化也已经渗透进人们的日常生活。也就是说,伴随着资本主义的发展,科学技术确实便利了人们的生活,加速了社会发展的节奏,使人们认识自然、改造自然的能力大大提升。但与此同时科学技术也出现了很严重的问题。这一问题的呈现方式之一就是科学技术的发展挑战了人文道德底线。技术理性使社会发展很容易脱离人的控制,成为资本主义统治阶级的统治工具,往往造成不可逆的后果。比如技术的不断发展就严峻挑战了诸如人机大战、克隆技术、基因再造等伦理道德问题。在面对技术发展的过程中如果一味强调技术理性,后果很可能是人类受控于技术。于是,人失去了自主选择的权利,更有甚者,人有可能成为机器的奴隶。这绝不是杞人忧天,而是已然存在且呈加速度发展的严峻现实。

可见,从整个人类社会发展的宏观角度看,技术的发展不仅导致自然环

① [美]赫伯特·马尔库塞:《审美之维》,李小兵译,生活·读书·新知三联书店1989年版,第210—211页。
② [德]尤尔根·哈贝马斯:《合法化危机》,刘北城、曹卫东译,人民出版社2000年版,第43—56页。

境恶化、生态资源浪费等,严重威胁着人类生存的环境,而且还直接指向人类自身。比如在人工智能时代的今天,其技术日新月异固然改善了人们的生活,让人们获得了极大的便利,生产和生活效率得以加速度式地提高,但是人工智能的负面影响是显而易见的,人工智能的普及会使很大一部分劳动者失业,使人失去不可替代性的人本学依据。而且,由于对人工智能研究不够透彻极可能会造成人工智能产生自主意识后"冷血"地控制人类的后果。越来越多的事实证明,科学技术毫无疑问具有推动社会进步的力量,但要使其造福人类就需要我们尽可能避免其有可能造成的异化而导致的消极后果。这是从唯物史观内蕴的历史辩证法的立场和方法出发而对技术理性批判的一个重要向度。事实上,当今西方马克思主义阵营里的诸多思想家正是沿着马克思开辟的这一理路而屡有建树的。

2.3.2 消费社会的意识形态批判

消费主义社会是资本逻辑从生产领域向消费领域的延伸。在生产力发展到一定程度的时候,如何刺激人们消费来获取更多利润就成了资本逻辑演进的必然主题。在资本主义早期阶段,消费只是作为生产的一个环节,而且人们消费主要是为了满足必要的生存需求而进行的行为。但是工业化发展到一定程度,消费成了推动社会生产力发展的重要力量,它不仅满足资本价值自我增值的内在需求,同时又为资本主义控制社会提供了必要的工具。在资本逻辑的这个进程中,福特主义的出现让"消费社会"成为可能。机械化、复制化、规模化的生产方式不仅提高了生产力水平,同时也让生产者有更多空余时间和金钱去消费。在消费社会,不是"我思,故我在"(笛卡尔语),反而成了"我消费,故我在"。于是,正如美国作家约翰·格拉夫所言:"在一个消费狂热的时代,挥霍无度就意味着成功。"①

消费主义作为一种新的意识形态,既可以实现资本的增值,又可以引导消费者的消费习惯和消费理念,通过构建"虚假的需求"让消费者沉迷其中,其最终目的是维护资本主义的统治地位。正如德国哲学家格奥尔格·西美尔在分析"时尚"时所言,时尚作为"一种普遍现象的充满活力"的生活,使我们深陷其中。它"是既定模式的模仿",因而"满足了社会调适的需要",它还

---

① [美]约翰·格拉夫等:《流行性物欲症》,闾佳译,中国人民大学出版社 2006 年版,第 8 页。

将个人引向大众盲从的道路上,提供了一种"把个人行为变成样板的普遍性规则",虽然它也满足了人们对差异、变化和个性的要求,只是这种要求依然没能摆脱资本的规划。① 广告的出现则为消费主义提供了渠道,拓宽了市场。媒体通过无孔不入的广告轰炸,给人们制造并传递了各种各样幸福的错觉,诱导人们形成虚假的幸福观。于是,传统的适度消费习惯被彻底改变,人们在消费行为发生之前就已经被灌输了消费品的诸多虚幻概念。因此,在消费过程中,人们往往看重的是品牌所营造的诸多美好的价值理念,而忽视了消费品本身的使用价值。人们在消费主义的宰制下以消费为生活的价值,沉迷在对物质消费的无尽欲望中,丧失的却是自我批判的勇气和自我价值判断的定力。当人们完全陷入对物所显示的"符号"的盲目崇拜中,反而是"符号"控制了人的一切思维和行动。于是,符号所构建的虚假社会就这样形成了对人的异化控制。②

在西方马克思主义者看来,消费主义的外在包装和广告宣传不再是简单的社会现象,它已经上升为一种意识形态。"关于消费的一切意识形态都想让我们相信我们已经进入一个新纪元,一场决定性的人文'革命'把痛苦而英雄的生产年代与舒适的消费年代划分开来了,这个年代终于能够正视人及其欲望。这种形式表现为对需求、个体、享受、丰盛等进行解放。"③事实上,问题的严峻性在于消费主义以一种更为隐蔽、更为诡谲的形式化解或弱化人们对资本的反抗。

不仅如此,消费主义还作为一种意识形态通过培育大众的消费观念让大众在不知不觉中接受消费意识形态控制。在这个过程中,资产阶级掩盖了其剥削本质以及其所造成的不公平、不正义的社会现实。它给人们构建了一个虚幻的物质丰裕的幸福生活,同时又掩盖资本的丑陋本性,在世界范围推广符合资产阶级利益的价值观,并使之成为整个社会所普遍推崇的一种生活方式。事实上,如果消费者本身已经成了资本主义不断扩张的关键性因素,那么消费主义根本谈不上对人的主体性的关注,它看到的仅仅是其消费能力和消费行为。在资本和资本家眼里,只要有消费者,就能保证资本主义生产体系正常运转,就有资本无限增值的可能。在唯物史观看来,这正

---

① ［德］格奥尔格·西美尔:《时尚的哲学》,费勇等译,文化艺术出版社 2001 年版,第 72 页。
② ［法］让·鲍德里亚:《消费社会》,刘成富、全志钢译,南京大学出版社 2008 年版,第 25 页。
③ ［法］让·鲍德里亚:《消费社会》,刘成富、全志钢译,南京大学出版社 2008 年版,第 74 页。

是消费社会的意识形态批判亟待进行的实践依据。

2.3.3　文化商品化的大众文化批判

资本主义社会产生了具有商品化特性的大众文化,它通过现代技术手段将现代文化产品大量复制出来,由此产生的是"文化工业"。以马克思的政治经济学理论和方法来审视,文化工业下生产的产品,具有明显的商品化倾向和拜物教属性。

在霍克海默等思想家眼中,资本逻辑下的文化产品已经不以艺术性为追求的目标,它沦为商品以后被生产出来的意义就在于获得商业利益。文化商品具有商品的特征和属性,以交换为目的,受价值规律制约,且不为自己丧失文化内涵而可惜。因为商业利润补偿了这一切。霍克海默曾举例说,那些愿意自掏腰包去欣赏戏剧或音乐会的人,至少会像对所花之钱的重视一样来尊重艺术表演本身,倘若有人想要从中获利,其基本前提是得对作品多做了解。对于高雅艺术,市民们甚至仅仅是以欣赏的眼光来看就可心满意足,因为艺术品总是有其一定的文化底蕴和价值存在的。但在资本主义市场下,由于资本逻辑的强势介入艺术家们往往丧失了职业操守和职业道德,为了迎合一些人的利益需要而创造出来的艺术产品,必然导致文化产业良莠不齐,难以产生震撼人心的惊世之作。① 比如贝多芬就曾怒斥瓦尔特·斯科特那种完全以营利为目的的写作,而他自己以执着的精神和高超的技能创作了不被当时的市场接受的诸多作品。一个显而易见的事实是,贝多芬成为他那个时代不被理解的孤独者。其实,艺术作品本身的确具有交换价值,但是霍克海默认为:"纯粹的艺术品,也只是就它们始终是商品的同时还遵循自己特有的规律这一点而言,它们才能否认自己完全具有社会商品的性质。"②

正是基于这样的理由,法兰克福学派认为,大众文化不仅不能释放人的天性,反而限制了人的思维。文化商品化已经使得文化失去了其原有的功能和价值,不再是人们精神追求的产物,而沦为资本主义利益链的一个环

---

① Max Horkheimer, Theodor W. Adorno. *Dialectic of Enlightenment*, Stanford University Press, 2007: 73.
② 方晶刚:《走出启蒙的神话——霍克海默社会批判理论研究》,复旦大学出版社 2013 年版,第 123 页。

节。如果人们想从社会束缚中解放出来，首先必须摆脱文化工业产品的操纵。因此，法兰克福学派在颂扬高雅艺术的同时，对大众文化展开了如下两个向度的尖锐批判：首先，大众文化的复制化、机械化让文化作品失去了灵魂，没有其独特的韵味；其次，技术生产导致大众文化审美性、艺术性淡化，艺术往往成为金钱的奴隶，大众文化在此过程中改变了其应有的内在含义，有时候甚至成为统治者为了达到利益诉求而进行统治的意识形态工具。作为最负盛名的西方马克思主义阵营，法兰克福学派对马克思主义在当代传播与发展的一个了不起的贡献就是，它通过对文化商品化的批判直指资本主义的内在矛盾及其本质需求，同时通过对大众文化的批判让无产阶级觉醒，使他们清醒地认识到社会现状并进行批判、反抗和革命。

当然，法兰克福学派对当代资本主义大众文化的批判既有合理性，也有其固有缺陷。法兰克福学派的大众文化批判理论没有结合群众的利益诉求，导致难以得到民众支持；同时它还低估了大众本身对文化的选择和判断，仅仅看到了资本主义对大众文化的控制和灌输，没有客观认识到大众文化在某种程度上有一定的自主性、自发性和选择性。① 事实上，我们应当清醒地看到，当大众文化以营利为目的时，即便是拜金主义、享乐主义、个人主义，只要能够符合市场需求、能够增加大众文化商品的销量，大众文化利益相关者并不介意是否背离主流文化的发展方向、是否会削弱主流文化的价值引导作用。而且，大众文化更加感性与直观，面对的是零散、琐碎的事情，一般难以让人产生深度的有质量的思考。也是因此，大众文化很多时候往往站在精英文化的对立面，难以产生有长远目标和规划的价值取向和理想追求。比如，中国传统文化里有很多优秀的地方戏曲流传至今，但是其中很多戏曲文化元素需要对其进行科学审查与价值反思，否则它一旦与文化工业所塑造的大众文化的消极因素合流的话，会对当下的社会主义文化建设造成非常不良的影响。这些年被媒体热议的某些视频节目"三俗"（庸俗、低俗、媚俗）问题就是典型的例证。

总之，唯物史观学说以社会实践为基础，形成了关于人的生存境遇的批判性文化理论，它对现代性带来的一系列文化危机的批判也是最为深刻的。马克思特别反对离开具体的社会经济形态来考察特定时期的文化，他说：

---

① 邱根江：《法兰克福学派现代性批判理论研究》，西安交通大学出版社2016年版，第37—45页。

"要研究精神生产和物质生产之间的联系,首先必须把这种物质生产本身不是当作一般范畴来考察,而是从一定的历史的形式来考察。"①恩格斯也说过:"每一历史时期的观念和思想也可以极其简单地由这一时期的经济的生活条件以及由这些条件决定的社会关系和政治关系来说明。"②对于资本造成的"强制进步",马克思、恩格斯在《共产党宣言》中指出:资产阶级导致了社会处于永恒的变动之中,因为"资产阶级除非对生产工具,从而对生产关系,从而对全部社会关系不断地进行革命,否则就不能生存下去。反之,原封不动地保持旧的生产方式,却是过去的一切工业阶级生存的首要条件。生产的不断变革,一切社会状况不停的动荡,永远的不安定和变动,这就是资产阶级时代不同于过去一切时代的地方"③。当代社会依然是这样的动荡不安,一切仿佛都处在变动不居中。这愈加显示了唯物史观文化批判理论的深刻性,它透过变化万端的社会表现直指时代问题的根本,让现代人认清这个社会运行的一般法则以及这个法则加诸人身的各种限制,从而为自由全面地发展自己和自我解放找到问题的症结之所在。

2.4 唯物史观文化批判的理论旨归

唯物史观文化批判的目的其实是启发人们正确对待人类社会的文化现象,认识到现代社会中人与文化的深层矛盾并给出解决之道。文化批判在人与自然、人与社会、人与人自身这三个向度上都发挥着独特的作用。之所以确立这三个向度,不仅是因为人与世界的关系归根到底就体现在这三重关系上,更重要的还在于唯物史观理论在这三重关系(矛盾)的阐释和解决方面达到了迄今为止别的理论尚无法从整体上超越的高度和难以企及的深度。这一三维视角的确立,也为我们今后探讨传统文化的当代复兴以及如何转型、创新等重大问题提供了相应的逻辑框架与阐释路径。

---

① [德]马克思、[德]恩格斯:《马克思恩格斯全集》(第26卷第1册),北京:人民出版社1972年版,第296页。
② [德]马克思、[德]恩格斯:《马克思恩格斯文集》(第3卷),北京:人民出版社2009年版,第459页。
③ [德]马克思、[德]恩格斯:《马克思恩格斯文集》(第2卷),北京:人民出版社2009年版,第34页。

2.4.1　批判与救赎：人与文化的深层矛盾及其克服

人与自身活动及其成果的矛盾，也可归结为人与文化的矛盾。人类社会如果要进步就要创造文化，但是文化一旦成为一种传统，对人而言又会成为局限和束缚，会要求人们在特定的文化背景和体系下进行活动。这就是人与文化的矛盾。

人们在最初和自然联系过程中通过活动成果和自然相协调，最初对自然保持着特殊的神秘感。在人与自然没有完全分化的状况下，人们的生存和自然息息相关，每天寻求食物、躲避自然灾害、躲避野兽等，对自然依赖程度很高。后来进入了工业社会这种态势就得到了改变。人们开始利用自然、征服自然，特别是自然科学与技术的产生与繁荣，使人类揭开了自然的神秘面纱。于是，科学文化发展程度越高，人们征服自然、掌握自然的能力越强；反之，科学文化发展越迟缓，自然受人的控制也就越弱。人们在征服自然过程中创造了符合时代要求的文化，但是又被这种文化所制约。

生产力的进步让人们对社会有了更全面的认识。特别是工业社会向信息社会转换过程中，人与自身创造的文化之间的矛盾日益增强。全球化的进程逐渐加快，政治、经济、文化等广泛传播的同时也带来了文化的碰撞。当今世界，文化的传播速度和传播手段可谓前所未有，但是文化之间的冲突与矛盾也日益激烈。文化之间的矛盾与冲突尤其体现在人与人之间的关系中。资产阶级为了不断地掠夺与扩张，借全球化向世界各个角落进发，今天在世界的每一个角落都可以看到资本的身影。对自然的掠夺一方面加重了人与自然关系的恶化，另一方面人与他人之间的文化矛盾也愈演愈烈。于是，文化本来是人创造出来的，但是随着社会发展和科学技术进步，这些文化在某种程度上已经超出了人们可掌控的范围，它在带来交流、融合与共享的同时，也会因为文化的对峙和冲突严重威胁着人类的生存。美国学者塞缪尔·亨廷顿于20世纪90年代提出的后来一直在许多国家的政界和学术界争论不休的"文明冲突"理论，就曾详尽描述了不同文明与文化的冲突。该理论观点集中体现在其《不是文明，又是什么？》《西方文明：是特有的，不是普遍的？》和《文明冲突与世界秩序的重建》等著作中。显然，人们并不完全认同其观点，因为其立论显然只看到了不同文明与文化之间对峙与冲突的一面，却有意无意忽视了它们之间融合与并存的一面，但是对其揭示的文化的对峙和冲突可能严重威胁着人类生存的结论却给予了相当的认可与警觉。

重要的还在于,不仅不同文化之间的对峙会产生冲突,即便同一文化在其自身也会产生冲突。比如资本主义工业文明的发展逻辑必然步入消费社会。于是,消费文化就如让·鲍德里亚在《消费社会》一书中断言的那样成为西方的主流文化①。但正如让·鲍德里亚批判的那样,这个消费文化成为人的异己力量,成为人与人冲突的内在根源。在消费社会中,只有消费才能使人获得满足感和成就感,追求"个性"的人们"强迫症"般地进行消费。追求个性反而更受压制;追求满足反而更加空虚;看似充满选择,却被同一性束缚,其结果是更深层次的消费异化。

步入21世纪以来,生产力飞速发展是毋庸置疑的。人们的探索也超出了地球而迈向了太空,但是信息化、人工智能时代的今天,全球联系日益密切,核武器、克隆技术、信息安全、人工智能、网络大数据时代种种都对当今文化发展形成了巨大的挑战。

从全球来看,当代文化的后现代性发展导致多元文化层出不穷,而文化的多元性导致规范性减弱,人们对文化的控制也会随之下降,文化的趋同性让很多优秀文化丧失。事实上,在全球化的今天,文化入侵是无形的,文化霸权主义与文化民族主义严重破坏了地区的文化发展与传承,有些地区没有经历文化变迁过程,直接接受了西方文化的大规模进入,其文化传承与再造便更加容易历经曲折与坎坷。

当代中国的发展也面临着类似的危机。如何在资本主义文化思潮汹涌的情况下实现理性的批判与救赎,去更好地继承发展传统文化,是我们亟须解决的问题。我们首先要做的就是立足中国发展的客观事实,发扬自身的特色与优势,抵制西方错误文化思潮的入侵与腐蚀,同时也要顺应时代的浪潮,辩证对待时代发展的文化需要,遵循主流价值观引领的同时学会兼收并蓄,在中国式现代化实践发展的基础上客观、理性地对待传统文化和外来文化。

2.4.2 唯物史观文化批判的三维视角

唯物史观的文化批判理论内容宏丰博大,借助思维抽象的方法,我们也

---

① 〔法〕让·鲍德里亚:《消费社会》,刘成富、全志钢译,南京大学出版社2008年版,第6页。

许可以概括为如下三个命题。而且,这三个命题事实上也代表着这一文化批判理论的旨归,即人的自由全面发展。

第一,人首先是自然的存在物,要超越主客二分的机械性思维。在《关于费尔巴哈的提纲》中,马克思说:"从前的一切唯物主义——包括费尔巴哈的唯物主义——的主要缺点是:对对象、现实、感性,只是从客体的或者直观的形式去理解,而不是把它们当作人的感性活动,当作实践去理解。"①正是因为意识到从前唯物主义者的这一缺陷,马克思自觉地意识到必须从主客体统一的立场来思考问题。正是因此,在自然观上马克思不仅从未陷入诸如人类决定论或非人类决定论之类的主体与客体的二元对立之中,他始终坚持从"感性实践"的角度去看待人与自然的关系。在强调了客观环境对人的决定性影响之后,他也指出人本身具有能动性的一面。他认为,"有一种唯物主义学说,认为人是环境和教育的产物,因而认为改变了的人是另一种环境和改变了的教育的产物,这种学说忘记了:环境正是由人来改变的,而教育者本人一定是受教育的"②。马克思看到了人的主动性,又能注意到被动性,强调要实现主客体统一,对我们处理人与自然的关系有很大的世界观与方法论的启迪。

马克思的唯物主义立场要求我们在改造客观的自然界时要尊重其自身的客观规律。自然界是客观存在的,人类社会的生存和发展都离不开自然界的支撑和发展。作为实践的主体,人本身也要按照自己的需求和尺度有计划地利用自然,因此必须超越主客二分,以实现主体与客体的统一。早期西方马克思主义理论家也反对主客二分,他们要求把人视为主体的人,而不是与客体对立的片面的人;他们要求重新认识人的存在及其活动的价值与意义。③ 这一立场无疑是恰当的。

但仅仅这样来反对主客二分还是不够的。在唯物史观看来,社会发展过程中,人们不仅要看到自然界对人的眼前利益,还要充分发挥自己的主体性,承认自然界与人是息息相关的,在改造自然、利用自然的同时首先要遵循自然的发展规律,才能有更持续的发展。同时,在科学技术发展的同时不能盲目地追求对人的利益,而要利用科学技术发挥主体性,更好地保护自

---

①　[德]马克思、[德]恩格斯:《马克思恩格斯选集》(第1卷),人民出版社1995年版,第58页。

②　[德]马克思、[德]恩格斯:《马克思恩格斯选集》(第1卷),人民出版社1995年版,第59页。

③　陈学明、王凤才:《西方马克思主义前沿问题二十讲》,复旦大学出版社2008年版,第126页。

然,改善改造世界的方法与手段。就当代中国而言,市场经济的发展激发了人的逐利本性,"一切以 GDP 说话""先污染,后治理"之类的事情时有发生。其实,这一理念是似是而非的。事实上,中国传统社会历来就有关于人与自然和谐相处的思想,比如刘禹锡提出的"天人相交胜"的观点就表达了人与自然对立统一的辩证关系。可见,只有将主体性与客体性相结合,超越主客二分,尊重客观规律的同时充分发挥主观能动性,才能真正实现人与自然的和谐相处。

马克思说过,人"不仅使自然物发生形式变化,同时他还在自然物中实现自己的目的"①。人与自然界相处过程中人作为主体有充分的主动性,也有更强的自主选择性和行动能力,人们必须充分认识、敬畏、顺应自然的内在规律,做到人的主体性的发挥与客观规律的一致。

第二,人更是社会的存在物,要追求个人与共同体的统一。关于个人与共同体,这是唯物史观理论中的一对基本范畴。马克思说:"人的本质是人的真正的社会联系。"②这意味着在马克思那里,个人与共同体的关系不是强加于人的外部强制物,而是与人的本质相关联的内在存在物。也就是说,在实践中个人与共同体是密不可分的,社会生活是个人生存发展不可或缺的部分,而个人的生活又离不开与其他人所共同构成的社会,他或她通过实践活动与他人发生必然的这样或那样的联系。为此,马克思强调指出个人既不应当成为共同体发展的牺牲品,也不应当视共同体为虚幻的存在物。真实的个人必是共同体中"处于相互关系中的个人"③。

可见,在唯物史观的视域里个人与共同体的真正关系是互为目的、相互依存的,唯有在共同体中个人才能获得真正的独立和自由。马克思将这样的共同体称为"自由人的联合体"。作为个人和共同体关系更加密切的理想目标,共产主义便是其最经典的表现。而且,马克思认为,虽然在人类发展进程中个人与共同体的矛盾是一直存在的,但它终会在个人与共同体的发展和完善中实现辩证统一。

在进入新时代的当今中国,个人与共同体关系的思考是不可避免的一个重要问题。中国在发展进程中经历了改革开放前的计划经济体制,它要

---

① [德]马克思、[德]恩格斯:《马克思恩格斯文集》(第5卷),人民出版社2009年版,第208页。
② [德]马克思、[德]恩格斯:《马克思恩格斯全集》(第42卷),人民出版社1979年版,第24页。
③ [德]马克思、[德]恩格斯:《马克思恩格斯文集》(第8卷),人民出版社2009年版,第204页。

求个人无条件地服从于共同体关系。而后,随着市场经济的确立和西方自由主义思潮的涌入,在个人和共同体关系中出现了物极必反的情形,它使人们在面临自主选择时陷入了诸多的困境。

毋庸置疑的是,唯物史观关于个人与共同体关系的思想为我们当下解决困境提供了世界观与方法论的指引。一方面,我们应该跳出传统线性思维的局限性,不可将个人和集体、共同体绝对对立。与此同时,我们还要正确认识到我国社会发展有自己特殊的历史局限性。传统文化留下来的依附性人格和小农心理仍然存在,当今中国呈现出"人的依赖性""物的依赖性""人的独立性"三类人与社会发展状况并存的矛盾。要实现社会的健康发展,首先要实现个人健康全面的发展,使独立的个人与主体性得到普遍的尊重。但另一方面,我们也要明确认识到,当代西方的社会危机恰恰是由于过分强调自由主义,太关注个人利益,过度主张对共同体进行制约和消解,这直接导致了社会共识难以达成、社会撕裂严重等难题与困境。

尤其值得指出的是,我们应该清晰而坚定地意识到中国实现飞速发展的优势之一即是在个人与共同体的关系问题上,既能够结合时代发展潮流实现个人自由而全面的发展,又能够在坚定社会主义公有制的基础和社会主义民主集中制的基础上,树立起社会主义核心价值观,将个人利益与集体利益相结合,实现个人与社会的良性互动发展。

第三,人是自由的存在物,要将人的自由全面发展视为社会的终极目标。马克思认为人的自由全面发展,是"人以一种全面的方式,也就是说,作为一个完整的人,占有自己的全面的本质"①。而要实现人的自由全面的发展,首先要实现生产力的巨大增长。为此,马克思指出:"通过社会化生产,不仅可能保证一切社会成员有富足的和一天比一天充裕的物质生活,而且还可能保证他们的体力和智力获得充分的自由的发展和运用。"②在马克思看来,生产力的高度发达首先体现为社会物质资料极大的丰富,社会财富供大于求。而且,每一个社会成员的物质生活都很富裕的同时,由于人的觉悟的提升,社会生产效率依然在不断提高。这种良性互动正是促进人的自由全面发展的前提条件。

与此同时,要实现人的自由全面发展,自由的时间也不可或缺。马克思

---

① [德]马克思、[德]恩格斯:《马克思恩格斯全集》(第 42 卷),人民出版社 1979 年版,第 123 页。
② [德]马克思、[德]恩格斯:《马克思恩格斯文集》(第 9 卷),人民出版社 2009 年版,第 299 页。

认为:"时间实际上是人的积极存在,它不仅是人的生命的尺度,而且是人的发展的空间。"①这也就是说,在马克思看来,只有时间充足人们才能更好地掌握自己的时间以实现自由全面的发展。而且,马克思强调指出这里的时间指的是必要劳动以外的时间。马克思曾形象地说道:"一个人如果没有自己处置的自由时间,一生中除睡眠饮食等纯生理上必需的间断外,都是替资本家服务,那么,他就还不如一头役畜。"②为此,马克思还分析指出,当社会生产力水平较低的时候,人们不得不花费大量的时间用于社会生产。也就是说,当物质财富发展缓慢之时人将注定没有空余的时间实现更自由更全面的发展。

要实现人的自由全面发展更需要以感性的社会实践为基础。在马克思的理论视域中,不仅在认识论向度下,实践是人获得真理性认识的基础,在实践本体论的向度下,实践更是人的存在方式。马克思批判费尔巴哈说"他把人只看做'感性对象',而不是'感性活动'"③。可见,在唯物史观的论域中,离开了实践,人的自由全面发展将无从谈起。事实上,从社会和人自身的进步来看,人的自由全面发展正是一个由初级阶段向高级阶段不断感性实践的历史过程。

当然,实现人的自由全面发展这一终极目标并不是一蹴而就的,它是一个长期的、多维的、复杂的、系统的社会实践工程。我们要全面认识自然界和人类社会的发展规律,在顺应时代发展潮流的同时充分发挥人的主观能动性。对中国社会发展而言,马克思的自由全面发展要求就具体体现在引导人们追求富裕的同时要加强理想信念教育,在满足人民物质文化需求的同时加大精神文化需求的培植与发展,提升精神修养与水平。尤其要对源远流长的中华优秀传统文化予以批判性继承和创新性弘扬。事实上,在中华优秀传统文化中,爱国、诚信、追求公正、热爱和平、团结友善、勤劳勇敢、自强不息等等这些伦理价值观从来是我们民族的宝贵精神财富。我们要大力弘扬这些优秀传统文化,以陶冶人民的情操,坚定人民的理想信念,提升人民的道德水平和修养素质。

---

① ［德］马克思、［德］恩格斯:《马克思恩格斯全集》(第47卷),人民出版社1979年版,第532页。
② ［德］马克思、［德］恩格斯:《马克思恩格斯文集》(第3卷),人民出版社2009年版,第70页。
③ ［德］马克思、［德］恩格斯:《马克思恩格斯文集》(第1卷),人民出版社2009年版,第530页。

3 中西马三重视野下的中国传统文化

中国传统文化的现代转化与文化的现代化发展相伴而生。从思想源流上看,中国文化的转型、西方文化的启蒙与马克思主义的发展成为现代中国文化现代化进程中最为重要的三个资源与要素。而且,论及中国传统文化的现代价值与现代意义首先要在这一文化现代化的进程中来审视。事实上,当今中国文化本身经历了现代化的"洗礼",这场"洗礼"一方面与西方社会的现代化进程密切相关,另一方面与中国社会的现代化进程更是本质相关。为此,我们试图在中西马①三者的文化观比较中分析中国传统文化的现代价值,尤其是分析和比较三者如何处理和回答人与自然、人与社会、人与自身这三大关系问题的异同。通过这一比较研究,我们可以发现相比于存在诸多偏颇的西方文化而言,对这三个问题充满睿智的回答正是中国传统文化现代价值的重要体现。也因此,它事实上构成了马克思主义中国化时代化的重要思想资源。

3.1 中西马文化观的对立与会通

如何处理中西马三者的关系在我国学界一直备受关注。其具体的关注点包括三者是否具有对话和融合的可能性,如果可以,将以何种方式会通。对这个答案的追寻一直伴随着中国现代化的过程,虽不同阶段表现形式不同,却从未停止。

在近现代中国迈向现代化的历史进程中,中国传统文化是我们的"文化

---

① 本书中西马的"中"即中国文化;"西"是指西方文化;"马"是指马克思主义。因为我们无意简单化地将马克思主义归属于西方文化,事实上因其作为中国共产党指导思想的特殊地位,它远非任何一家西方学说可以与其相比拟。因此,我们在此将其与西方文化、中国文化并列而论,且特别强调马克思主义尤其是其唯物史观是作为主流意识形态,而不是作为一种普通文化形态与西方文化、中国文化相提并论。

基因",是中国特色现代化道路不可或缺的向度;而主导现代性的西方文化在全球化的文明扩张中也深深地影响了我们的生活图景;马克思主义在我国具有意识形态的指导意义,三者共同在场,组成我们文化自觉、文化自信不可或缺的学术资源。而今,中国乃至世界面对的现代性问题、生存危机等现实困境迫切地需要以中西马为主要代表的各种思想资源的对话与交融。

毋庸置疑的是,中国文化、西方文化和马克思主义由于产生背景、理论焦点、方法论等都是不同的,甚至有完全对立的观点。因此,中西马的会通并非对于不同文化背景中诞生的思想学说在具体结论上追求一致,而主要表现为在当代生存困境下从中西马的不同视野中找寻到有可能的共同文化资源。事实上,正如冯友兰说过的那样,基于人类的"类"共同性,中西马三者因对不同时代人类生存相似困境的聚焦、共同价值的探索必然会有一些殊途同归之处。① 如果做一些逻辑梳理,那么,中西马这个会通首先将是基于相同的问题域,即实践中的人与世界的关系而得以切实展开的。这个展开细分而论即在人与自然、人与社会、人与自身的关系中呈现其不同立场、不同结论的对立与会通。

3.1.1　中国传统文化的历史反省

全球化时代的中国传统文化不能只在自己的论域内研究问题,而必须在全球文化比较的视野内寻求超越。也就是说,只有将其置于人类实现现代化的进程和图景中,通过与其他文化的比较,突出其内涵和特点,然后放在历史变迁和当代社会现实的格局中,通过理路和方法的比较,阐发其新的理论和现实意义。

"所谓中国传统文化,就是中国古代思想家所提炼出的理论化和非理论化的,并转而影响整个社会的,具有稳定结构的共同精神、心理状态、思维方式和价值取向等精神成果的总和。"②这是对于中国传统文化较有认同性的一种定义。当然,即便是对于中国传统文化的定义学界有大致共同的立场,但在中国传统文化的诸多论题上依然未能形成共识,尤其在其具体所指的内容方面争议颇多。产生这一问题,一是因文化定义的多样性;二是因对传统和现代的界分也有异议。通常认为中国传统文化时间上是指 1840 年鸦

---

① 冯友兰:《三松堂自序》,北方文艺出版社 1995 年版,第 309 页。
② 李宗桂:《中国文化概论》,中山大学出版社 1988 年版,第 10 页。

片战争以前的文化,也有观点认为文化是动态的,传统也是动态的,是相对于当下而言的,不应以具体的时间划界。而且,传统除了具有时间向度,还有地域的向度。一般而论,中国传统文化在地域上被认为是指中华各民族在中国地域上创造的文化。时间和地域向度交叉积淀了中国传统文化的基本内容。但从具体内容上,儒家思想被大多数学者认为是中国传统文化的核心形态,但也有学者认为中国传统文化的核心形态至少应该儒释道三家并提。此外,中国传统文化主要指典籍中正式流传的文化,同时也包括口口相传的习俗传统;中国传统文化应从广义上来说,即指历史传承下来的器物、思想、道德、风俗、艺术、制度等文化现象,还是应从狭义上来说,即指小农社会、自然经济与农业文明下形成的思想、道德、文学艺术、大众心理等观念的东西,学界也都存在一些争议。我们在本书中所谓的中国传统文化主要是指历经 5000 年历史积淀而成的,中华各民族在中国地域上创造的,以儒释道为主要代表形态的思想观念传承。

自鸦片战争开始,古老的中国传统文化发生了巨大的变化。鸦片战争打开了国门,带来了西方思想以及西方的现代化模式。在西学东渐的冲击下,中国人不得不面临新的时代问题与挑战,中国传统文化也受到了影响与冲击。自此,中国文化经历了从西方化到现代化的认知转变。西方文化的传入过程中极其重要的一个元素就是马克思主义。马克思主义来到中国后,逐渐融入中国文化,成为中国现代文化中不可忽略的元素。在这一过程中,中国传统文化也经历了重塑的过程。长期以来,传统文化、西方文化与现代文化就在各种要素下对话与融合,包括马克思主义在内的西方文化,如何影响了中国传统文化的发展,中国传统文化又如何转化成现代文化。这是现代化过程中始终需要深思的文化问题。

西方文化的进入经历了由表及里、从器物文化到思想文化的过程,它曾经掀起了近代中国"师夷长技以制夷"(魏源语)的学习高潮。一时间,西方的民主科学吸引了中国的青年知识分子,他们在中国上千年的传统文化中看不到进入现代化的希望。于是,他们试图通过西方文化来探索中国的道路,向资本主义学习的新文化运动成为许多学人的理想和奋斗目标。新文化运动不仅是一场语言上的白话文变革,更要求从根本上重塑国民性,培育"新青年",重新确立核心价值观。但是新文化运动从一开始就没能实现它的愿景,并没有探索出中国的现代化道路。事实上,在新文化运动中西学到底能不能与中国的文化土壤相融合引起了学界的广泛争论，出现了对中西方文化长短、优劣的见仁见智的比较与争议。比如张君劢就不主张全盘否定传统文化而接受西方文化，他曾经这样比较过中西文化的差异："自孔孟以至宋元明之理学家，侧重内心生活之修养，其结果为精神文明。三百年来之欧洲，侧重以人力支配自然界，故其结果为物质文明。"①持类似观点的学者还有不少。通过不同观点的争论，我们可以发现无论当时的思想界如何界定、评价中西文化，其目的都是要确立一种新文化来解决近代中国遭遇的实际问题。这一任务最终是由马克思主义的传入才得以真正完成的。

十月革命之后，马克思主义随着西学的传播来到中国。马克思主义传入中国并融入中国文化土壤，这既说明中国文化具有包容性与开放性，又说明马克思主义文化是一种先进文化，它与中国传统文化的契合为中国的现代文化转型与现代化道路的探索贡献了根本性思想力量。

首先，马克思主义文化来到中国意味着它要处理好与传统文化的关系，并在此基础上给出自己的清晰定位。关于这一点，正如我们看到的那样，马克思主义能够融入中国文化土壤，正是因为其与中国传统文化存在诸多的契合。比如中国传统文化注重整体性思维，唯物史观强调唯物辩证法也有整体与全局的视角；中国传统文化强调人的重要性，重视人伦，唯物史观文化也是以人为旨归的，"现实的人"是历史唯物主义的重要前提与基础；中国传统文化重视实用价值，重视实践，而实践正是唯物史观的核心概念，如此等等。

其次，马克思主义文化来到中国，开启的是中国的现代化选择与现代化道路。马克思主义的传入对于中国社会的意义最为突出的体现，在于它指引中国成功探索了现代化的道路。马克思主义的坚定唯物主义立场所衍生的具体问题具体分析、实事求是等原则，指引着中国在现代化的选择中，不是选择传统还是选择西学的问题，而是要运用科学的理论与方法，探索属于中国的现代化发展道路。马克思主义的世界观和方法论恰恰提供了这样的立场与方法。而这一点恰恰是此前推崇西学者或主张守持国学抑或"中学为体，西学为用"的调和论者所缺乏的。

但是，马克思主义在中国的传播过程并不是一帆风顺、一蹴而就的，而

---

① 张君劢等：《科学与人生观》，山东人民出版社1997年版，第35—39页。

是经历了很多的曲折与失误。马克思主义最初对中国社会问题的思考和解决曾经受到第三国际的消极影响。毛泽东称其为"本本主义"的错误①。其后,当第三国际越来越陷于教条化、僵死化时,在中国接受了马克思主义的中国共产党人,开始了以"实事求是"为核心的思想解放运动,终于将马克思主义的普遍真理真正与中国革命的客观现实结合起来,发展出马克思主义中国化的重要成果——毛泽东思想。今天我们反思中国在十月革命之后,曾经经历的这一段"以俄为师"的历史教训,清算共产国际教条主义地分析中国的阶级力量,本本主义地误导中国革命实践的错误,绝不是清算历史旧账,而是为了让进入新时代的中国在现代化的进程中,充分意识到认清中国国情,以中国现实为基础的极端重要性,是为更好地实事求是地继承和发展马克思主义,为积极探索21世纪马克思主义的中国化时代化提供历史的经验教训。

其中的一个最有启迪意义的地方就在于,我们克服对待马克思主义的教条主义(本本主义)错误,尤其要把传统文化视为"中国国情""中国特色"的题中应有之义。也就是说,在探索和追求中国特色的现代化路径过程中,善于在回望传统、在传统与现代的对话中反思中国传统文化的现代化转型与发展。这事实上也是马克思主义中国化时代化在当今中国所必须完成的重要课题。

3.1.2　文化马克思主义与马克思主义的文化批判

众所周知,在马克思之后的第二国际对马克思主义的发展仅仅局限于经济领域。第二国际的一些理论家习惯于把马克思主义视为经济决定论,他们只注重经济因素的作用,而忽视了文化的功效。正是基于这一偏颇,"西方马克思主义作为一个整体,把全副精力集中于上层建筑的研究,文化构成了它关注的焦点"②。这种文化转向一方面与对第二国际的批判有关,要打破第二国际对唯物史观的经济论解读,另一方面也与西方的无产阶级运动息息相关。因为这一时期暴力革命已经不再是运动的焦点,文化以及意识形态的斗争开始彰显于历史舞台,这一时期的人们更加重视文化领导权的问题、更加关注文化意识的社会功效问题。

---

① 张树军主编:《新版毛泽东选集学习问答》,中国人民大学出版社1991年版,第21页。
② [英]佩里·安德森:《西方马克思主义探讨》,高铦等译,人民出版社1981年版,第96页。

西方马克思主义文化转向中最为重要的一个流派无疑是法兰克福学派。这一学派的基本立足点是批判资产阶级建立的这个异化的社会,对技术理性、大众文化进行了尖锐的批判。也就是说,与第二国际不同,以法兰克福学派为主要代表的西方马克思主义者开辟了另一条继承和发展马克思主义的路径,将研究转向了文化领域,形成了西方马克思主义的文化转向,从而也开启了诸如文化马克思主义的思想论域,它继承和光大了马克思开创的唯物史观的文化批判理论。

我们有理由断言,文化马克思主义是西方马克思主义文化转向中非常重要的发展流派与环节。作为西方马克思主义的一个重要流派,文化马克思主义从文化的视角对马克思主义进行阐释,形成了具有自身内容特点与体系的思想流派。一般而论,文化马克思主义主要指的是英国的文化马克思主义思潮,它是由英国伯明翰当代文化研究中心建立起来的,它固然具有自身的体系与特点,但它更是对马克思文化批判理论的发展与创新。① 文化马克思主义与法兰克福学派有相似的批判立场,但又有批判指向的差别,这与其产生的社会背景是相关的。二战前后英国拥有众多学术地位崇高并与非马克思主义专业史学家相互辩论和相互影响的马克思主义史学家,而这又与英国共产党的成立与党内学术组织——共产党历史学家小组的形成和活动关系极大。文化马克思主义首先是围绕马克思展开的,以对马克思的研究为中心,对其文化理论进行了批判与继承。文化马克思主义同其他西方马克思主义流派一样,强调资本的统治已经越来越深入人们的精神领域,成为一种无处不在的文化统治。他们呼吁要改变这一现状。

马克思主义文化批判理论与西方文化理论的差异在于它从历史唯物主义出发,对文化进行了批判的审视,既没有抹杀文化的重要功效,也没有夸大文化的主观价值。马克思的文化批判理论虽然并没有在其思想文本中占据主线,但是在其思想发展的过程中,随处可见其文化批判理论的深刻思想意蕴。

对资本主义意识形态的批判是马克思确立其唯物史观过程中重要的理论贡献。意识形态批判的对象是资本主义经济基础之上的意识形态,故其本质正是一种文化批判。众所周知,在马克思的历史唯物主义理论中,意识

---

① 廖盖隆主编:《马克思主义百科要览》(下卷),人民日报出版社 1993 年版,第 3121 页。

形态属于上层建筑,是受到经济基础的制约和影响的。马克思把"上层建筑—经济基础"这一架构视为社会发展的基本结构。他认为意识形态在上层建筑的环节中具有多种多样的形式,但其发展始终受到社会经济基础的影响。因此,马克思认为意识形态批判并不是单纯的对某种思想与文化的批判,它要与政治经济学批判结合起来,二者互为基础。由此,马克思的文化批判理论也呈现出自身的特色,即文化批判以唯物史观为前提,并且以唯物辩证法作为方法论基础,文化批判与政治经济学批判、意识形态批判、政治批判是相互联系的,要从整体上、从社会的宏观结构中来把握文化批判的内涵和意义。文化批判的目的是通过实践来获得人的解放,解放既是精神层面的,更是社会层面的,文化批判的目的正是改变世界,既改变客观世界,又改变主观世界。

唯物史观的这一文化批判理论由后来的西方马克思主义者继承和发展,出现了许多经典流派及其理论思想。早期西方马克思主义者奠定了其文化批判理论的基本方向。比如卢卡奇从物化现象入手,批判了资本主义社会中人们普遍形成的物化意识,强调无产阶级要进行意识革命,以获得真正的阶级意识。他认为,这是实现解放的前提。葛兰西提出了文化领导权理论,旨在通过夺取文化和意识形态领导权来推动革命的前进。法兰克福学派则从批判技术理性入手,同时批判了以技术理性为基础的大众文化。这一学派的思想家认为,大众文化所引发的文化危机使人丧失了价值追求,理性走向了自己的反面,人们沉迷于消费中,并机械地复制大众文化,人们的意识与价值追求都被大众文化所操纵。20 世纪 70 年代以后,西方马克思主义文化批判理论的内容转向了大众传媒、性别等问题上。进入 21 世纪,西方马克思主义开始更多地注重现实带来的新问题,比如社会发展所引发的身份认同危机就曾经引发了西方马克思主义者的关注。这些学者们发现人们在社会发展中逐渐失去自身的身份认同,尤其在塑造文化身份上陷入困境,因为文化的多元带来了迷茫、困惑、矛盾与冲突。而一些国家试图以硬方式来行使文化霸权,极力输出特定的意识形态,不仅破坏了全球化的发展格局,而且进一步加剧了文化身份的认同危机。

3.1.3 继承与创新:综合创新传统文化观

中国现代文化的发展是批判、继承与创新的过程。毋庸置疑的是,在这个过程中马克思主义文化观,尤其是唯物史观,始终是重要的思想资源。唯物史观文化理论不仅提供了立场、观点,还提供了方法,尤其是文化创造性转化过程中需要坚持的立场、观点和方法。唯物史观文化理论的立场不仅肯定了文化的重要性与必要性,而且进而指出文化是人在认识和改造世界过程中生成的存在,它内在于人的生活、生存,又体现了时代与民族特色。与马克思主义对资本主义现实世界的批判性本性相一致,唯物史观文化理论最为重要的观点与方法也是其文化批判理论及这一理论蕴含的方法。事实上,这也是我们在新时代创新传统文化的最重要方法。

以历史唯物主义的视阈来看,文化批判的形成有其社会原因。文化是人实践过程当中不断形成的精神果实,它是对人类生存与发展的精神表达,因而文化批判首先就要着眼于人类社会历史实践的发展和变化。事实上,生产方式与生产关系的变化会带来新的矛盾、新的时代问题,文化也势必要发生相应的发展和变化。文化矛盾的出现是文化批判的直接原因和最需要直面的问题。文化矛盾在社会转型期通常表现得尤其突出,主导文化与非主导文化的差异,工业文明与现代文明的交融,全球化背景下世界文化的大融合,这些都是文化矛盾出现的影响因素。而且,文化批判不仅发生在文化领域,不仅面向文化主体与对象,而且借文化深入社会现实当中,从文化的批判、继承与创新中探索整个社会现实的发展与转型。文化批判也通过批判的立场揭示了人的生存状态,尤其是思想领域的状态。正是由此,我们也可以说,文化批判也是人对自身身心生存与发展以及社会境遇的批判性反思。

值得特别指出的是,既然文化批判的宗旨在于实现文化的创新发展,那么,聚焦当代中国,就要与时俱进培植和发展具有中国特色的创新传统文化观,以此来反映中国传统文化与西方文化、与唯物史观的对话、融合、批判、继承与创新的成果。在这方面,我们尝试性地提出"综合创新传统文化观"。

如果做一些当代思想史的追溯,就可以发现张岱年先生在1987年即提出"文化综合创新"论。他主张"在马克思列宁主义原则的指导下,以社会主义的价值观综合中西文化之长而创新中国文化"①。重要的还在于,张岱年在这一领域里积极探索,辛勤耕耘,取得了颇多的成果,这些成果被学界誉

---

① 张岱年:《张岱年全集》(第6卷),河北人民出版社1996年版,第253—254页。

为"探索中、西、马文化资源如何融合与会通的拓荒性成果"①。自张岱年之后,学界对这一问题的关注度渐渐开始提升,虽然这依然是一个未竟的过程,但很多研究成果已经逐渐引起了不同程度的共鸣。比如方克立先生以"马魂、中体、西用"来界定中、西、马文化资源的关系,他认为"就是把坚持马克思主义的指导思想地位、坚持中国文化的民族主体性和坚持对外开放的方针三者结合起来"②。这标志着综合创新文化观发展的新阶段。正是立足于前辈时贤的这些研究成果,我们将中、西、马文化资源融合与会通的创新文化观称为"综合创新传统文化观"。这一文化观以马克思的唯物史观为学理与方法论基础,以中国式现代化的实践发展为依据,以文化强国的构建为旨归。

首先,综合创新传统文化观意味着文化自觉和自信。文化自觉强调文化自信与和而不同。综观世界各国,现代文化发展非常重要的推进器就是形成文化自信,自信的文化才能够生成文化力。综观中华民族现代化的历史进程,文化自觉曾经带领中华民族在逆境与危亡关头自我反思、自我拯救,文化自信在这个意义上也就是一种文化创新,即形成新的文化观念来解决民族问题。在马克思主义中国化的过程中,除了对传统文化进行继承和创新外,中国共产党人还引领中华民族形成了革命文化和先进文化。无论是新民主主义革命时期形成的革命文化,还是社会主义建设时期形成的先进文化,既是中国共产党探索中国道路、进行改革开放的重要成果,也是文化自信的积极成果。

其次,综合创新传统文化观也意味着多元文化的对话与融合。中国文化的发展固然要立足于其本来的文化土壤,但事实上中华本土文化经过了上千年的发展,其文化土壤中早已蕴含了多元的文化要素,它内蕴着西方的、传统的、近代的、现代的多元文化要素,并以某种整合与融通的样态影响着现实社会。重要的还在于,这些多元文化的融合共同构成了现代中国文化发展的养料。当今中国,置身文化自信语境下的我们正致力于积极构建中国特色社会主义文化,这是一个文化领域里浩大的系统工程。这样一个文化工程,不可能是某一种文化的产物,只可能是多元文化对话、融合的

---

① 张岱年:《张岱年纪念集》,中国文史出版社 2014 年版,第 219 页。
② 杨河:《马克思主义与中国文化:陈先达、方克立、赵敦华先生中西马高端对话》,《北大中国文化研究》2012 年 12 月 31 日。

成果。

然而，令人颇为忧虑的是，当下的世界文化的冲突与矛盾似乎更加频繁、更加复杂，西方文化霸凌现象在全球时有发生，不同文化之间的对话与交流遇到诸多的障碍，不同文化的共同话语体系建构变得不够顺畅。但以马克思的历史辩证法来看，这一切并不意味着停滞与倒退，文化的发展与进步恰恰是要经历矛盾甚至冲突才可能实现的。事实上，这个矛盾不仅仅存在于一个国家的外部，其内部也可能存在。比如在当今中国，社会主义核心价值观与多元文化价值观的问题，社会主义共同理想与最高理想的问题，传统文化与作为主流意识形态的马克思主义的关系问题等等。这些矛盾与问题的不断解决，也就意味着文化的创新发展在不断地进行。

3.1.4　综合创新传统文化观视阈下传统文化继承与创新

可以肯定的是，以综合创新传统文化观的视阈而论，探讨中国传统文化具有的理论论域将是宏大而广博的。如果以综合性与系统性的要求而论，将其聚焦于如下三个理论论域应该是恰当的。这三个论域即人与自然的关系、人与社会的关系、人与自身的关系。事实上，这三个问题也是西方文化和马克思唯物史观的文化批判理论的主题。也就是说，从这三个理论论域出发，中国传统文化的发展与转型可以得到具体而详尽的阐释，而在其发展与转型的不断实现过程中，中国传统文化自身也获得了当代的价值与生命力。

首先是中国传统文化在人与自然、人与社会、人与自身关系问题上的基本传统。人与自然的关系也即天人之辩历来是中国传统文化十分重视的问题。人与自然处于什么样的文化关系将直接决定人能够怎样生产和如何生活。在传统文化中这个问题被合理化地解读为天人合一原则的谨守。人与社会的关系也即人我之辩历来是古代哲人孜孜探求的问题，这一问题的实质就是回答人与他人应该如何相处以及个人在诸多他人组成的社会集体中应该处于什么样的地位等问题。中国传统文化自古以来就主张人我合一、群己合一之道，它强调个人对于他人、对于社会的价值以及社会相对于个人的优先性，它明确地反对个人主义、利己主义的人生观。人与自身的关系也即身心之辩在古代思想家那里同样被广泛地探讨。在传统文化中追求身心合一之境是一个传统，它在解决身之欲与心之理的冲突中非常注重内心做功,并在此基础上强调人格的修炼、圣贤之性的养成,以及生命如何超越死亡以达不朽之境。这一身心合一之道的实质是一个人如何对待自己的生命,人如何实现自身的价值。

其次是西方文化在人与自然、人与社会、人与自身关系问题上对传统文化的影响。中国传统文化在现代化的过程中,经历了西方现代化文化的介入和改造,这其实是建立在西方现代社会生产力与生产关系引入的历史与现实基础之上的。西方坚船利炮的入侵,让中国在近代经历了民族危机与文化危机,直观地领教了坚船利炮背后西方文化厉害,同时也为中国传统文化的现代转型提供了重要契机和强劲的推动力。当然,这样一个转型的历程是十分复杂、艰难和曲折的,它涉及物质层面、精神层面与制度层面。就精神文化层面而言,它促使思想界思考无法带来坚船利炮、无法造就工业文明的中国传统文化背后有何弊端的问题。于是,在人与自然的关系上开始由敬畏自然而转向探究并力图征服自然,这直接构成了五四时期推崇"赛先生"(科学)的文化背景;在人与他人与社会的关系问题上开始了反封建主义,主张自由、民主与人权的天然合理性,"德先生"(民主)成为社会的时尚话题正是源于这一文化背景;在人与自身关系上,张扬人的欲望、推崇心力、注重享受等体现西方文化色彩的人生哲学也在一定程度和特定人群中开始流行。

不过,需要指出的是,这一时期处于转型过程的传统文化也彰显了顽强的生命力与独特的影响力。这当然不是指一大批守持文化保守主义立场者如梁启超、梁漱溟、章士钊等学者依然主张从传统文化中找到解决危机的救世良方,因为事实上这些所谓的救世良方大多带有乌托邦的色彩,我们所说的中国传统文化的生命力和影响力,主要是指在与迅速传入的西方文化的比较中,许多学者发现传统文化包含朴素而丰富的整体观、变易观,其大同理想与圣贤人格的建构,其知行合一的处世之道,其重仁道、行仁政的民本思想,其"道"高于"术"的治理智慧,以及由于其自身包含了多元民族文化的综合体,故有极强的包容性和开放性,具有很多优点和可取之处。此外,中国传统文化所包含的自强精神、忧患意识、爱国爱乡情怀等优点和积极因素,在传统文化的现代转型中不仅发挥了积极的促进功效,而且其本身也成功地转化为"新文化"的要素与内容。

最后是马克思的唯物史观在人与自然、人与社会、人与自身关系问题上对传统文化的改造与提升。中国传统文化的现代转型离不开唯物史观的指引作用。唯物史观作为一种社会批判工具，被先进的中国人用以对中国近代文明的落后性、封闭性进行了改造与创新，唯物史观由此也成为中国传统文化与现代文化的中介、桥梁和纽带。在人与自然的关系问题上，唯物史观的唯物辩证法让我们在敬畏自然与利用、改造自然的关系中找到了平衡；在人与他人、与社会的关系问题上主张既反对利己主义的算计，要有集体主义的情怀，又反对无视个人利益的整体主义偏颇，它明确批判无视个人正当权益的"虚假集体主义"而主张"真实的集体主义"①；在人与自身关系问题上，它既注重身心需要的满足，认为人的需要即"人的本性"②，但又旗帜鲜明地反对享乐主义的人生观："一旦享乐哲学开始妄图具有普遍意义并且宣布自己是整个社会的人生观，它就变成了空话。"③这显然是引领我们在人与自然、人与社会、人与自身关系问题上对传统文化的天人之辩、人我之辩、身心之辩诸问题进行发掘、转型、创新的唯一正确思路。

重要的还在于，唯物史观既强调了现代化的普遍性，又主张对中国国情的特殊性给予充分的尊重。正是这一唯物辩证法的科学方法论，指引着现代中国对现代化所必需的精神文化转型与重塑。因此，在对待传统文化问题上我们充分地意识到必须重视传统文化的价值，必须明确地与虚无主义和全盘西化论划清界限。只有立足传统文化，不忘本来，我们才能在借鉴外来的过程中内生出可以面对未来的现代性文明与文化的元素。也就是说，唯物史观要与本国的传统文化相结合，这既是马克思唯物辩证法的逻辑要求，也是被历史辩证法证明了的文化传承与创新的客观规律。

事实上，近现代中国现代性文化的发展历史也一再证明唯物史观必须和我国的具体国情（包括传统文化）相结合，并通过民族的形式才能实现。这就正如毛泽东说的那样："民族的形式，新民主主义的内容——这就是我们今天的新文化。"④今天在强调文化自信的新时代，在构建社会主义文化强国的过程中我们更应该坚持这一唯物史观的基本立场。否则，我们就很难与形形色色的复古主义与全盘西化论者划清界限。

---

① ［德］马克思、［德］恩格斯：《马克思恩格斯选集》（第1卷），人民出版社1995年版，第119页。
② ［德］马克思、［德］恩格斯：《马克思恩格斯文集》（第1卷），人民出版社2009年版，第185页。
③ ［德］马克思、［德］恩格斯：《马克思恩格斯全集》（第3卷），人民出版社1960年版，第489页。
④ 毛泽东：《毛泽东选集》（第2卷），人民出版社1991年版，第707页。

3.2　人与自然关系的中西马文化观比较

人与自然的关系是人从自然界分化出来后必然要思考的基本问题,这一问题的内涵是人与外部自然界、人与生存其中的客观环境之间的关系定位。因此,无论是西方的古希腊还是中国的先秦,无论是古巴比伦还是古印度,对人与自然关系的探究从来就是古代文明与文化的核心问题之一。

在人类社会早期,人对自然从懵懂无知、敬畏崇拜,到把自然作为认识对象来加以认识,试图探索自然发展的规律,并将自然作为工具来进行利用和改造,再到当代生态问题的出现,人们不得不重新思考人与自然的关系问题,试图探索新的路径来实现人与自然的和谐共生发展。在人与自然关系的这一历史进程中,中西马文化呈现出不同的特点。在西方其源远流长的理性主义传统与科学技术的飞速发展为人与自然关系问题的解决提供了基本的思想资源与技术支持,但同时也陷入了发展的困境;中国传统文化主张天人合一,这一理念侧重于从人的本质、自然的本性来理解二者的统一性,强调人和自然是生命共同体,进而在伦理道德的范围内提倡人应该尊重与敬畏自然,应该与自然和谐共生、发展;唯物史观的自然观无疑给出人与自然关系真理性的结论,它指出人与自然不再是主体与客体的对立,也不再仅仅从人的本质角度来理解二者的统一。由此,一方面马克思直接提出了二者互相依存的关系学说,认为自然是人的无机身体,人是自然的一部分;另一方面马克思的唯物史观也注重人的实践本性和改造自然的价值意蕴,主张人能够对自然进行改造,生成“人化自然”。① 在马克思唯物史观的语境下,这是人与自然双向生成且始终处于和谐共同发展的人与自然生命共同体之中的理想状态。

3.2.1　西方的理性文化传统与科学自然观

西方关于人与自然关系的思考与其理性文化是密不可分的。事实上,正是在其理性文化传统中包含或呈现出了对人与自然关系的基本立场。早在古希腊时期,哲学家们就尝试回答人与自然的关系,思考大自然的本质,

---

① ［德］马克思:《1844年经济学哲学手稿》,人民出版社2000年版,第57页。

并奠定了西方自然观的重要因素——理与数。理与数也由此成为西方现代科学的最重要因素。而与此同时,现代科学便成为西方人作用自然的基本中介。西方在现代科学的发展进步,促使西方的自然观更加注重精准的分析,把自然作为与人分隔的客体来进行分析与解剖,并形成科学主义与形式逻辑的方法。也就是说,西方关于人与自然关系的思考一方面渗入了西方的理性文化传统,另一方面又依循其工业革命后确立起来的科学精神。

首先,西方的自然观体现了西方文化的理性传统。在西方,人与自然长期处于一种主客二分的状态,人秉持理性来分析和解剖自然世界,探索自然的规律,形成认识世界的科学方式与理论体系。自然而然,由理性主义出发而对科学理性、技术理性的必然推崇,西方的科学自然观必然深受工业革命与科学技术革命的影响。事实上,西方开启了工业革命与科学技术革命的进程,在这个进程中,机器作为伟大的发明成为工业文明的标志。但问题在于,机器归根结底是人与自然关系的中介,由于机器的介入和过度推崇,人和自然的关系势必陷入某种诸如技术主义的困境之中。

如果做些简单梳理,西方文化的理性传统对于人与自然关系的思考的影响体现为两个向度:其一是促进了人对自然的理性意识。当启蒙理性开始萌发,人们从宗教改革中觉醒,开始产生人自身的自我意识以及与人相关的对自然的意识。于是,人把自然作为认识对象,在科学的发展中日益加深对自然规律的理解,便使人从对自然的蒙昧状态中解放出来。其二是启蒙理性也走向了自己的反面。理性的觉醒以及对"理性的技巧"①(黑格尔语)之类的过度推崇,使人以为自己是万物的主宰,能够改变世界,尤其是能够征服外部自然界。伴随着科学技术的迅速发展,自然成为人们科学认知、改造和征服的客体,人与自然便陷入了二元对立的困境中。而且,由于人过度地开发和利用自然,必然会造成自然资源枯竭的结局。于是,工业文明与现代科学的发展给西方自然观提出了新的严峻问题:生态危机。尤其是两次世界大战的爆发本身就导致了生态环境的大破坏,战后重建过程中唯利是图的资本逻辑和资本主义的生态殖民主义又进一步加剧了生态问题。美国女作家蕾切尔·卡森于 1962 年发表的《寂静的春天》被视为一个标志性的事件。该书作者以寓言开头,向读者描绘了一个美丽村庄因化学肥料和农

---

① 〔德〕黑格尔:《小逻辑》,贺麟译,商务印书馆 1980 年版,第 394 页。

药的使用而产生了"没有了鱼跃没有了鸟鸣的死寂春天"。由此作者深刻揭露了诸如化学、农药一类的科学技术发明带来的危害。重要的是,作者敢于只身面对企业界和政府官僚科研机构权威们的强大压力,对只顾商业利益不顾人类安危的工业集团和曾获得诺贝尔奖的化学药品 DDT 提出了挑战。① 全书既贯穿着严谨的科学精神,又充溢着浓郁的敬畏生命的人文主义情怀。在此之后,一系列类似的作品开始出现,它表明西方社会开始意识到生态问题的严峻性。

在西方思考人与自然的关系时,人们始终具有两种价值倾向,即人类中心主义与非人类中心主义。早在古希腊时期,就有人类中心主义的萌芽。古希腊哲学家提出"人是万物的尺度"(普罗泰戈拉语),这表明包括大自然在内的万物被视为为人而存在。中世纪时,人与自然都是上帝的创造物,上帝在排序时,把人放在了比天地自然更高的阶段,因此人能够统治自然。到了近代,启蒙学者以"人是目的"(康德语)②之类的主张既反对了神学的统治,与此同时也张扬了人对自然的主体地位。思想家们深信人拥有理性,能够把自然作为工具。由此,人类中心主义的理论立场与实践主张也因为理性传统和科学技术的进步而达到了极致。但是,随着如《寂静的春天》里揭示的因过度使用化学药品和肥料而导致环境污染、生态破坏最终灾难频频出现,开始出现了非人类中心主义的主张。非人类中心主义强调对生命的敬畏,认为自然也是有生命的存在,自然万物也具有天赋的价值,人类需要尊重大自然孕育的天地万物。因为人与自然处于统一的生命共同体当中,在这个共同体之中,人具有的道德义务之一必然是尊重与爱护自然。

但令人担忧的是,在西方的主流文化中,人类中心主义始终占据着主流地位。它刻意强调人是理性的存在,认为这是人与动物的根本区别。也因此,在认识和对待自然问题上,它强调主客二分的认识和行为模式。正是这一偏颇,它必然要陷入自身的困境。可见,在西方浓郁而持久的理性文化传统下,人与自然的关系需要在现代的发展中不断变换思维方式和行动模式以获得新的发展,尤其要在文化的现代性重构中,于价值观层面上重构人与自然关系问题上的行为新范式。

---

① [美]蕾切尔·卡森:《寂静的春天》,马绍博译,天津人民出版社 2017 年版,第 122—126 页。

② [德]康德:《道德形而上学原理》,苗力田译,上海人民出版社 1986 年版,第 86 页。

3.2.2 唯物史观的人化自然观及其文化意蕴

在对人与自然关系的回答和思考中,马克思提出了人化自然的思想。这成为唯物史观回答人与自然关系的最为核心的概念。

人化自然观体现了马克思学说的核心思想,即自然、历史与社会的统一。与此同时,它也深刻体现出了唯物史观论域下自然观的文化意蕴。人化自然观表明人与自然是一个生命共同体,它们处于共同的"社会—文化"环境中。而且,在马克思看来,人与自然的历史也是同构的。在这一历史进程中,人与自然互相生成,人通过历史的、实践的活动改变了客观的自然,同时,自然也改变了人的生存与发展空间。人化自然观带来的文化意蕴表达了人与自然和谐共处、相互共存的关系,阐述了人与自然在历史实践中的发生、发展和完善。正是因此,人与自然的关系就不再是主客二分,而是基于感性的实践基础上的对象性关系,是对象性的活动。

可以肯定地说,唯物史观的人化自然观首先来源于德国古典哲学,尤其受到黑格尔与费尔巴哈的影响,但马克思又在实践哲学的基础上实现了对二者的超越。黑格尔自然哲学中的自然概念依然是绝对精神的产物,自然的存在只是依附于绝对精神的规定:"自然在时间上是最先的东西,但绝对先在的东西却是理念。"[①]黑格尔把绝对的先在性赋予了绝对精神,虽然自然在时间上对人而言具有最先性,但它却被黑格尔虚化为一种理念的存在。马克思曾精辟地指出,对于黑格尔来说,"自然界分解为这些抽象概念,因此,他对自然界的直观不过是他把对自然界的直观加以抽象化的确证行动,不过是他有意识地重复的他的抽象概念的产生过程"[②]。可见,马克思肯定了黑格尔认定的自然先在性,但批判了黑格尔这种对自然先在性的理念化处理。马克思所指称的是真正的、现实的自然。费尔巴哈的自然观固然克服了黑格尔绝对精神的唯心论缺陷,强调了自然对人的意义:"生命起源于自然","自然是人的根据"。[③] 他要建构起与黑格尔不同的"将人连同作为

---

① 〔德〕A. 施密特:《马克思的自然概念》,欧力同、吴仲昉译,商务印书馆1988年版,第10页。
② 〔德〕马克思:《1844年经济学哲学手稿》,人民出版社2000年版,第117页。
③ 〔德〕路德维希·费尔巴哈:《费尔巴哈哲学著作选集》(上卷),荣震华等译,商务印书馆1984年版,第83页。

人的基础的自然当作哲学唯一的、普遍的、最高的对象"①的新哲学。但费尔巴哈自然观的问题在于否定了人的实践活动对于自然的重要性,他将自然视为直观的感性存在。于是,在费尔巴哈的自然观里自然是没有历史的,是没有人类实践痕迹的,而这种自然在现实社会生活中是不存在的。

唯物史观人化自然观的形成与马克思新唯物主义的诞生基本上处于同一个时期。在马克思思考新唯物主义,准备哲学革命之时,他思考的主题之一就是人与自然关系这一基本问题。马克思首先肯定了自然对于人的重要性,"自然界,就它本身不是人的身体而言,是人的无机的身体"②。自然界是现实的人的一部分,二者不是主客二分的主体与客体,而是融为一体的存在。并且,自然还为人提供了生存与生活的基本环境与资料,同时它也是"人的精神的无机界"③。正是由此,马克思提出了人化自然的概念及一系列思想。

在马克思看来,人在其历史实践中,不断地与自然互相生成。人的自然化与自然的人化表述的是同一个过程,自然的历史与人的历史也是同一个历史进程,而实践是其中最为重要的中介。通过人的劳动实践,自然留下了人的痕迹。在马克思看来,费尔巴哈所谓的与人的实践无关的自然是不存在的,"在人类历史中即在人类社会的产生过程中形成的自然界是人的现实的自然界"④。另一方面,人化自然的发展也反过来对人的生存与生活产生了重要的影响,这一影响既有积极的,也有消极的。所谓消极的影响,很大程度上表现在马克思所提出的人与自然关系在现代化进程中发生的异化。进一步而言,就是当人与自然的关系被割裂或倒置,生态问题就成为现代化进程中不可回避的严峻问题。

唯物史观人化自然观提出了"自然界的人的本质"与"人的自然的本质"。马克思强调指出:"如果把工业看成人的本质力量的公开的展示,那么自然界的人的本质,或者人的自然的本质,也就可以理解了。"⑤把人与自然置于社会中来看,社会实现了人与自然的本质的合一,自然界的人的本质与

---

① [德]路德维希·费尔巴哈:《费尔巴哈哲学著作选集》(上卷),荣震华等译,商务印书馆1984年版,第184页。
② [德]马克思:《1844年经济学哲学手稿》,人民出版社2000年版,第56页。
③ [德]马克思:《1844年经济学哲学手稿》,人民出版社2000年版,第56页。
④ [德]马克思、[德]恩格斯:《马克思恩格斯全集》(第42卷),人民出版社1979年版,第128页。
⑤ [德]马克思:《1844年经济学哲学手稿》,人民出版社2000年版,第89页。

人的自然的本质只有在社会中才能够实现,"只有在社会中,人的自然的存在对他来说才是自己的人的存在,并且,自然界对他来说才成为人。因此,社会是人同自然界的完成了的本质的统一,是自然界的真正复活,是人的实现了的自然主义和自然界的实现了的人道主义"①。可见,在马克思看来不能离开社会来理解人与自然的关系,要在现实的社会生活中建构人与自然的本质统一。

与以往的理论相比,唯物史观人化自然观具有自身的理论优点:首先,它打破主客二分、主客对立,确立了主体与客体的统一,即人与自然是一体的,自然是人的无机身体,人是自然的一部分。其次,主体与客体、人与自然统一的基础是实践,具体而言就是人的劳动实践;人通过劳动,通过实践改造自然,劳动的中介使人与自然能够共生发展。再次,马克思肯定自然的客观独立性,自然有其自身的规律,人与自然的共生发展要立足于对自然规律的认识和尊重之上;自然的发展规律与人类社会的发展规律是并行的,这是理解人与自然关系的基础。最后,马克思在考察人与自然的关系时,强调了思考问题的历史向度,主张人与自然关系的发展揭示了人类社会历史的发展图景,由此对二者关系的思考也需要历史的视野。

特别值得指出的是,唯物史观人化自然观还是共产主义的题中应有之义。马克思曾这样写道:"作为完成了的自然主义,等于人道主义,作为完成了的人道主义,等于自然主义,它是人和自然界之间、人与人之间的矛盾的真正解决,是存在和本质、对象化和自我确证、自由和必然、个体和类之间的斗争的真正解决。"②马克思憧憬,一旦进入共产主义社会,人与自然之间的矛盾就能够得到真正的解决,当人进入自由王国之后,人和自然也就获得了最和谐的发展。

3.2.3 传统天人合一观的概述及其现代价值

中国哲学对天人关系的阐述具有最基础性的地位,它具有某种本体论的属性。钱穆先生曾经说过:"中国文化过去最大的贡献,在于对'天''人'关系的研究"③。中华传统文化不仅确立了天人合一的基本原则,而且在天

① [德]马克思:《1844年经济学哲学手稿》,人民出版社2000年版,第83页。
② [德]马克思:《1844年经济学哲学手稿》,人民出版社2000年版,第81页。
③ 钱穆:《中国文化对人类未来可有之贡献》,《联合报》1990年9月26日。

人之辩的整体论域里展开了一系列关于人与自然关系的命题和思想。有学者将中国古代天人关系的意义界定为神（意志之天或主宰之天）和人的关系、人与自然的关系、客观规律和人的主观能动性的关系。① 张岱年在讨论天人合一时也将"天"界定为三种含义，即最高的主宰、广大的自然和最高原理。② 从这些研究成果我们即可发现，人与自然的关系是中国传统文化的一个重要内容。事实上，这一关系的合理定位从古至今构成了中国人得以生存和发展的本体论依据和实践论基础。

重要的还在于，古代哲人指称的天人合一并不是说天人之间没有分别，人要完全依附于自然，而是说人与自然要相辅相生、和谐共处。事实上，古代思想家的天人合一立场，除了强调天人要相辅相生、和谐共处的意蕴外，从完整意义上理所当然地包含了荀子所讲的"制天命而用之"（《荀子·天论》）、刘禹锡的"天人相交胜、还相用"（《天论上》）以及王廷相的"人定胜天"（《答天问》）的思想。

可见，中国传统哲学对于人与自然关系的思考包含在天人合一这个最为主要的命题中，它强调自然和人是真正的生命共同体，人与自然的生命是息息相关的，二者处于一个"天地人三才"（《易·系辞下》）的整体之中，而人和自然的理想关系是共生而和谐的。

正如有学者曾经论及的那样，"中国传统文化能够生成天人合一的自然观，这是与中国传统社会的自然地理环境密切相关的。农业文明的发展始终以自然地理条件为物质前提，人的生产、生活都与自然环境不可分割"③。的确，在农耕文明时代，先人的农业生产活动很大程度上取决于自然条件的优劣，人的生产、生活实践还很大程度上依赖于自然资源和生态环境。同时，由于生产力水平有限，人类早期在思考人与自然关系时缺乏科学性，当自然的一些现象，尤其是自然灾害发生时，人类显得无力与无知，于是对于自然更多的是心存敬畏。正是在对自然的敬畏下、对与自然相通的渴望中，形成了古人天人合一的理念。这一理念不仅要求民众敬畏天地自然，并且对统治者提出了以德配天、敬德保民的思想。正是因此，天人合一便成为传

① 葛荣晋：《中国哲学范畴通论》，首都师范大学出版社2001年版，第636页。
② 张岱年：《中国哲学中"天人合一"思想的剖析》，《北京大学学报（哲学社会科学版）》1985年第1期。
③ 张应杭：《唯道是从：〈老子〉道法自然思想研究》，团结出版社2015年版，第11页。

统文化中重要的思想观念。

天人合一强调人与天地、万物、自然是密不可分的。这里的"天"在传统文化的观念里本身就具有多重含义,在一些情景下它甚至既指具有人格意志的神,又意味着义理之天,具有道德属性,同时还关系到命运（天命）。① 当然,天人合一之"天"的最基本含义的还是指天地自然。它强调人与自然不可分割,人道要遵循天道,天道是人效法之本。人与自然不仅不可分割,还要具有相通的途径,这就是遵守一定的伦理道德规范。事实上,从人来源于自然的角度来讲,天人合一之所以能够实现,人与天之所以能够相通,在古人看来其原因首先在于人性来源于天性,因此依据天性来生存与发展是人的本性。其次,人具有行动性,按照天地自然的规律来行事是人内在的标志,是人和其他万物存在的不同之处,因此天道、天性需要人来实现与践行。而人性就在这个过程中日生日成,并趋于完善。

正是由此,在传统文化中的天人合一观特别强调了人要遵循大自然的客观规律这一天人关系的基本立场。古代哲人尤其要求统治者须注意顺应自然万物的生息规律,不仅"役物以时"还要"使民以时",只有这样才可以维系人与自然的共生发展。可见,古代的天人合一观是肯定人在改造大自然中的作用的,人作为万物之灵可以参与自然的过程,但是要以尊重自然规律为基本前提,要在敬畏自然的前提下合理地开发和改造自然。并且,古人还认为人利用、占有大自然的目的不是单纯、纯粹的人的私利,而应该是人与自然的共同利益。比如,荀子在讲到"圣王之制"时提到利用自然、开发自然的法则:"草木荣华滋硕之时则斧斤不入山林,不夭其生,不绝其长也;鼋鼍、鱼、鳖、鳅鳝孕别之时,罔罟毒药不入泽,不夭其生,不绝其长也;春耕、夏耘、秋收、冬藏四者不失时,故五谷不绝而百姓有余食也;污池渊沼川泽谨其时禁,故鱼鳖优多而百姓有余用也;斩伐养长不失其时,故山林不童而百姓有余材也。"(《荀子·王制》)可见,至少在先秦古人便通过国家的法律制度、百姓的宗族规约等途径确立了敬畏自然和尊重自然的基本法则。

在现代文化发展中,尤其是工业文明之后,天人合一思想更多地转变为我们今天所强调的人与自然的和谐、生态文明的保护。综观中国传统文化

---

① 从马克思主义唯物论的基本立场看,人格意志之天或义理之天是虚幻和不科学的。因此"天"这一层面的含义,是传统文化在天人关系问题上糟粕性的成分,故本书持明确的否定态度。也是因此,在本书相关的论述中基本不涉及人格意志之天或义理之天方面的指谓。

中天人合一思想的发展与变化,其中不变的追求是力图在天与人之间搭建一个共生的渠道,并通过这一渠道真正实现天人之间的和谐。以儒家为主要代表的思想家们坚信天与人的互通,很大程度上取决于人的道德的修炼。因此德性成为天性与人性的贯通渠道。文化的作用就是要以文化人、以文育人,培植起这样的德性。事实上,从传统文化到现代文化的发展,天人合一之道也经历了较大的改变与视角转换,主要体现为赋予了天人合一更多生态文明的内涵,在思考人与自然的关系时,不再局限于思考自然与人的定位,而是在此基础上进一步思考如何实现人与自然的和谐共生。而唯一不变的是作为天人合一之道根本体现的敬畏和保护天地自然的立场和方法。这显然是生态问题越来越严重的当今时代非常值得现代人珍视和开掘的优秀传统文化资源。

3.3　人与社会关系的中西马文化观比较

人与社会的关系问题以中国传统哲学的范式来表达即是人我之辩。它有两方面的内容:一是人与他人的关系;二是人与诸多他人组成的社会有机体如家庭、集体、国家、民族的关系。人与社会的关系作为人的社会性的最基本呈现也始终是中西马文化关注的重点。

西方传统在很漫长的时期里缺失了现实个人的"社会本质",从近代人本主义到现代人本主义,虽然一再试图提高人的地位,探索人在社会中如何与自身、与他人和解,回答人的社会存在问题,但是西方人本主义传统也一再走向衰落,面临着现代性语境中人与他人、与社会关系的分离、割裂的困境。中国传统社会自周礼开始就建构了人与他人、与社会和谐统一的礼教及相关的机制,它强调人在社会中应该重礼,要遵守人伦规范,并试图以礼仪教化为基础营造起个人与他人、与社会的和谐关系。马克思从历史唯物主义出发,解读人与社会、人与历史的统一性,它主张社会性是人的本质中最为重要的内涵,认为只有在社会中人才能够获得发展与进步,但与此同时,它确保社会的发展又不会泯灭人的本性与自由个性,从而使人的发展与社会的发展达到和谐统一。

3.3.1　西方人本主义传统及其理论局限

西方人本主义传统有着漫长的发展历程。在其发展过程中,无论是范畴概念还是理论基础都发生了很大的变化,尤其是当近代人本主义走向末路后,现代人本主义转型应运而生。西方人本主义尝试解决的主要问题就是人的现代性困境,即人在现实社会生活中逐渐地沦落为工具,尤其是工具理性对社会生活的统治加剧了人们对于自身处境的不满与焦虑。正是基于这一社会现实,人们开始重新思考人的本质,以及人与社会应该处于怎样的关系之中。非理性主义阵营的思想家在批判长期以来一直占据统治地位的理性主义立场的同时,提出了以张扬意志、本能、欲望等因素来构建人与他人、与社会的关系。

近代人本主义思潮开始于文艺复兴时期,继承了这一时期对人的颂扬与关注。这种复兴主要是解决中世纪以来人性在黑暗与蒙昧中被遮蔽的问题。文艺复兴重新发现了人。经过启蒙的进一步洗礼,理性和自由成为时代的主题,尤其是在德国古典哲学中,近代人本主义达到了顶峰。以康德为代表,学者们主张以自我意识为核心的认识论,也就是以人为中心,人为自然立法,人的地位由此实现了所谓的"哥白尼式的革命"。这一时期的思想家们坚信:"没有人,全部的创造将只是一片荒蛮、毫无用处,没有终结的目的。"① 费尔巴哈将近代人本主义发展为系统的理论,他强调"上帝的本质就是人的本质",人本学是"所有的秘密"。② 但是,近代人本主义最终还是走向了不可避免的衰落。因为以理性为主题的人本主义走向了另外一个极端,理性成为上帝的替身,继续统治着现实的、感性的人,人无法落回现实生活中,也就无从实现与他者、与社会的和解。

事实上,在这一时期的思想家们眼中,人并不是社会中的存在,人只是抽象的理性存在,人无时无刻不受到理性的支配和束缚。近代人本主义这一过于推崇理性的做法,势必导致对人的社会、社会的人的忽视,人的现实生活世界并没有得到应有的关注,人在近代人本主义的论域中成为抽象化的存在。于是,人性被理性异化。正是人的异化、人的现代性困境迫使近代

---

① 赵敦华:《西方哲学通史》,北京大学出版社1996年版,第455页。
② [德]路德维希·费尔巴哈:《费尔巴哈哲学著作选集》(下卷),荣震华等译,商务印书馆1984年版,第98页。

人本主义转向新的发展形态,即现代人本主义。

在这个转向的过程中,存在主义为现代西方人本主义奠定了基本的方向。存在主义者把个体内心"烦""畏"等非理性要素看作人的存在方式①,人与社会的关系也是基于这些心理要素建构起来的。在存在主义哲人那里,一方面,他们揭露了人与他者的关系在现代性中发生了异质、异化的现象;另一方面,在人与社会的关系中,人的地位被提到了比以往更高、更中心的位置,他们将哲学研究的视角随之转向个体的生存状态和人的现实存在。这种基本定向既是对近代西方形而上学主客二元的一种克服,同时,也是对近代西方形而上学逻辑中主体封闭性的破解,使得人及其生存的世界可以敞开与照面。事实上,如果对现代人本主义思潮做一点归纳,那么我们就可以发现,叔本华的生命意志说、尼采的强力意志②说、弗洛伊德的性原欲说等均与存在主义有着相近或类似的立场。然而,现代西方人本主义虽然超越了近代人本主义的困境,却依然没能超越近代形而上学的窠臼,它构造了新的形而上学,甚至在一定程度上导致了悲观主义与虚无主义,尤其是在回答人类社会的未来发展、人类社会如何维系、人如何在社会中实现与自己命运的和解等问题上陷入了新的困境。此外,现代西方的人本主义是一种个人至上的人本主义,因此也就割裂了人与社会的联系,人更大意义上成为超社会的个体,陷入了极端孤寂的境地,这也就是克尔凯戈尔所说的"孤独的个人"③。

无论是近代人本主义,还是现代人本主义,其文化意义与理论价值是不可忽视的。西方人本主义不断地强化人的自我意识,引导人对自身的认识,从发现人,到理性的觉醒,再到非理性的兴起,人的自由和价值不断得到肯定,人的社会存在、社会生活不断受到关注,某种程度上说它体现了人文关怀。但是,西方人本主义传统始终有自身的发展困境,这种困境一方面来自理论的藩篱,它无法克服近代西方形而上学的基本思路,无法真正解决主客

---

① [德]马丁·海德格尔:《存在与时间》,陈嘉映等译,生活·读书·新知三联书店1987年版,第219—237页。

② 在尼采著作的中文版旧译中通常译为权力意志,后经诸多学者指正,学界开始认同强力意志更符合尼采哲学的本意。参见万斌等主编《马克思主义视阈下的当代社会思潮》,浙江大学出版社2006年版,第341页。

③ [丹]索伦·克尔凯戈尔:《克尔凯戈尔日记选》,晏可佳等译,上海社会科学院出版社1992年版,第103页。

二元对立的问题,也无法克服现代性所带来的人的生存异化状态,现代性支配下的人类社会只能是人与社会的割裂。解决困境意味着要改变思维方式。也就是说,二元对立的解决不能依靠由一个极端走向另一个极端。此外,个人也不可能成为绝对的中心与主宰。以马克思的唯物史观看来,人的对象性、人的社会性本质不仅是社会本体论的存在,更是社会认识论的结论。

其实,任何把人置于绝对主体地位的企图都无非在重复近代形而上学的基本思路。因此,西方人本主义并没有真正解决人与社会的关系,人在现代性中的生存困境依然存在,人与社会的疏离也日益严重。西方人本主义在人与社会关系问题上的困顿与窘境,说明它并没有把握到人与社会关系的真正本质,人与他人、与社会之间真实的现实性并没有被关照,更不可能被实现。

3.3.2 唯物史观共同体理论的文化表达

与西方的人本主义不同,在人与他人、与社会的关系问题上马克思强调人与社会是相互生成的,人与社会的共生发展将构建起一种联合体,即自由人联合体。而且,在马克思看来,自由人联合体同时也是真正意义上的共同体。

唯物史观关于人与他人、与社会关系的思考时,首先提出了一定要在社会关系中理解人的著名命题。这个命题一方面强调了人的社会性本质,也就是说人不可能如存在主义声称的那样孤独地存在于世;另一方面,与人的社会性相关联,社会也一定以人为基本前提,没有人的社会只能是虚幻的、想象的共同体。可见,在马克思唯物史观的视阈里,脱离了社会的人只能是虚幻的、想象中的个人,离开了个人的社会则是不真实的社会。同时,唯物史观还认为人与他人、与社会的关系也并不是一成不变的,它是历史地生成,并随着历史的发展而变化的。事实上,正是人与社会关系的变化带来了社会形态与社会文明的发展变化,共同体的内涵与构建也随之发生变化。正是这些范畴和命题构成了唯物史观关于人与他人、与社会关系的最基本理论立场。

在确立了这一基本理论立场之后,马克思首先对资产阶级社会展开了批判。马克思精辟地举例说:"成为奴隶或成为公民,这是社会的规定,是人和人或 A 和 B 的关系。A 作为人并不是奴隶。他在社会里并通过社会才成为奴隶。"①也就是说,资产阶级社会使人不再真正作为人而存在,它带来的发展飞速的社会分工造成了人作为某种职业角色的固化,从而带来了人与社会关系的对抗和分裂。在资本主义社会中,无产者(工人)被异化了,其个性不复存在,也不再具有人之为人的个性与自由,"没有自己处置的自由时间,一生中除睡眠饮食等纯生理上必需的间断以外,都是替资本家服务,那么,他就还不如一头载重的牲畜。他不过是一架为别人生产财富的机器"②。事实上,资本对个性与自由的剥削在资产阶级社会发展中有增无减,已然是一个无法避免的社会问题,因为造成这一境况的原因正是资本自身的逻辑,是资本主义社会发展的不平衡性注定伴生的必然产物。

在批判资产阶级社会的基础上,马克思进而提出了"自由人联合体"的思想。在马克思看来,它是人与他人、与社会关系的真正的实现。因为在这一真正的联合体中,人与社会才真正是统一的,"个人才能获得全面发展其才能的手段"③,也才能有真正的自由。马克思认为,无产阶级想要恢复人之为人的个性与自由,就需要共同体的存在。并且,马克思一再强调这种共同体不是虚幻的、想象的,而是能够保证每个人的个性得到全面发展的共同体。自由人联合体能够消除资产阶级社会的分工,使人不再作为从事某种职业的人而存在,而是可以自由地支配自己的时间与行动,可以"上午打猎、下午捕鱼、傍晚从事畜牧、晚饭后从事批判,但并不因此就使我成为一个猎人、渔夫、牧人或批判者"④。于是,旧式分工不仅不再被固化而且终将彻底消失,人可以随自己的意愿从事活动,人能够全面地发展自己的能力。

重要的还在于,马克思既然阐明了人与社会是统一的道理,那么,人的发展与社会的发展也就具有了统一性。这种统一性一方面表现在个人的发展构成了社会发展的前提和基础;另一方面社会发展又为个人的发展提供了客观条件和现实路径。个人的发展总是要在社会之中进行的,社会为个人的发展提供了基本的物质基础与生产条件,在已有的社会生产力与生产关系的基础上,个人才能从事生产与生活,没有人能够脱离开他所生存的社

---

① [德]马克思、[德]恩格斯:《马克思恩格斯全集》(第46卷上),人民出版社1979年版,第220页。
② [德]马克思、[德]恩格斯:《马克思恩格斯选集》(第2卷),人民出版社1995年版,第90页。
③ [德]马克思、[德]恩格斯:《马克思恩格斯全集》(第3卷),人民出版社1960年版,第84页。
④ [德]马克思、[德]恩格斯:《马克思恩格斯全集》(第3卷),人民出版社1960年版,第37页。

会环境与时代条件。但反过来,衡量一个社会的发展与进步的标准最终要落在个人的发展之上。也就是说,一个社会的发展与进步要看是不是实现了人的全面发展,最大限度实现了人的个性与自由。也正是基于这样的道理,我们才有理由说个人的发展有的时候正是整个社会的发展的缩影与具体呈现。

3.3.3　传统文化人我合一观及其现代价值

中国传统文化在人我关系上有着丰富的阐发,这在"群"与"己"、"义"与"利"、"欲"与"理"等概念及其相互关系的讨论上都有体现,另外在仁、礼、忠、信等概念上也都蕴含着传统德性伦理所特有的人我观。总体来讲,中国传统文化因其小农社会的经济政治根基而特别注重和谐的概念。比如儒家的文化思想对人与社会关系的思考就着眼于"和"的阐发,围绕群己之辨(存在论)、义利之辨(价值观)、身心之辨(方法论)等三个方面来探讨自我与他人、个人与社会如何相互协调,达到有机的联合,即"人我合一的理想状态"①。而这种理想状态,在现代社会发展中也成为和谐社会的重要思想资源。事实上,儒家的创始人孔子就强调"和为贵"(《论语·学而》)的思想,孟子也有"天时不如地利,地利不如人和"(《孟子·公孙丑下》)的名言流传后世,《中庸》的作者则干脆断言:"和也者,天下之达道也。"以孔子、孟子为代表的儒家和谐思想深深影响了中国人的社会观念。在儒家思想的影响下,生存于小农社会的经济政治结构中的人们普遍认为,人与人之间应该构建共生、共存、共同发展的和谐社会关系,进而构筑和谐一体的"大同社会"。

首先,在群己之辨的存在论方面,中国传统社会的文化观念可以说是具有"群体本位"倾向的,但这并不意味着它完全压制、抹除个体性。② 儒家反对将个人视作西方语境下原子式的个人,它主张个人要通过诸如"克己复礼"(《论语·颜渊》)之类的功夫以提升自我修养,并最终成为群(社会)中的一部分。而且,在儒家那里这种自我修养的过程不是脱离于社会关系的一种修炼,而是通过"齐家""治国""平天下"等途径实现与他人交往、参与社会活动进行自我修炼。这一过程同时也是个人明确自我定位、寻找安身立命

---

① ［美］杜维明:《儒家思想新论——创造性转换的自我》,江苏人民出版社1991年版,第50页。
② 刘俊杰:《儒家群体主义对我国现代化的利与弊》,《山东社会科学》1997年第1期;杨国荣:《从群己关系论看理学的价值观》,《中州学刊》1993年第4期。

之所的过程,是不断调适与他人、与群体的关系,以达到共生共存、共同发展但又尊重彼此(即"和而不同""和而不流")的社会状态。

其次,在义利之辨的价值观上,传统社会的文化观念总体强调"义以为上"(《论语·阳货》)的理念。传统义利之辨的思想内容是非常丰富的,涉及的思想家或学派也众多,如儒家、道家、法家、墨家等都有对义利观的阐述。事实上,自先秦以来思想家们在义利取舍方面,基于不同的人性论立场也会得出不同的结论。但一个基本的事实是,自汉"独尊儒术"以后中国传统社会以儒家思想为主流意识形态,其推崇的价值观念突出"义"的优先性,期望确立义以为上、见利思义、以义制利的价值原则来引导人们正确处理利益关系,从而减少纷争,建立和谐的人际关系。而且,儒家义以为上的价值观念也力图约束当时社会的统治者,使其能够"利民""富民"以实现天下"大义"。可见,儒家义利观的价值取向并不认为个人的自由权利具有绝对的优先性,反而认为族群、社会的利益应该是第一位的,它强调的是"为对方尽义务的人生与政治"。[1] 后世儒学更为充分地论证了义以为上的价值取向并不是否定利的存在,而是要以义制利,其目的就在于"利民""利天下"。在儒家看来,这才是真正实现义与利的有机统一。

最后,在欲理之辨的方法论上,传统社会的文化观念总体强调"存理制欲"以实现自我与他人、个人与社会的和谐关系。与利与义的问题相类似,在欲与理的关系问题上,传统社会也出现过先秦时期儒家的"节欲说"、墨家的"苦行说"、道家的"无欲说",还有魏牟的"纵欲说"等。儒家后世发展到宋代理学时,产生了"存理去欲说""理存于欲说"。[2] 但是,自汉代以后在欲理之辨这方面,同样是儒家的"存理制欲"的观念占据主流。值得特别指出的是,儒家的欲理观并不否定欲的合理性,而是强调节欲,并非禁欲或纵欲,即使是被后世批评颇多的"存天理、灭人欲"(朱熹语)的宋明理学也并未完全否定欲的正当性。事实上,传统儒家的欲理观更注重以理性来引导、节制欲望,并以此为重要的方法来实现人对物质需要的满足和精神需要的追求。也是由此,传统文化主张人应当学习并遵守社会道德规范,懂得礼义廉耻,不使自己在满足欲望时因推崇纵欲主义而既损害自身,又致使他人利益受

---

① 徐复观:《儒家政治思想的构造及其转进》,引自王曰美主编:《儒家政治思想研究》,中华书局 2003 年版,第 192 页。

② 张岱年:《中国哲学大纲》,中国社会科学出版社 1982 年版,第 445—466 页。

损,最终导致社会失序。如果对先秦诸子在欲理之辩中的不同观点和立场进行比较分析,我们就得承认,儒家的"存理制欲"观更能够为包括统治阶级在内的传统社会的各阶层所普遍接受,因为它可以更好地实现人的自我生存发展和社会的和谐统一。

如果要做化繁为简的概括,那么可以说传统文化的人我合一理念在古代社会生活中主要表现为以"仁"为核心的"五伦"关系,即父子、君臣、夫妇、长幼、朋友关系中的仁道立场坚守。这是作为主流文化的儒家"道统"。正是在这一儒家文化的影响和熏陶下,中国传统社会中人的社会关系以血缘关系为中心展开,社会组织也是以家为起点。这在现代学者如费孝通研究中国传统社会秩序时独创性地提出的"差序格局"①范式中即可清晰地感受到。在中国古代,人与他人、与社会的关系很大程度上体现为由孝辐射出的"五伦"关系成为尊崇群体优先的社会关系的主要内容,即孔子所讲"孝弟(悌)也者,其为仁之本与"(《论语·学而》)。这即是说,传统社会关系的核心在于一个"仁"字,而孝之所以是仁之本,是因为孝规定了一个人与父母关系所必须具备的德性。而且,这是一个人与他人关系中最亲近、最应该处理好的关系。由对父母的孝又引申出对兄弟姐妹的悌,这里的他人是从父母的关系里衍生而来的兄弟姐妹,同样要处理好。在处理好与父母与兄弟姐妹的关系后,由近到远,依次处理好君臣、夫妇、长幼、朋友的关系,即臣对君的忠、夫妇之间的敬、长幼有序、朋友有信。在这样一个伦理序列里,由仁道规定出了一系列处理社会关系的基本规范,使它成为一个人处理社会关系时要遵循的基本原则。

重要的还在于,儒家不仅提出了仁道原则作为传统文化中人与他人、与社会关系的重要原则,而且还主张在处理这个社会的关系中要遵循"和而不同"的原则:"君子和而不同,小人同而不和。"(《论语·子路》)这一原则的提出显然使"我"与他人、与社会的关系处理时达到了人我之间的和谐。事实

---

① 费孝通先生为准确地区分中国传统社会和现代社会,提出了"差序格局"和"团体格局"概念,其中"差序格局"可谓是费先生的独创,并被国际社会学界所接受。关于两者的区别,他打了个比方:西方社会以个人为本位,人与人之间的关系,好像是一捆柴,几根成一把,几把成一扎,几扎成一捆,条理清楚,呈团体状态;中国乡土社会以宗法群体为本位,人与人之间的关系,是以亲属关系为主轴的网络关系,是一种差序格局。在差序格局下,每个人都以自己为中心结成网络。这就像把一块石头扔到湖水里,以这个石头(个人)为中心点,在四周形成一圈一圈的波纹,波纹的远近可以标示社会关系的亲疏。参见费孝通《乡土中国》,人民出版社2008年版,第25—34页。

上,人与他人、与社会的关系正是因为"和而不同"所提供的原则与方法而达成某种平衡。比如以"五伦"关系为例,父子、君臣、夫妇、长幼、朋友要做到父子之间父慈子孝,君臣之间要忠义,夫妇要相敬如宾,长幼之间要注重伦理次序,朋友之间讲究信义。但问题在于,他人与自我因禀赋、性情、爱好、家庭背景、所受教育等不同一定是有差异的。这种差异性决定了在诸多问题上会产生不同意见、不同立场、不同的为人处世态度等。"和而不同"要求承认和包容这种差异性,以求同存异的方式寻找到最大公约数。可见,"和而不同"是因为他人与自我共同生存、生活于同一个客观环境与社会集体之中,想要实现人与他人、与社会的和谐、共生发展,就必须有求同存异、有容乃大的胸襟和修养。

当人类社会进入 21 世纪,我们却多少有些遗憾地看到人我关系的冷漠、对立、冲突等问题依然是现代性困境的重要表征之一。如果借助马克思所说的"人体解剖对于猴体解剖是一把钥匙"①的辩证方法,我们以现代人的眼光运用"向后回溯"的思维来评判古代中国这种追求伦常秩序的社会和谐关系,显然是很有意义的。在向传统回望的过程中,我们可以看到,中国传统文化彰显的重视社会之"大我"的意义和价值,主张"小我"要服从于"大我"的立场非常值得肯定。作为人我之辩的一个基本认识论结论和价值观导向,小我与大我的和谐是中国传统文化倡导的总原则。在现代文化转型与重塑的过程中,其真理和道义层面的现代价值依然存在。事实上,经过近代以来社会与文化的发展,它也已经不断地被赋予了新的内涵。近代学者如梁启超,就曾以传统"群己之辨""人我之辩"为理论根基,提出其"新民"的伦理思想。② 中国共产党人的革命文化同样倡导舍小我为大我的利他主义甚至是自我牺牲精神。

毋庸置疑的是,在社会越来越多元化的背景下,每一个小我如何面对或融入大我,尤其是当小我和大我在利益诉求方面出现分歧的时候,不仅需要肯定人我合一之道,而且更应该肯定"和而不同"的和合之道。这就是说,既承认大我之"和",又不至于把小我的"不同"如私欲、不同的利益诉求和个人情感消弭。无论是当今世界还是当下中国,自我与他人、与社会的关系具有了更为复杂的现实环境,也对现代人提出了更高的要求。它迫使我们对人

---

① ［德］马克思、［德］恩格斯:《马克思恩格斯选集》(第 2 卷),人民出版社 1995 年版,第 23 页。
② 梁启超:《新民说》,宋志明选注,辽宁人民出版社 1994 年版,第 2—10 页。

我之辩这一古老的问题重新进行反思。对这些问题的反思除了要以世界与中国社会的实践为前提和基础,要以唯物史观的基本立场和最新理论成果为指引外,也非常需要借鉴、开掘和传承中国传统文化在人我之辩中积淀下来的优秀而丰厚的思想遗产。

3.4 人与自身关系的中西马文化观比较

中国传统文化的理论论域还包含人与自身的关系。这是继天人之辩、人我之辩之后的身心之辩。它主要涉及人的本质、人的价值、人的自我实现和理想人格的造就,以及人生幸福感的获得。西方文化在人与自身关系问题上,个人主义传统有着漫长的历史积淀和诸多的表现形式,但是进入当代社会之后,强调个人主义,往往会陷入身心的异化困境。中国传统文化从人的本性问题出发讨论身心关系的和谐,出现了性善、性恶、性三品等不同观点的争论。哲人们在善恶之辩中虽然见仁见智,但殊途同归地指向了通过身心合一的追求以抑恶扬善的方式实现生命的理想境界这一终极目标。当然,真正科学意义上的人生理想构建和实现需要马克思主义的社会历史观和人生观的指引,其中尤其是唯物史观关于人的本质的论述对于我们解决身心之辩具有重要的世界观与方法论指引意义。马克思认为人的本质以及人性的生成要从社会关系、社会文化、社会结构以及历史实践的角度进行理解,这无疑为我们不是抽象而是具体地实现身心合一这一理想境界提供了现实途径。

3.4.1 西方个人主义传统及其文化冲突

正如《马克思为什么是对的》一书的作者伊格尔顿指出的那样,西方文化具有鲜明的个人主义特点,在这种文化关照下的个人被认为"生来就是自私、贪婪、好斗而富于竞争性的动物"①。这种个人主义价值观随着历史的发展经历了古典向现代的转化,转化的现实原因之一是时代的发展所带来的生产力,尤其是科学技术的进步:一方面科学技术能够带来生产力水平的提升和生产关系的变化,另一方面科学技术的发展也最终挖掉了传统田园

---

① 〔英〕特里・伊格尔顿:《马克思为什么是对的》,李杨等译,新星出版社 2011 年版,第 68 页。

生活的根基,自由竞争的现代社会环境使人们的生活面临着新的困境与挑战。生产力与生产方式的发展似乎应该为人们带来物质的丰盛,但现实的人却在现实生活中发生了自我异化,异化的个体、单向度的人使得传统的个人主义文化无法延续,人们面对的现代性是充满了焦虑与迷茫的现代性。于是,个人主义价值观在这个时代已经无法满足人们的精神发展。个人主义价值观现代转化除了来自生产力和现代科学技术发展带来的现实因素促使外,还有文化的原因。西方文化在现代化过程中掀起的人本主义思潮对传统个人主义价值观的嬗变起到了重要的影响作用。

如果做历史的追溯,那么就可以发现传统的个人主义价值观早在古希腊时期就已萌芽。苏格拉底"认识你自己"的著名追问把人的目光从自然与宇宙带回到人自身,人成为万物的尺度和哲学的主题。当然,进入中世纪之后一切都被宗教神学所支配了,个人主义价值观自然也成为"异端"。这一时期被恩格斯称为一个"黑暗时期"①。宗教改革运动正是由此应运而生的。宗教改革时期一方面肯定了人的地位和价值,尤其是把人从宗教神学的权威中解放出来,另一方面强调人人平等,并提出了选举制之类的实现平等的原则,为个人主义价值观的成熟奠定了思想和实践基础。此外,契约精神的提出也体现了个人的价值,它事实上强调个人参与社会政治与社会活动的现实性与可能性,并且用契约来肯定个人价值、保护个人利益,制约代表整体利益的权力。宗教改革所萌发的个人主义价值观,基本上体现了西方传统个人主义的基本特点,即强调个人的价值和地位,重视个人对社会的参与,强调人人平等的原则等。

尔后人本主义思潮的出现可谓是对近代宗教改革和理性启蒙运动的进一步发展。它关注个人的本体性存在,在个人与社会的关系问题上主张个人本位的立场。存在主义被视为最重要、最典型的代表性流派。存在主义关注个体的孤独体验、鼓励个体进行自由的选择,与此同时,存在主义也关注个体与他者的关系,它正确揭示了个体与他者以及诸多他者汇集而成的集体和社会的不可分离性,但是他对个体之我与他者的对立性、冲突性多有渲染,甚至有"他人即是地狱"(萨特语)之类的命题闻名于世。以杜威为主要代表的实用主义也在这一语境下出场了。杜威提出了"新个人主义"的范

---

① ［德］马克思、［德］恩格斯:《马克思恩格斯全集》(第21卷),人民出版社1965年版,第335—353页。

式,他试图在现代化的"失落"中重塑个人以及个人与他者、与社会的关系。他认为个人主义的危机在于把个人与社会人为地割裂开来,造成了一种纯粹以自我为中心的个人主义,这种个人主义的反社会倾向进而带来了经济危机、政治危机、社会危机甚至是文化危机。由此他认为,个人主义价值观需要重新进行反思,并在反思的基础上重塑。重塑的重要方式是确立新型的个人:人本身就是个人性和社会性的统一,新型的个人要从关系的视角来加以理解,如果从个人身上"舍去社会的因素,我们便只剩下一个抽象的东西,如果我们从社会方面舍去个人的因素,我们便只剩下一个死板的、没有生命力的集体"①。可见,在杜威看来传统的个人主义价值观往往将个人与社会处于分割的状态中,没有将个人价值与社会价值的实现置于同一个体系。个人主义的现代转向强调了个人并不是完全孤立的个体,它认为个体的存在始终是与他人、与社会相关联的。这无疑是合理的。但这一时期的个人主义在个人与社会的关系中几乎都依然强化了个人价值的优先性。

值得指出的是,西方传统个人主义的现代转化却引发了文化冲突,并由此遭遇了新的挑战。在西方现代化进程中,由于这个号称超越了传统个人主义诸种弊端的现代个人主义不仅依然坚持了人与社会关系问题上的个人优先、个人本位的立场,而且还进一步以个体的欲望、激情、本能、功利、实用等来诠释这一立场。于是,享乐主义、相对主义、虚无主义思想滋长起来,个体欲望被误认为是个体价值的真正体现,非理性情景下的个人对生活充满了妄念与幻想。正是在种种问题的困扰与诸多矛盾的冲突中,西方思想界开始对个人主义进行了重新思考,主张个人主义需要重新确立其基础、内涵与立场。比如,美国社会学家贝拉就曾这样反思说:"个人主义是美国思想的核心,我们并不是说美国人应当摒弃个人主义——因为那样将意味着放弃我们最深刻的民族特性。但是,个人主义的含义日益增多,矛盾重重,即使为了捍卫它,也必须对它进行批判的分析。"②在许多西方学者看来,个人主义在现代依然带来了人的异化与孤独感,"个人主义使社会组织分散瓦解成为一盘散沙,它使社会内人们共同的志趣和共同的利益汇集而成的社会

---

① [美]约翰·杜威:《学校与社会·明日之学校》,赵祥麟等译,人民教育出版社1994年版,第5页。

② [美]罗伯特·N.贝拉等:《心灵的习性——美国人生活中的个人主义和公共责任》,翟宏彪等译,生活·读书·新知三联书店1991年版,第214—215页。

团体,变成为充其量只不过是一个砂砾堆。若从最坏的方面看,个人主义是一片被孤独、邪恶、以掠夺为生的人们所占据的热带丛莽"①。

迄今为止,由个人主义的现代性危机而带来的西方思想家对个人主义理论的修补与改善还在进行中。这种个人主义的现代嬗变除了问题域的变化,即内涵与立场的变迁、矛盾与冲突表现的形式改变等因素促使所致外,事实上更是个人主义文化在西方资产阶级社会中,代表着资本主义最根本利益和诉求的政府及其意识形态部门为确立其作为主流文化地位而不得不调整自身形态所导致的。

3.4.2　唯物史观关于人的本质论及其文化意蕴

唯物史观关于人与自身关系的思考集中体现在其对人的本质的思考中。人与自身处于什么样的关系中? 从哲学层面来说,马克思称为对象性关系。正是这种对象性关系不仅规定了主体与客体,也规定了人与自身。马克思认为,从社会历史角度来说,人的本质必须在社会关系中才能得以理解和把握。也就是说,唯物史观把人的本质置于社会关系中予以解读,而社会关系的一个重要向度就是人与自身的关系,因此对社会关系的解读也就是对人的本质的解读。可见,无论是哪一种解读方式,唯物史观的人的本质论都传递出来一种信息:人是社会性的、实践性的、对象性的。我们人类的历史是以现实的人为出发点的,人的实践活动生成了社会历史与文明。这是唯物史观关于人的本质理论最重要的文化意蕴。

如果做唯物史观思想史的梳理,那么我们就可以发现,马克思早在写作博士论文时期,就对人的本质进行了初步的思考。在马克思看来,人的本质是自我意识,他尤其肯定了自由意识的崇高性,认为这是需要在人的精神中提到首要地位的要素。在《莱茵报》时期,马克思最初依然强调自由和理性,认为"自由确实是人所固有的东西"②。只是后来,他在林木盗窃案和摩泽尔河沿岸的贫困探究中遭遇了物质利益问题。由此,马克思开始理解了物质利益背后的人的社会性,意识到人的本质"不是人的胡子、血液、抽象的肉体的本性,而是人的社会特质"③。在《德法年鉴》时期,马克思进一步意识

---

① 　[美]R. 尼斯贝特:《个人主义》,李肃东等译,《哲学译丛》1991 年第 2 期。
② 　[德]马克思、[德]恩格斯:《马克思恩格斯全集》(第 1 卷),人民出版社 1956 年版,第 63 页。
③ 　[德]马克思、[德]恩格斯:《马克思恩格斯全集》(第 1 卷),人民出版社 1956 年版,第 270 页。

到:"人不是抽象的蛰居于世界之外的存在物。人就是人的世界,就是国家、社会。"①在《1844年经济学哲学手稿》中,马克思在对异化的批判中比较系统地阐释了人的本质,提出了"人是类存在物"②,人作为类存在物的核心是其自由自在的精神。他认为人能够进行有意识的活动,这种自由的、有意识的活动就是"感性—对象性"的活动。马克思认为,人正是在这种"感性—对象性"的实践活动中不断证明了自己的本质,通过实践改造对象世界、改造人自身。

但是这一时期马克思关于人的本质的理解总体还是较为抽象的。只是在《关于费尔巴哈的提纲》中,马克思终于阐发了其新世界观的要义。作为这一新世界观要义的一个重要结论,马克思将人的本质定义为"一切社会关系的总和",即"人的本质不是单个人所固有的抽象物,实际上,它是一切社会关系的总和"。③马克思在《关于费尔巴哈的提纲》中关于人的本质的新解读,从某种程度上说正是对以往思辨哲学抽象地从诸如自我意识、自由精神等角度理解人之本质的批判和清算。马克思强调了现实社会关系中的人及其实践,反对把人仅仅作为精神与自我意识的抽象物来理解,他强调人的本质的现实性,强调社会关系对人的本质的决定性影响。这就从根本上脱离了费尔巴哈式的直观与抽象。

而且,在马克思看来人的社会关系是实践创造的。因此,实践就成为理解唯物史观关于人的本质理论的重要基石。事实上,正如我们在实践的论域里看到的那样,人的本质在很大程度上又可被理解为人的实践活动。这种对实践的强调与社会性的解读不仅并不冲突,而且是高度统一的。人只有在劳动实践中才能确立和生成自己的社会关系。也就是说,现实的人及其本质、本性就需要被置于社会历史中进行考察,就必须在社会关系的实践中进行定位和解读。重要的还在于,从实践的视角和向度来理解唯物史观人的本质理论,能够体现唯物史观哲学超越旧哲学的先进性与优越性。也就意味着,在马克思看来人的价值并不意味着如西方个人主义所确立的一系列抽象的理念,如自由、平等、权利等,人的价值应该而且必须从人的本质的社会性与实践性中得到确立和实现。

---

① [德]马克思、[德]恩格斯:《马克思恩格斯文集》(第1卷),人民出版社2009年版,第3页。
② [德]马克思:《1844年经济学哲学手稿》,人民出版社2000年版,第57页。
③ [德]马克思、[德]恩格斯:《马克思恩格斯全集》(第3卷),人民出版社1960年版,第5页。

正是基于这一关于人的本质理论的确立,唯物史观视域中的人与自身的关系才得以科学地解决。这即是说,人与自身的关系绝不仅仅是与自身的关系,而一定是与诸多他人、与诸多他人集合而成的社会的关系。而且,这个人与自身关系中必然彰显的社会性还是在社会实践中具体而不是抽象地、动态而不是静态地得以实现的。

在当下的中国,唯物史观关于人的本质思想无疑已经深入渗透进中国的现代文化中,并衍生出中国共产党人诸如"以人民为中心"的发展理念。唯物史观经典作家揭示的关于人的本质理论,既是理解现实的人与现实的社会生活的理论基础,同时也是我们把握人与自身关系的认识论和方法论。与人与自然、人与他人的关系相类似,人与自身的关系绝不是抽象的自我意识、自由精神、自主权利等抽象理念的堆积,现实的人的真正本质是实践的、社会的、历史的,人与自身的关系也同样如此。唯物史观人的本质论及其文化意蕴恰在于此。也就是说,思考人与自身的关系问题时,我们需要遵循唯物史观关于人的本质理论的基本观点和立场,明确意识到现实的人始终是实践的、历史的、在社会关系中存在和自我生成、自我确证的;社会的发展与进步也始终要做到以人为中心,因为现实的人始终是历史的前提与起点,而人也需要在社会历史实践中才能够生成与其自身的关系与意义。

3.4.3　传统文化的身心合一之道及其现代价值

在中国古代,人如何在现实世界中安身立命,如何通过自我精神修养达到一定的思想高度,摆脱理性与感性之间的摇摆,去除物欲、情感的遮蔽,认识和实现人本身的终极价值,这构成中国传统文化中非常重要的一个主题。中国传统文化对这些问题的思考,集中反映在身心关系的讨论之中。当然,这一问题又与古人对理气论、心性论、欲理论、情意论以及幸福观、知行观的理论探究有着很大关联。就这一方面的思想,儒家的心性论、身体论又表现得尤为突出。而且,儒家自先秦至宋明,再到新儒家,一直秉承身心合一的立场,并把身心的和谐视为幸福的实现。因此,与西方哲学一直有身心二分,甚至认为灵魂可以脱离肉体的观点不同,以儒家为主要代表的中国传统文化更倾向于身心之辩中的统一论立场。也因此,古代哲人认为不能将身心看作相互分别的两个概念。这就正如杨儒宾教授所言:"儒家的心性论与身体论是一体两面的,没有无心性之身体,也没有无身体之心性;身体体现了心性,心性也依附着身体。"①除了儒家,还有以道家为代表的养身、养命、养性的思想,探讨身体与精神、生理与心理、形与神之间的关系。这无疑也是从身心之辩的角度探寻如何在现实世界中安顿自我生命的学问。

如果要做一个总体的概括,那么可以说,中国传统哲人大多以身心合一作为加强个体生命的修养的思想前提,并且大多重视心的本体意味和优先作用,以"存心""养心""忘我""无己""省察""克己"等修养方式,达到身心合一的生命理想状态。② 而且,在古代思想家看来人与自身的关系问题作为人生哲学最重要的主题之一,必须强调个体对自我生命的意识自觉和价值选择的自主。这是对人与自我关系深度思考的认知前提。也就是说,意识自觉和价值选择的自主,是一个人实现自由的必由之路。它的理想状态就是实现如孔子描述的"从心所欲不逾矩"(《论语·为政》)。这是身心"自觉—自主—自由"的不断迈进过程。个人确立与自身的关系并最终实现"从心所欲"的自由,其认识论的前提是学习和反思,即孔子说的"十有五而志于学"以及"学而不思则罔,思而不学则殆"(《论语·为政》)。

在新儒家学者徐复观看来,儒家文化语境下这种朴素的身心合一观及修养论,对于现代人考察当代生命活动与生活状态,从而摆脱过于注重身之欲有着重要的借鉴意义。③ 当然,在传统身心合一论的历史沿革中也有着"尊心抑身"的倾向,特别是宋明理学和心学的发展,中国传统文化重心性形而上学而忽视身之欲的现实需要这一弊端也颇为明显。尤其是在宋明理学那里,个人身体所代表的欲望被当成私欲,主张"天理存则人欲亡,人欲胜则天理灭"(朱熹语),身心关系就此出现了对立。这一方面体现出传统文化在身心关系方面的历史局限性,但从另一方面说,它也有积极的启迪意义,它可以启发我们从身与心的内在张力去全面地看待个体需要与欲望、伦理境界与意义世界、生存与生活、本然与应然等方面的问题。可见,现代人在批判宋明理学存理灭欲说的不合理时,也不可完全摒弃其中合理的成分。

笔者想特别指出的是,几千年历史形成的中华文化传统在探究身心合一修养观方面有儒家修身与道家养生这两个层次最需要现代人予以关注。当然,这里并不是说其他学派如释家、墨家、阴阳家等没有身心合一的修养

---

① 杨儒宾:《儒家身体观》,台湾"中研院"中国文史哲研究所 1996 年版,第 1 页。
② 钱穆:《灵魂与心》,广西师范大学出版社 2004 年版,第 19 页。
③ 徐复观:《徐复观文集》(第 1 卷),湖北人民出版社 2009 年版,第 19 页。

理论,它们其实都在中国人的心灵里产生过非常深刻的影响。只是针对现代人所面临的身心张力及其所表现出的个体生命困境,儒家修身与道家养生也许更能彰显出其现代价值。

首先,儒家试图通过修身的方式来消弭个人身心对立,以达到身心合一的自我完善状态。儒家思想由此强调"自天子以至于庶人,壹是以修身为本"(《大学》)。而且,在《大学》等儒家经典文献中都有详细论述如何修身以解决现实自我的内在矛盾,这不仅彰显了身心两方面进行道德修为的重要性,而且还指出了身心关系中内在心性修养的优先性和必要性。[①] 甚至在某种程度上可以说,这个"修身"的过程其实就是"修心"的过程。正是因此,儒家认为注重道德自我的自觉启发,通过仁义之心的存养、扩充就显得不仅充分而且必要。这是身心合一境界的最重要的实现途径。比如杨儒宾教授就认为,儒家的孟子就主张通过"形(身)—气—心(志)的身心践行方式"来达到身心合一。[②] 这一思想显然对后世产生了巨大的影响。不仅如此,儒家还主张通过对道德心性的体认工夫来感受与天地万物的浑然一体,如杜维明就提出"体知"概念以阐发儒家的身体认识论和心性修养论。[③] 此外,儒家还注重以"反求诸己"(《孟子·离娄上》)的修养工夫,启发和引导世人行事不失其本心。这突显了个体的道德自律精神。事实上,这一主张的本质就是以强大的道德理性为支撑来实现身心合一,从而使自我得以真正地安身立命。

儒家身心合一的修养观有着崇高的精神旨趣和理想追求,它特别强调了个体自我对道德价值的体认与践行,使生命价值得以升华。它启发人要有道德修养和道德实践的自觉性。从身心关系而论,它使人置身红尘世界不脱离世俗生活而去"诚意""正心"与"存心""养性"。于是,"置身"与"修心"达到了合一或者说和合的理想状态。事实上,正是因为这一文化传统的规范与熏陶,古代的君子历来坚信人能够通过道德修为,成全自我生命,安顿好自我的心灵。

尤其值得一提的是,儒家提供的这一切实的身心修养方式使人不假外求,无须将此世生命托付给神明或上帝。因此,中华民族自古以来没有浓郁

---

① 张艳婉:《儒家身心观研究》,湖南师范大学 2012 年博士学位论文,第 151 页。
② 周与沉:《身体:思想与修行》,中国社会科学出版社 2005 年版,第 315 页。
③ 顾红亮:《对德性之知的再阐释——论杜维明的体知概念》,《孔子研究》2005 年第 5 期。

的宗教崇拜或神灵信仰，它更主张世俗生活的身心双修。这也就是为什么主张前世、现世、来世之三世轮回的印度原始佛教进入中国之后，一开始宗派林立，但最后只有禅宗影响深远。因为作为佛教中国化最经典形态的禅宗改出世为入世，推崇现世，主张"活在当下"，它认为世俗生活即是修行道场。正如有学者指出的那样，禅宗的这一主张与作为主流文化的儒家立场最为相近。① 事实上，以儒家为主要代表的传统修养观不仅始终鼓励置身世俗社会的每一个人坚持不懈地进行道德修养，增强道德自律的自觉性，以追求君子人格、圣人理想为至善目标，而且它还认为"人皆可以为尧舜"（《孟子·告子下》）。这使得中华民族养成了自强不息、刚劲有为的集体性格和君子型人格。

其次，道家注重"性命兼修、身心一体"的养生思想也是中国传统文化关于身心关系的重要思想之一。道家看待身心关系是以"人性朴真论"为立足点的，它启发人"返璞归真"以达到身心的自然平和②。道家的这种身心关系思想特别强调了人的自然属性，促使人对未经后天修饰的本然状态的关注和重视。但这并不是说道家的"复归于朴"（《道德经》第二十八章）思想是要人重新回到原始状态，而是要使人实现自然属性与社会属性的合一，使身心不因外在名利而出现背离。事实上，道家"全生""贵生"的养生追求，其目的恰恰在于提升人的生命质量和人性修养的层次。

正如学界诸多学者研究表明的那样，道家思想以"道法自然"（《道德经》第二十五章）为核心原则，提出了诸如形神兼顾、顺应自然、性命兼修等养生主张，开创了中国哲学与儒家推崇心性之学不同的另一个传统，它更主张效法自然的立场，并因此提出了诸如"不刻意而高"（《庄子·刻意》）之类的无为观。③ 重要的还在于，道家的这一法自然为核心理念的身心观以及心斋、坐忘、虚静、养神等修养方法，其目的同样在于消除身与心的对立，使人能够珍视自我生命，超越现实物欲、私利之类的诱惑。④ 可以肯定地说，道家的养生观从身心一体出发，恰恰切中了现代社会欲望过度导致身心分裂的这一时弊。事实上，正如我们看到的那样，现代人诸般重物轻身、重感官享受

---

① 杜继文、魏道儒：《中国禅宗通史》，江苏古籍出版社1993年版，第6页。
② 周山东：《论道家的安身立命之道》，《哲学进展》2019年第3期。
③ 陈雁杨：《道家养生观的研究》，华南师范大学2008年硕士学位论文，第28页。
④ 包佳道：《道家修身思想及其现代价值》，《河南社会科学》2015年第2期。

轻精神愉悦之类的心理偏颇都与人不能从根本上返璞归真有关。因此，道家这一法自然、归朴素的身心观具有重要的现代意义。

可见，从总体而论，传统身心合一的修养理论提供了丰富的思想资源，它聚焦于身心之间的关系以及身心如何转化、身心内在张力如何化解等重大问题的探讨，都可以用来促进当代人思考自我生命的境况。现代化的发展给人的生命提供了充足的物质资料前提和展现自我潜能的平台，现代人的需求与欲望日益增长，并且在消费社会下呈现出不同于传统的形式与内容。但需求与欲望的不满足也表现出现代社会中身与心的巨大张力，尤其是大部分现代人的现实生活并不以"修身""养性"为前提和要旨。于是，个体生命的自我异化成为消费社会的主要问题，资本试图最大程度地拓展和刺激人们的消费欲望与消费需求，但反过来的情形是，通过需求与欲望的不断满足，人们不但没有获得身心的愉悦，反而越来越缺失满足感与幸福感。这一现象之所以被称为"消费主义挖掘的人生陷阱"[1]，正是因为其在身心关系上重身之欲而轻心之理的极大偏颇所致。

在当今中国，满足人民对美好生活的向往被执政的中国共产党人视为新时代的初心和使命。从学理上说，这就必然涉及什么是人民对美好生活的向往。以中国传统文化视域下的身心观而论，这种对美好生活的向往绝不是过度的消费欲望满足和享乐主义哲学的流行。或者说，从人与自身的关系而论，美好生活绝不仅仅意味着对身体里不断勃发的物质欲望的满足，它还有心灵层面的诉求，这些诉求包括道德理性、审美情趣、理想信仰，以及"天涯倦客，山中归路，望断故园心眼"（苏轼：《永遇乐·彭城夜宿燕子楼》）的乡愁等等。可见，人对自身美好生活的向往是物质与精神的双向满足，尤其是精神领域的自我修养以达身心的和谐是至关重要的。

---

① 张盾：《超越审美现代性》，南京大学出版社 2017 年版，第 167 页。

4 传统文化中天人合一之道
的现代转换与价值创新

中华文明有着极为远古的智慧流传。就天人关系而论,在其诞生之初,中华民族的先民们就形成了与自然万物打交道的文明方式,如《易·系辞》中就有"天地之大德曰生"的记载。天地被视为万物的生命之本源,因此天人相交、相通和相融。天人实现和合与统一被古人视为天人关系的一种理想境界。传统文化中的天人合一之道可以为现代人培养新的生态文明意识、破除人类中心主义和非人类中心主义的两极对立提供中国智慧和解决路径,它为人与自然实现真正的和谐提供了切实的中国方案。就当代中国而论,新时代的中国人所努力创造的"美好生活"需要更好的自然生态环境作为前提。它更要求我们学会与自然和谐相处,真正践行好天人合一的生态文明观,从而构建起人与自然的"生命共同体"。

4.1 唯物史观在人与自然关系上的文化批判

唯物史观在对现代性进行文化批判的过程中,在人与自然的关系上形成了独特的现代生态文化观和生态文明思想。众所周知,现代资本主义文明经历了严重的生态危机,这种危机当然有其深刻的文化根源,即人对自然的态度与传统时代处于狭隘共同体中的人有了本质性的不同。事实上,现代人利用科学技术使生产力有了急速发展,但这种将自然作为科学技术征服的对象,从而将自然仅仅视为物质增长之手段的理解,极大地限制了人类与自然和谐相处的生命共同体构建。以生态学马克思主义为代表的西方马克思主义文化批判理论在传承和发展了马克思基本立场的基础上,展开了对资本逻辑下的技术决定论的批判,它不仅有助于人们认清资本主义经济、政治本性所带来的严重的生态灾难,而且也有助于建立起一种超越资本主义中人与自然对立矛盾的新型关系以及基于这种关系所形成的新的文化理念。

4.1.1 资本主义生态危机造成天人关系的割裂

当代资本主义开启了人类社会发展的全新文明形态,这个文明的最重要标志就是生产力的飞速发展。它通过生产方式的根本性变革,使人类利用自然、改造自然的能力不断增强。在这个过程中,人们的实践活动深度地开发和征服了自然,但与此同时也越来越造成不受人类自身控制的诸多自然生态灾难。

自进化为人开始,人类通过与自然的交互作用,以满足自身的需要,获取合理的利益,不仅个体能够存在与发展,而且整个人类也出现了历史性跃升。这无可厚非。尤其是近代以来,借助于科学和技术的广泛应用,人类在自然面前不再懵懂无知,自然的秘密被逐渐揭开。人与自然的关系也不是那种传统时代的"自发"的和谐状态,或者说是出于对自然的无知而陷入盲目的崇拜。人与自然越来越构成一个"共同体",人对自然的利用越充分,这种共同体的边界范围也就越广阔。

现代工业文明正是通过科学技术的力量实现了征服自然的活动。马克思和恩格斯曾明确提出"科学技术是生产力"的命题。他们在有生之年始终都关注着科学技术对人类社会文明进步的重大推动作用。马克思认为:"大工业把巨大的自然力和自然科学并入生产过程,必然大大提高劳动生产率。这一点是一目了然的。"①恩格斯也赞同马克思对现代科学技术的看法,他认为:"没有一个人能像马克思那样,对任何领域的每个科学成就,不管它是否已实际运用,都感到真正的喜悦。但是,他把科学首先看成是历史的有力杠杆,看成是最高意义上的革命力量。而且他正是把科学当作这种力量来加以利用,在他看来,他所掌握的渊博的知识,特别是有关历史的一切领域的知识,用处就在这里。"②科学技术具有真实的革命力量,它能够成为"历史的有力杠杆"正是在于它所具有的改造自然的切实的能力。人在自然面前不再像其他生命体一样卑微地匍匐于其规律面前,而是敢于挑战各种局限,将人类的实践能力进行质的提升。所以在《共产党宣言》中,马克思、恩格斯甚至强调指出,资产阶级在它不到一百年的统治中所创造出来的生产

---

① [德]马克思:《资本论》(第1卷),人民出版社2004年版,第444页。
② [德]马克思、[德]恩格斯:《马克思恩格斯全集》(第19卷),人民出版社1963年版,第372—373页。

力"比过去一切世代所创造的全部生产力还要多,还要大"①。

可见,人作为自然的一个物种,既与其他物种一样是自然的消费者,同时也力图借助科学技术的力量成为自然的"主宰者"。随着与自然之间的物质变换发生失衡,本来为满足人自身利益而产生的科学技术越来越成为人自身的一种反制力量。人类借助科学技术的力量去征服自然,结果却导致了自然反过来对人类的"征服"。所以恩格斯在《自然辩证法》一书中告诫道:"我们不要过分陶醉于我们人类对自然界的胜利。对于每一次这样的胜利,自然界都对我们进行报复。"②当今世界生态危机严重威胁着人类自身的生存。资源的过度消耗、生态环境的日益恶化都以人所意想不到的方式制约着现代人的生存与发展。全球环境问题方面的专家们也越来越担忧,他们当中的一些人甚至认为人类在21世纪面临的最大挑战将来自自然界。

于是,现代人开始了对生态危机根源的思考和探究。有从人口、技术、消费方式与制度文明等方面的外在原因来探索,也有从人性、思维方式与文化精神等内因方面来探索。可谓林林总总。唯物史观从人的需要与生产领域的异化入手,认为生态危机的根源还是在于资本主义生产方式内部的矛盾。工业文明时代大规模地运用科学技术,将整个地球的自然物都纳入生产与消费的资本主义体系,这必然导致人与自然之间的物质变换的失衡。也就是说,生态危机是资本主义生产方式所不可避免的一个结果。特别令人担忧的是,在资本逻辑的推动下,借助于所谓的全球化,西方国家还奉行生态殖民主义。这直接导致的后果是,西方发达国家虽解决或缓解了本国内部的生态危机问题,但它所采取的方式却是将资本主义生产方式扩展到全球其他国家,从而使其他国家承担了这种危机的后果。

生态危机既然是源自资本主义生产方式内部的矛盾,它就不可能从人与自然关系的抽象探讨上得到合理的解决,必须追寻到资本主义生产体系之下人与人的关系。这就正如有学者指出的那样:"从直接性来说,生态危机是人与自然的关系危机,是人对自然控制的无反思状态造成的。而人与人的'我与他'式的功利性关系在文化深层上影响甚至决定着人与自然的现实关系。它们都根植于'现代性断裂'的文化危机。"③正是现代资本主义社

---

① 〔德〕马克思、〔德〕恩格斯:《马克思恩格斯选集》(第1卷),人民出版社1995年版,第277页。
② 〔德〕马克思、〔德〕恩格斯:《马克思恩格斯选集》(第4卷),人民出版社1995年版,第383页。
③ 张彭松:《生态危机的现代性根源》,《求索》2005年第1期。

会中人与人之间的关系异化了，人与自然的关系才有了日益恶化的趋势。前者的主要表现就是人在现代生产方式中追求效率，每个人都以实现自我利益的最大化为根本驱动，因而将他人只是视为获取利益的手段。这就必然导致人与人之间的情感冷漠与不可逾越的隔阂，致使相互理解与认同的机制被破坏，人作为占有性的主体也就将其他一切生命个体都首先视作"物"。自然中的生命也同样被人用来谋取利益，中华传统文化中的诸如"乾父坤母""民胞物与"（张载语）等思想就更是被视作一种与科学相对立的东方神秘主义东西而被任性地丢弃。

4.1.2 工具理性批判与科学主义的反思

生态危机的文化根源是"现代性断裂"的文化危机。西方马克思主义在现代性批判上卓有建树，其对工具理性所持的批判立场，尤其为人们认清人与自然关系扭曲的本质提供了思想武器。

法兰克福学派最早的代表人物霍克海默和阿多诺所著的《启蒙辩证法》一书，在西方世界已不可能发生普遍的以夺取政权为目标的暴力革命为历史背景的语境下，力图说明无产阶级需要从意识革命与文化革命入手发起与资产阶级新的较量。《启蒙辩证法》从人的一般性生存困境出发，认真考察了资本主义时代人的异化现象及根源。他们认为启蒙精神之所以由推动人的解放转而走向了自我摧毁的命运，其根本原因就是理性走向了"抽象的理性同一性"，异化为单纯的工具理性。在这种"同一性"的强势语境下，它用"普遍"来统治"特殊"，用"同质化"来钳制"异质性"，用"单一性"来代替"多元性"，这种由现代生产方式所激发出来的思维方式将一切都纳入可量化、可计算的"同一性"以及由此衍生的必然性轨道，而一切不可被量化、无法计算的东西都被排除在这个世界以外。自然界也就因此而被当作一种毫无灵魂与生机的单纯的客观实在，它仅仅是生产世界用以加工、攫取的资料，甚至它只是生活世界用以消遣、消费的外在"景观"而已。

正是由此，《启蒙辩证法》对文艺复兴以来的理性启蒙提出了尖锐的批判。启蒙的初衷是要人摆脱恐惧，确立自主性。但是现代世界成了一个"理性同一化"了的世界，根本没有达到理性启蒙原本所设定的要人走出野蛮状态,获得自由发展的目的,反而使人们陷入一个"普遍异化"的世界。① 于是,启蒙固然用理性赶走了蒙昧与神权,促成了人的自主性的生成和精神世界的解放,但遗憾的是启蒙自身又将抽象的理性奉为新的"神权",它又重新将人驱赶进了这一抽象理性的蒙昧羁圈里。可见,启蒙在讴歌理性、推崇科学技术,尤其是推崇对自然的统治和奴役的过程中终究葬送了它自身的合理性。正如有学者指出的那样,同一性就是造成这个吊诡结局的罪魁祸首。② 可见,作为法兰克福学派第一代核心人物的霍克海默和阿多诺并没有满足于现代工业文明的诸种成就,而是以一种深层的文化批判精神洞察到启蒙以来的技术理性主义至上的文化价值观导致的人性异化的悲剧。

有必要辨明的是,霍克海默和阿多诺等学者批判的这种已经"意识形态化了的"科学技术观念,与马克思所颂扬的具有伟大变革作用的科学技术是不一样的。事实上,科学主义世界观承担了一种资本主义意识形态的功能,它在借助科学理性的手段追求人对自然的无限统治中必然使得自由、平等、权利等启蒙精神走向了"自我摧毁"。这种结果的出现,其根源是人把科学技术理性当作一种控制自然的工具,认为人通过运用科学技术就能够征服整个自然,并驱使后者为资本增殖这个唯一的目的服务。这种人类对科学技术进步趋势之不可动摇的信心,一方面固然促进了科学技术的进步,但另一方面它也使科学理性成为一种专制力量,蛮横地衍生成为人追求自由与幸福的关键凭借。科学理性和科学技术甚至不再只是人征服自然的工具,更成为衡量一切事物是否有存在的必要的终极依据。这种科学理性的理论表达被狭隘地理解为经验主义和实证主义,并"以一定的方法即逻辑分析的运用为标志"③。

霍克海默和阿多诺进而指出,这种对科学技术理性的过度推崇就必然表达为工具理性的无限膨胀。在资本主义生产体系和社会结构中,所有人都成为机器的附庸。机器全面控制了人的生产行为和社会生活,包括人的劳动时间、休闲时间都受机器的摆布。人也就因此丧失了个体的特殊性、丰富性和主体性,他的独立的判断能力、批判能力、想象能力和自由精神都大

---

① [德]马克斯·霍克海默、[德]西奥多·阿道尔诺:《启蒙辩证法》,渠敬东、曹卫东译,上海人民出版社 2003 年版,第 1 页。

② 徐小青:《启蒙的自毁——浅谈霍克海默和阿多诺的〈启蒙辩证法〉之"启蒙"》,《学理论》2012 年第 2 期。

③ 陈启伟主编:《现代西方哲学论著选读》,北京大学出版社 1992 年版,第 443 页。

为削减甚至丧失殆尽。人以丧失其主体性自由换取的是形式主义的、讲求技术效率的工具理性。在霍克海默和阿多诺看来，被意识形态化了的科学技术在本质上就是这种工具理性，它导致关于人生目的、价值理想以及生命意义等价值理性的东西都被悬置，人单纯追求的是利益这一属于工具理性范畴的东西。这当然是现代社会中亟待摒弃的人与自然关系的异化现象。

4.1.3　生态学马克思主义对天人关系的理论建构

就人与自然的关系而论，马克思认为："所谓人的肉体生活和精神生活同自然界相联系，不外是说自然界同自身相联系，因为人是自然界的一部分。"①人与自然世界本就是共存共生的。人作为"有生命的自然存在物"既有能动性，又有受动性，在改造自然的同时也受到自然的改造。在这个双向的互动过程中，劳动是人与自然之间发生一切关联的最重要中介。正是通过劳动的实践活动，人创造了"人化自然"，不仅在自然之中打下了人的印记，而且通过这种对象性的活动体现了自身的自由自觉的本质属性。

如果说法兰克福学派主要秉承了马克思的批判性，那么生态学马克思主义则更多地坚持了马克思"人是自然界的一部分"的立场。生态学马克思主义又被称为生态社会主义，它是当今国外马克思主义流派中非常活跃的一支，其主要代表人物有本·阿格尔、詹姆斯·欧康纳、乔尔·科威尔等人。乔尔·科威尔提出了"期望破灭了的辩证法"（dialectic of shattered expectations），他认为当代资本主义由于受生态系统有限性的制约，其源源不断提供商品的许诺是无法实现的，这就形成了"期望破灭了的辩证法"。他在《自然的敌人：资本主义的终结还是世界的毁灭？》这部被视为生态马克思主义学派经典之作的著作中，主张彻底改变资本主义的一切生产和生存条件并彻底变革资本主义生活方式②。事实上，包括乔尔·科威尔在内的生态学马克思主义者的"政治生态学宣言"大多主张采用"非暴力"的方式来进行生态上的革命，使人类走出资本主义所造成的经济危机和生态危机。这些理论对解决人与自然的当代危机有着非常重要的影响力。

生态学马克思主义的学派是以解决人与自然的异化关系为问题核心

---

① ［德］马克思、［德］恩格斯：《马克思恩格斯文集》（第1卷），人民出版社2009年版，第161页。

② ［美］乔尔·科威尔：《自然的敌人：资本主义的终结还是世界的毁灭？》，杨燕飞、冯春涌译，中国人民大学出版社2015年版，第14页。

的。它认识到现代资本主义生产方式使生产力有了极大飞跃的同时，更造成了严重的生态危机。而造成这种危机的根源乃是资本主义生产方式以最大限度地追求剩余价值为根本目的。因此，资本并不关心自然环境对人的生存发展的影响，也不关心自然环境的可承载力与可持续性，它只关心自然界作为"有用物"能否为资本增值，能否为资本的拥有者带来利润。资本家只关注增值、利润和金钱，必然漠视生态环境恶化，必然要将这一恶果加诸全人类。正是基于这一点，我们可以认为生态学马克思主义关于生态危机的文化根源的批判，是对当代唯物史观生态文化理论的一种传承和发展，它对现代社会生态危机的深刻剖析不仅犀利而且切中要害。

既然资本主义生产方式无法解决人与自然之间的不可协调的矛盾关系，那么，只有彻底变革这种生产方式，人类才能走出生态危机的困境，真正解决生态环境问题。马克思认为，超越资本主义生产方式的共产主义社会走的就是这样一条道路。在完全摒弃了资本主义私有制的共产主义社会，"自然主义"和"人道主义"达到了真正的统一。① 人作为最高的价值得到了充分的肯定，同时人又把自身看作自然界的组成部分，而不是某种独立于或凌驾于自然的力量。生态学马克思主义代表人物福斯特就明确表示，这种自然主义与人道主义的有机结合，正是马克思在《1844 年经济学哲学手稿》中所表达的生态世界观最值得肯定和继承之处。②

生态学马克思主义在当代社会中对于推动人与自然的和谐相处具有非常重要的价值。它批判了科学主义的工具理性对价值理性的僭越，它提醒人正视科学与科学主义之间的本质性不同，因为后者将科学理性精神降低为一种经验主义、实证主义的工具，而忽略了人的价值、意义和能动性的一面。事实上，它也对进步主义进行了批判性的反思。众所周知，从 19 世纪末开始至今仍然颇有影响的进步主义思潮盲目崇拜人口增长和经济指标增长。但正如生态学马克思主义者批评的那样，数字性的增长并不能说明所有问题，它反而掩盖了人对自然的剥夺，它往往无视生态环境对人的生存发展的意义以及人类社会对伦理道德的追寻。不仅如此，生态学马克思主义还对人类中心主义和非人类中心主义进行了颇为中肯的批判和超越。它要

---

① ［德］马克思、［德］恩格斯：《马克思恩格斯文集》（第 1 卷），人民出版社 2009 年版，第 185 页。
② ［美］约翰·贝拉米·福斯特：《生态危机与资本主义》，耿建新等译，上海译文出版社 2006 年版，第 27 页。

求现代人坚守马克思在《1844 年经济学哲学手稿》里提出的人是自然界一部分的立场,并由此主张通过建立一种整体性的思维方式来解决生态问题。

可见,生态学马克思主义对天人和谐关系的探索有益于指导现代人思考生态危机发生的根本原因,找到解决生态环境问题的真实路径。此外,它也有益于人们从宏观发展、制度设计以及具体实践等层面真正做到改造自然、利用自然的同时也保护自然、尊重自然。这不仅需要理论上的突破,更需要切实的经济、政治与文化领域中的实际改变。我们立足唯物史观的生态文明观,尤其是立足马克思对资本主义资本逻辑和这个逻辑衍生的意识形态及文化的批判理论,并积极汲取包括生态学马克思主义流派在内的西方马克思主义的批判理论,并以此为基础去探寻中国古代天人观的合理成分,正是这样一种从理论到实践的切实努力。

4.2 传统天人合一之道的创造性转换

渊源于传统社会农耕文明的中国古代天人观,有着对自然的独特视角。虽然它发端于前现代社会,因此缺乏现代科学语境下的知识与理性作为铺垫与话语呈现,常常会被忽视,甚至在某些时候还会因其内在的神秘性而遭到当代人的质疑。但作为一种文化理念,作为现代人重新思考人与自然关系的一种颇有智慧启迪的历史传承,它其实非常值得我们去关注和发掘。其中尤为值得关注的是其天人合一之道,对于促使现代人走出人类中心主义和非人类中心主义的价值偏颇,让人真正从"人"本身是一种自然存在出发去看待自然万物。事实上,这种古老的自然哲学和人生智慧在现代生活中依然是不可或缺的,它为现代人推动生态文明与绿色文化的发展,走向超越现代资本主义社会的未来自由人联合体准备了来自生态环境和自然资源方面的保障。

4.2.1 现代生态文明与新天人观的构建

可以肯定的是,现代中国的发展尚属工业文明的阶段,但世界历史已经开启了下一个人类发展阶段即信息文明的阶段。正如我们看到的那样,由资本主义主导的传统工业文明对生态环境的破坏是一大弊病。为了克服这一弊病,马克思及其后的继承者们在对资本逻辑进行文化批判的基础上,为人类继工业文明之后的这一阶段的文明形态构建了更理想的发展模式。其中生态文明与绿色发展已是大势所趋。在这个新的发展模式理念中，人必须时刻自觉意识到在与自然之间发生物质能量的交换时要维护好人与自然之间相辅相成、共生共荣的关系，要积极探索出与自然和谐相处的方式、方法和路径。这不仅是因为自然生态本身的承载力的有限性，更是因为人的整个生存环境与生活状态都与自然有着越来越紧密的联系。因此，马克思"人化自然"的天人观以及自然主义的生态文明立场，不仅应该成为当今中国社会发展的主导理念，而且它也应该是当下中国人对美好生活憧憬和构建的重要指标。

然而，令人遗憾的是当代中国社会的环境问题却显得有些严峻。"气候异常、水土流失、物种退化或消失、城市雾霾以及土地荒漠化等问题不仅存在，有的还相当突出。许多地方恶劣的生态环境正威胁着当代中国人的生存，日益影响着人的生活质量和健康发展。"①从辩证唯物主义的因果必然性而言，外在生存环境的变坏和生活状况因此所受的困顿之"果"，其实是由我们人类主体活动的某些过失这个"因"所必然导致的。就现代中国而论，生产力和科学技术带来了人的需要的不断满足，但也因为过分张扬了物质需要而遮蔽了人的包括精神需要在内的全方位需要。过于推崇物欲满足的物欲主义②开始形成，并迅速地成为许多人的人生哲学信条，这必然使得人们着眼于眼前的短期利益，而不计长远之利。市场经济体制确立后，市场这只"看不见的手"（亚当·斯密语）的推波助澜，就更加使得人的主体活动只局限于将自然视为谋取自身利益的工具。此外，西方与市场经济相伴而生的消费主义也潮水般地进入中国。在消费主义操控之下的人们必然将自然与自我发展割裂开来看待，他们信奉"我的消费我做主"的信条，对自然环境及自然资源的保护不愿承担任何道德责任。

如果说善待自然的生态文化意识是作为一种现代人精神世界的重要组成部分，那么，我们有些遗憾地发现，在当今中国一些人的精神空虚与物质的富足呈反比状态发展。我们可以毫不夸张地说，当代中国社会必须对这

---

① 张应杭：《论工程技术伦理中敬畏自然的理念培植——基于中国古代道家的研究视阈》，《自然辩证法研究》2011年第10期。

② "物欲主义"究竟何所指称历来歧义多多。本书借古代哲学的心物之辩的范式用以表达重身外之物轻内心世界的一种人生观和价值观。参见张应杭《物欲主义的超越——传统快乐观的解读及其当代价值》，《学习与实践》2013年第1期。

种人与自然关系的异化现象给予足够的重视,我们必须对既有自然资源的供给力与人的发展潜力有一个相对准确的评估,建立生态经济观以实现经济社会的高质量发展。只有这样,人民的美好生活的自觉构建才会有一个新的起点。

可见,在生态危机成为一个严峻的全球问题时,作为最大的发展中国家,中国并没有置身事外。因此,人与自然的和谐共生既是全球现代生态文明的最终目标,也是当下中国构建节约型社会,追求绿色、低碳、环保经济发展模式的必由之路。为了实现这一目的,以唯物史观的生态文化观为指导,对传统文化的天人观的合理成分予以传承与开掘就有了现实依据。正是这构成了古代天人合一观在当今中国的出场语境。

在讨论传统天人合一之道时有一个前提是必须明晰的,那就是古代天人观是有其神秘主义色彩的。事实上,无论是古希腊还是古巴比伦、古印度,远古传统时代形成的精神文化信仰普遍具有"原始的丰富性"(马克思语)①。说它是"原始的",是因为传统文化精神属于前现代的非科学理性时代。人们往往只是通过单纯的直观去感受和认知事物,并得出一些普遍性的结论以指导生产和生活。而且,这些结论通常会因为有经验和常识的检验而具有相当的合理性。说它具有"丰富性",是因为它还未以现代科学视阈分门别类地考察事物,而常常采取综合性的、掺杂着系统性思维的形式来反映内容。在中国古代正是这种"原始的丰富性",使得传统天人观及其天人合一的理念呈现正是以整体性方式进行的。这样的视角对当代人而言反而是新奇的,事实上它也的确对人与自然的关系有了一个超越现代性框架的别样理解。英国过程哲学的创始人怀特海有句名言:"当下的经验,包含着过去与将来。"②他的意思是说,过去、当下和将来是一个时空链条,它不可能孤立存在。因此对古代历史的解读是现代人必须做的功课。比如他在论及宇宙论时就曾这样指出:"作为完整宇宙论的目标之一,就是要建构起一种观念体系,把审美的、道德的、宗教的旨趣同来自自然科学的那些世界概念结合起来。"③这种整体性的宇宙论正与中国古代天人合一文化理念对人的道德、审美、价值等的综合关注相耦合。因此,就过程哲学的立场而言,

---

① [德]马克思、[德]恩格斯:《马克思恩格斯全集》(第46卷上),人民出版社1979年版,第109页。
② [英]怀特海:《过程与实在》,李步楼译,商务印书馆2011年版,第2页。
③ [英]怀特海:《过程与实在》,李步楼译,商务印书馆2011年版,第5页。

现代人没有理由忽视作为现代的过去,即古代的智慧,这种智慧甚至可以指引我们更好地走向未来。正是由此,我们断言在新的生产体系和社会结构中,这种源自传统的智慧能够提供另一种考察人与自然关系的方式,能够启迪现代人形成一种新的天人合一观。

如果要对中国古代诸子百家在天人之辩中的共同立场做一个梳理和概括,那追求天人合一应该是一个共识。中国哲学史家张岱年认为,在天人之辩上中国古代主要有如下三种学说:其一是道家的"任自然"之说,比如老子"道法自然"(《道德经》第二十五章)及庄子认为的"不以人助天"(《庄子·大宗师》)的观点。其二是荀子的改造自然之说:"大天而思之,孰与物畜而制之? 从天而颂之,孰与制天命而用之?"(《荀子·天论》)其三是儒家的"辅相天地"之说:"天地交泰,后以裁成天地之道,辅相天地之宜,以左右民。"(《易传》)①在张岱年看来,这里值得一提的是荀子的学说。荀子的确提出了"天人之分"和"人能胜乎天"(《荀子·天论》)的命题,但张岱年认为这种思想并未占主导地位。事实上,以儒家、道家为代表的古代思想家竭力推崇对天道的敬畏之心,主张天人合一的立场。在先哲们看来,天与人、天道与人道、天理与人性是相类相通的,因而通过合理的天人观构建,完全可以达到天人协调、和谐、统一的理想状态。

其中道家的天人观显然最具本体论依据。道家非常睿智地把天人合一思想立足于如下的一个基本事实,即自然界对于人类的先在性和人类对于自然的依存性。老子的名言"道生一,一生二,二生三,三生万物"(《道德经》第四十二章)表达的正是这样的观点。在老子看来,包括人的存在在内的万物无一不是天地自然的衍生物,因此人必须与天地自然和谐相处。为此,老子的结论是:"人法地,地法天,天法道,道法自然。"(《道德经》第二十五章)庄子进一步论证了老子的这一思想:"天地者万物之父母也。"(《庄子·达生》)"天地与我并生,而万物与我为一。"(《庄子·齐物论》)"吾在天地之间,犹如小石小木之在大山也。……号物之数谓之万,人处一焉。"(《庄子·秋水》)由此,庄子认为一个悟道的人(圣人)必须是敬畏天地自然、懂得对自然要有所不为的人:"圣人者,原天地之美而达万物之理,是故至人无为,大圣不作,观于天地之谓也。"(《庄子·知北游》)

---

① 张岱年:《中国哲学大纲》,中国社会科学出版社 1994 年版,第 167—182 页。

　　与道家相似,儒家也持天人合一的立场。但与道家的论证思路不同,儒家主张敬天道、畏天命的同时,又强调平治天下以实现其政治主张的王道理想。由此,在天人之辩上如果说道家更推崇天道,那么相比而言儒家则更关注人道。但是,儒家关注的人道也是建立在对天道敬畏的基础之上的,这是儒家文化特色的天人合一观。如果做儒家思想史的追溯,那么可以说孔子主张的由知天命进而敬畏天命的思想,初步奠定了儒家的天人合一观。关于善待自然,孔子在《论语》中有这样一句名言:"钓而不纲,弋不射宿。"(《论语·述而》)孟子继承了这一思想,他还曾经与国君具体讨论过如何遵循天道仁民爱物:"不违农时,谷不可胜食也;数罟不入洿池,鱼鳖不可胜食也;斧斤以时入山林,材木不可胜用也。谷与鱼鳖不可胜食,材木不可胜用,是使民养生丧死无憾也。养生丧死无憾,王道之始也。"(《孟子·梁惠王上》)在"究天人之际"的先秦诸家思想中,儒家的这一立场显然更具现实合理性。

　　重要的还在于,儒家的这一敬畏自然的理念可谓绵延不绝。自孔孟之后,荀子提出了"山林泽梁,以时禁发"(《荀子·王制》)的法度设计,朱熹更是提出了"物,谓禽兽草木;爱,谓取之有时,用之有节"(《孟子集注》卷十三)的主张,均体现了儒家对待自然万物一以贯之的敬畏立场。

　　在中国古代以儒道为主要代表的天人合一观,完全可以为现代人构建新的天人合一观提供思想史的资源。如果做概括性的描述,这种新的天人合一观,将以传统的整体性思维为基础,继承农耕文明对自然的敬畏之心,以"仁民爱物"的生态伦理以及"道法自然"的生态文化为主要内容。它不仅从人的需要满足和利益获取的意义上认为人应该与自然和谐相处,而且从人是自然的一部分的基本事实出发,认为人应该参合天地万物的生生之道,以"顺乎天而应乎人"(《易·彖传》)。事实上,在儒家看来,所谓的大人(君子)和小人在天人关系上就表现为是否对自然之天心存敬畏:"夫大人者与天地合其德,与日月合其明,与四时合其序,与鬼神合其吉凶。先天而弗违,后天而奉天时。"(《易·文言》)可见,在天人关系中儒家主张人在与天地、与日月、与四时相处时应该秉持敬畏的心态,并在此基础上以德性(合其德)、智慧(合其明)、审美(合其序)等寻求与天地自然的和合。重要的还在于,它几乎成为先秦哲人们一致的立场。虽然传统天人合一之道在汉代董仲舒那里被推演到极致而具有了"天人感应"的政治伦理倾向,但人在与自然和谐相处的过程中不能忽略人的审美、道德与政治层面的相应跟进,这一思想无疑是非常值得肯定的。

不仅如此,传统天人合一观在描述天人关系整体性的同时,也还以阴阳、五行、六气等范畴进一步强化和彰显了这一朴素辩证法的整体性、系统性和关联性原则。比如《周易》中乾和坤两卦就是最基本的阴阳,其"象征性地表现出:世界上一切相互联系的事物以及一切事物内部的两对立面都可以用阴阳的概念加以概括"[①]。在阴阳的合一与变易中,事物展开了其发展变化的历程。而阴阳相互联系的万物其最基础性的构成因子即是金、木、水、火、土这五行。五行合应四时,就产生了寒、暑、燥、湿、风、火这六气。由此,古人便在天人观上整体性地勾勒了天人合一的现实世界。

在摒弃古代天人合一思想中的神秘主义色彩,在去除阴阳、五行、六气说中的非科学成分之后,我们完全可以对其"原始的丰富性"进行创新性的开掘。这一基于整体性原则的天人观,尤其是注重天人关联性的天人合一之道完全可以进行现代性的转换。一旦我们完成了这一转换,那么这一基于现代生产体系和社会结构的新天人观,从经济高质量发展和人的美好生活的总体塑造入手,便可超越科学主义与人类中心主义的局限,重新使我们认识到"天地与我并生,万物与我为一"(《庄子·齐物论》)命题的至上真理性。

4.2.2 "道法自然"思想的现代开掘

如果对中国古代天人合一之道不仅仅做宏观的概述而是做一个具体的展开,那么"道法自然"的思想堪称其中一个重要的论域。这就正如有学者指出的那样:"中国哲学实用理性的特征必然地会把一般的哲学命题演绎为可以指引人安身立命或为人处世的具体原则。比如人我之辩中天人合一的抽象命题便被具体演绎为敬畏天地、效法自然、节用慎取的原则。"[②]

众所周知,"道法自然"(《道德经》第二十五章)是道家思想的核心要义。但这种思想不独道家有之,儒家、法家、兵家、农家、阴阳家以及中国化了的释家等古代思想流派中也有这种思想。事实上,正是在诸子百家这一思想的影响下,从古至今的中国人一直习惯以自然为师,在敬畏自然、学习自然和师法自然的过程中,实现天人合一,追求天道和人道统一的理想境界。有

---

① 周天:《〈周易〉和谐辩证法论稿》,中西书局 2015 年版,第 2 页。
② 张应杭:《惟道是从:〈老子〉道法自然思想研究》,团结出版社 2015 年版,第 255 页。

学者甚至考证过,民间流行的"做人做事要自然"这一口头禅所传递的就正是这一文化传统。①

作为传统时代人们生产、生活中对自然的基本态度与看法,与天人合一立场相似,"道法自然"的观点其实质也是一种整体性的自然观。它强调人顺应自然的本性,保持一种与自然合二为一的生活状态。因此,中国传统文化里这一"自然"概念并不完全对应于西方哲学论及主客体关系时主体之外的那个对象——自然界(即英文的 nature 一词)。"道法自然"中的"自然"也不同于西方哲学将人定义为理性的存在之后得出的"人是万物的尺度"这一语境下将人视为自然之主的含义。事实上,这里的"道"与"物"并不是截然二分的,而是"说道便在物,说物便是道"。故河上公在注解老子"道法自然"一句时说:"道性自然,无所法也。"(河上公《老子注》)这里的"法"既有"效法"的意思,也有"常"的意思,即针对道本身就是自然而言的。可见,这里的"自然"既有"物之自然",也有"人之自然",在"物"那里有本性之意,在"人"那里则更添"自由"之意。并且,在古人看来人与物不是二元对立的关系。这样理解的"道法自然"就不是一种消极隐退的人生态度,而是顺应物与人的自然本性以避免反自然的妄为而自我毁灭。

在对"道法自然"思想的现代开掘中,我们应该像古人那样将"自然"从客观实存的自然界扩展出去,追求物之自然与人的本性之自然的统一性,并由此将"道法自然"理解为一种推崇天人合一的生活方式。这就正如有学者所描述的那样:"当我们说自然是一种'生活方式'时,它绝不仅是从物的方面呈现的与人对立的'世界','生活方式'也绝非仅只关乎人。如此的把人与世界隔离开来是现代形而上学的结果,却从未出现在中国传统生活方式之中。'生存方式'向我们表达的事实是,人之生存总已经与其世界——天地万物相关了,而这又总已经与道相关了。道之或隐或显,万物之性或成或毁,就系于人之生活方式之中。在此种意义上,道家关于自然的思想是生存论的,即道之在世不离个人之体道功夫,以及群体之生活方式。而它又当即是本体论宇宙论的。此种不同层面的圆融无碍恰恰是天人合一之生活方式的特色。"②

可见,我们可以从"道法自然"中获得了一种关于人与自然关系更为全

---

① 张长弓:《田野上吹来清新的风》,人民文学出版社 2014 年版,第 239 页。
② 刘静:《何谓自然——"道法自然"义再探析》,《中国哲学史》2017 年第 2 期。

面的新表达。这种表达更加适合生态环境恶化日益加重的当代社会。它启迪我们不把自然界只是当作一种客观实在的因而始终外在于人的存在物，而是将之与我们的生存方式、生产方式和生活方式紧密联系起来。我们在新时代追求一种新的生活方式时，不再仅仅从人的需要和利益出发来对待自然，而是能够将大地、水、植物、动物等一切有机的和无机的自然界存在物都含括进来。不仅如此，我们还要自始至终意识到自然界的万事万物同样有其不可被忽略的内在价值，甚至可以说这种内在价值与人的自由本性及其内在价值是同等重要的。

具体地说，作为天人合一之道具体展开的"道法自然"理念可在如下两个向度为现代人在天人观上构建新的生活方式提供重要的思想滋养。

首先是敬畏生命的价值理念。传统天人合一以及"道法自然""万物一理"意义上的敬畏生命观念，又可以进一步从如下四个层次加以理解和开掘其现代意义：其一，敬畏生命的世界观前提是认为"物无贵贱""万物齐一"。庄子在《齐物论》中对"万物齐一"思想有着精妙的表述。正是承认了万物没有尊卑贵贱之分，其他生命也和人一样都有着存在的意义和价值，才能从根本上树立起敬畏生命的理念。其二，敬畏生命的核心理念是"天地之大德曰生"。《易经》在诠释"易"的含义时说，"生生之谓易"。儒家、道家都崇尚"阴阳相交"而"万物化生"的道理。这正是对天地万物生生不息最为直观也最为深刻的表达，这使爱护一切生命具有了最为高尚的道德意义。事实上，正是万物生长、四季轮回，天地的"生生"之道让人悟得了"畏天命""知天命""顺天命"以及在此基础上的护生美德。其三，敬畏生命就要树立起"仁民爱物"的生态伦理。这就如张载说的："乾称父，坤为母，予兹藐焉，乃混然中处。故天地之塞吾其体，天地之帅言其性，民吾同胞，物吾与也。"（《正蒙·乾称》）张载的"民胞物与"思想启发人们不能只将自然理解为外在于人的客观事物，也不能只从二元分离的意义上认识人与自然的关系，而是需要有"仁民爱物"的思想，将人际社会所讲求的"仁道"推向自然万物。其四，敬畏生命还需要有"中和"的生态和谐观。在古代中国，"中和"的思想不仅讲人与人之间关系以和谐为重，同时也期望唤起人性的自觉，以顺应自然、尊重自然万物之"生长发育的常态"。这样我们不仅要保持生态系统中诸物种的多样化，也要使万物都各得其宜，并行不悖，这才是自然之"中和"，也是人与自然之"中和"的完美状态。

　　其次是顺天、慎取与节用的消费观。面对着消费主义在全球的泛滥，"道法自然"理念可为现代人确立起"自然的消费观"。这一消费观的基本要求是顺天、慎取与节用。

　　作为消费行为范式的一个基本要求，顺天是指顺应天地自然之性而不妄作。就人与自然关系而论，自然不仅先在而且强大。如果做词源的考证，我们就可以发现"自然"一词最早见于老子。在老子之前"自"与"然"是两个不同的概念，"自"是自己、自主的意思，"然"是如此、这般的意思。这两个词被老子叠加而成为"自然"，其所表达的意思就是：天地自然是不以人的主观愿望、不依附人的情感意志的客观存在。在老子看来，天道自然，人道应该顺应这一自然之道。故老子说："辅万物之自然而不敢为。"（《道德经》六十四章）与老子相类似，孔子有"畏天命"之说（《论语·季氏》），管子也称："顺天者有其功，逆天者怀其凶。"（《管子·形势》）可见，在古人看来，一个行为是"为"还是"不为"取决于是否符合自然的法则。只有顺天而为的行为才是善行，即合乎自然的行为。以《易》的话来总结就是："君子以遏恶扬善，顺天休命。"（《易经·大有》）在古代，这一文化观甚至在蒙学阶段就被灌输。比如明代时期编写的儿童启蒙书目《增广贤文》就有"顺天者存，逆天者亡"的语录。

　　顺天并不意味着不向自然索取，而是谨慎地索取。慎取作为消费行为范式的基本要求是谨慎地向自然获取衣食住行的资源。从孔子反对竭泽而渔、覆巢毁卵的行为，主张"钓而不纲，弋不射宿"（《论语·述而》），到孟子"斧斤以时入山林"（《孟子·梁惠王上》）的告诫，到荀子提出"山林泽梁，以时禁发"（《荀子·王制》）的法度设计，再到朱熹所说的"物，谓禽兽草木；爱，谓取之有时，用之有节"（《孟子集注》卷十三），均体现了儒家对待自然万物一以贯之的慎取立场。与儒家的立场相似，老子也有"动善时"（《道德经》第八章）的语录。可见，道家也反对妄动、妄取。正是由此我们可以断言，道家的无为思想不是指无所作为，而是指反自然的事情要懂得无欲、无为。正是基于这样的理由，老子有"少则得，多则惑"（《道德经》第二十三章）之类的告诫。

　　与顺天、慎取的消费观念相类似，节用的范式自先秦就已被确立。儒家的孔子就曾提出过国君治国应当"敬事而信，节用而爱人，使民以时"（《论语·学而》）。荀子认为："强本而节用，则天不能贫……本荒而用侈，则天不能使之富。"(《荀子·天论》)墨子也有"去无用之费,圣王之道,天下之大利也"(《墨子·节用上》)的主张。他还曾举例说:古代圣贤治国理政,宫室、衣服、饮食、舟车只要适用就够了,可如今的统治者却在这些方面穷奢极欲,既浪费了自然之利,也耗费了百姓之力。为此,墨子极力推崇尚俭节用的安身之道,他甚至提出了节葬的主张。道家基于法自然的立场,也推崇节用之德。老子说:"圣人去甚、去奢、去泰。"(《道德经》第二十九章)这即是说悟道的圣人懂得去掉极端的、奢侈的、过分的欲求,因为这样的欲求是反自然的。基于同样的立场,庄子也反对物欲方面的过度追逐,他告诫说:"其嗜欲深者,其天机浅。"(《庄子·大宗师》)可见,在衣食住行的消费方面,不自然的心志不思不欲,不自然的行为有所不为。事实上,这也正是道家自然哲学对人生哲学启迪的精义之所在。

当今世界是一个注重物欲享受的时代,但问题在于,自然界提供给人类消费的资源是有限的。法兰克福学派的埃里希·弗洛姆就曾这样论述过这一问题:"我们看不到这样一个事实,即自然界的财富是有限的,终有枯竭的一天,人对自然界的这种掠夺欲望将受到自然界的惩罚。"[1]正是因此我们认为由"道法自然"衍生的取用有节的行为规范依然有着重要的现代价值,它应该成为现代人用心培植的消费伦理范式。

4.2.3 超越科学主义与人类中心主义的文化藩篱

在对待人与自然的关系上,现代性的困境突出地表现为科学主义和人类中心主义的双重谬误。天人合一的文化理念则有助于突破这两种谬误所带来的迷障与局限性。

正如前文已多次强调的那样,在唯物史观的视域中科学技术是现代社会包括生态文明在内的现代文明得以获得进一步发展的现实动力。但赞同科学技术并不等同于赞同科学主义所表达的工具理性、技术理性的价值观。标准化、计量化的规划方式并不能完全使人的生产和生活获得合理化以及由合理化而来的安心与舒适。人在其中反而被异化为机器,或者说受机器等技术力量的支配。科学主义带来的令人担忧的后果是人与自然关系的极

---

① [美]埃里希·弗洛姆:《占有还是生存》,关山译,生活·读书·新知三联书店 1989 年版,第 10 页。

度紧张。事实上,近代人类骄傲而充满自信地以"理性的机巧"(黑格尔语)①来实现对自然的索取时,恰恰忘记了科学理性也会具有双刃剑的效应。从全球发展的现状来看,无论是森林资源的乱砍滥伐,地下水的过度抽取,土地肥力的肆意剥夺,生物多样性锐减,还是核事故的隐患、电磁波超声波的干扰、臭氧层的破坏、气候变暖等,都彰显出超越技术主义藩篱的重要性和紧迫性。

事实上,天人合一及其"道法自然"的传统文化理念并不主张人通过科学技术的力量来任意掌控和支配自然。或者说天人合一论域中的自然观绝不颂扬一种支配与被支配、统治与被统治的权力关系。"道法自然"价值理念主张遵从自然的本性,并认定自然给人的理性、意志和自由留下充足自由的发展空间。也就是说,自然并不是人通过技术加工就能够被任意规整的存在物,自然也不是经过资本意识形态过滤之后所剩下的虚幻想象物。自然的丰富性、多样性自有其不可忽视的内在价值,也有其对于人类社会来说的多维度、多内涵、多指向的社会价值、伦理价值和政治价值。这就正如庄子所说的,人应当过一种"不刻意""任自由"的生活,而不是拥有强烈的"机心"从而过一种被外物所奴役的生活。为此,庄子曾这样感叹道:"物物而不物于物,则胡可得而累邪!"(《庄子·山木》)庄子在这里提出了驾驭外物(物欲)而不为外物(物欲)所驱使的主张。从庄子的这一立场来看,科学主义在对待自然万物的问题上恰恰是"为物所役"。

传统文化中的天人合一以及"道法自然"思想与唯物史观的工具理性批判有着相同的理论立场和价值指向。它们同样期待人们能够认清自我的物化现实,它们同样提出了现代人须警惕,因为在科学主义的工具理性支配下改造自然、支配自然和征服自然,从而最终使人自身成为一种"物"和"工具"。

不仅如此,在人与自然的关系问题上,现代性矛盾也还突出地表现为人类中心主义的谬误。众所周知,自 20 世纪中叶以来,因生态危机的日益严重,终于引发了一场遍及全球的环境运动。各种保护环境的民间或半民间半官方的组织如动物基金会等相继出现并产生或大或小的影响力。联合国也开始行动,于 1992 年在巴西里约热内卢举行了环境与发展的国际会议,

---

① [德]黑格尔:《小逻辑》,贺麟译,商务印书馆 1980 年版,第 394 页。

通过了《地球宪章》《生物多样性公约》《联合国气候变化框架公约》等文件。全球学界的诸多有识之士也开始呼应这一蓬勃兴起的环境保护运动。许多学者开始从文化的角度来探讨当代社会生态危机的根源问题，认为人类中心主义是其中最为重要的原因。为此，他们主张人们应该走出人类中心主义而走向非人类中心主义。这一时期的非人类中心主义有生态中心主义、环境主义、生命中心论、动物福利论等林林总总的表现形态。① 但也有学者或环保人士并不赞同此种说法，而提出辩证地看待人类中心主义的观点。于是，便有了相对人类中心主义、绝对人类中心主义等不同观点的争论。②

如果从天人合一文化理念来审视这些形形色色的论战与诸多不同的说法，我们就会发现它们事实上存在着诸多不妥之处。天人合一理念并没有否认人类追求自身利益的正当性和合理性，所谓"道大，天大，地大，人亦大；域中有四大，而人居其一焉"（《道德经》第二十五章）。因此，人类中心主义的反面并不一定就是非人类中心主义，它完全可以是"天人合一式"的理念建构，即一种以尊重自然为前提、适度开发自然、时刻"养护"自然并以此为人类自身谋福利的观念。

尤为精当的是，在古代天人合一以及由此而衍生的敬畏和效法自然的理念中，还特别强调了不妄为、不强为的行动原则。儒家有君子三畏说，即"畏天命，畏大人，畏圣人之言；小人不知天命而不畏也，狎大人，侮圣人之言"（《论语·季氏》）。道家有无为说，即"道常无为而无不为"（《道德经》第三十七章）。这即是说，在道家的无为观看来，恰恰是因为懂得无为反而可以有为，所谓的圣人无为而无不为，圣人无私而故能成其私。因此，领悟天道、深谙人道的圣人，首先是懂得无为之人，而无为的首要指向即是天地自然。以庄子的话说即是，"圣人者，原天地之美而达万物之理，是故至人无为，大圣不作，观于天地之谓也"（《庄子·知北游》）。也就是说，人对自然的过度索取反过来会将不利影响加诸自身，因为环境和我们是有机的统一体。正是由此，庄子认为人都能成为自由的人，成为"真人""至人"，成为"无物""恬淡"的人，这样的自由人固然有很多品性，其中用平等、自由和本真的态度对待自然无疑是最重要的一个品性。庄子还把这一身心自由的状态称为

---

① 郑慧子：《从人类中心主义到非人类中心主义：一个文化进化的观点》，《河南大学学报》（社会科学版）2005 年第 1 期。

② 曹孟勤：《超越人类中心主义和非人类中心主义》，《学术月刊》2003 年第 6 期。

"知天乐",即"知天乐者,无天怨,无人非,无物累,无鬼责"(《庄子·天道》)。庄子认为只有如此,人才能顺从自然之本性,保持恬淡虚无,做到返璞归真。

可见,在天人合一以及"道法自然"的传统理论中完全可以开掘出一种新的天人关系观。它既在理论思维方法上超越了人类中心主义和非人类中心主义的二元对立,又可为现代人在行动中确立起真正绿色、低碳、环保的生产和生活方式。

尤其值得指出的是,无论是科学主义还是人类中心主义,其最大的问题是带给了这个现实世界诸多的生态灾难。当今世界许多貌似天灾的背后其实恰是人祸所引发。英国学者舒马赫就曾断言:"现代人没有感到自己是自然的一个部分,而感到自己命定是支配和征服自然的一种外在力量。"[①]这一错误关系直接导致了许多生态悲剧的发生。正是基于这一现实语境,我们认为推崇天人合一、主张"道法自然"的中华传统自然观,无疑有助于摆脱天人二元对立的偏颇,从天人和合的学理层面确立起敬畏自然的基本原则。它不仅可以为现代人克服科学主义的弊端,摆脱人类中心主义和非人类中心主义各执一端的偏执提供新的思路,而且还为现代人如何成为生态文明的促进者提供了最基础性的行动原则。这大概也就是为什么哲学史家钱穆在其《中国文化对人类未来可有的贡献》一文中要发表如下断言:"中国文化中的天人合一思想可对世界、对人类的未来求生存做出最主要的贡献。"[②]就当今社会我们在生态问题上所遭遇的困境看,钱穆先生的如上论断可谓精辟得当。

4.3　当今中国对天人合一之道的创新性发展

当代中国社会以追求社会主义现代化为发展目标。中国共产党人引领中国人民在建构现代文明的同时从来没有忽略生态文明建设,始终关注并积极解决生态环境问题。事实上,当今中国在人与自然的关系问题上,已经越来越走向"生命共同体"这一天人观的自觉建构。这一建构蕴含着丰富的人文价值取向。新发展理念中的绿色发展更是积极推动现代中国社会形成

---

① ［英］E.F.舒马赫:《小的是美好的》,虞鸿钧等译,商务印书馆1984年版,第1—2页。

② 刘梦溪主编:《中国文化》,中华书局(香港)有限公司1991年版,第4页。

新的生态文化。这一中国化的马克思主义生态文明观,显然正在成为 21 世纪全球生态文化理论重要且亮丽的组成部分。

4.3.1　建立人与自然和谐相处的"生命共同体"

2013 年,在《中共中央关于全面深化改革若干重大问题的决定》中,首次提出"山水林田湖是一个生命共同体"①的理念。在党的十九大报告中,再次明确强调:"人与自然是生命共同体,人类必须尊重自然、顺应自然、保护自然。人类只有遵循自然规律才能有效防止在开发利用自然上走弯路,人类对大自然的伤害最终会伤及人类自身,这是无法抗拒的规律。"②这是中国共产党人面临新时代中国特色社会主义发展中生态环境难题的重大挑战而提出来的最新论断。这一思想推动了人与自然和谐共生的现代化发展新局面的形成。在新时代的条件下,加快生态文明体制改革,以实际的行动推动"美丽中国"战略目标的实现,就需要在"生命共同体"层面对人与自然的关系予以明确界定。

可以肯定的是,"生命共同体"的思想来源之一正是唯物史观关于"真正的共同体"的思想。在马克思那里,"真正的共同体"实现了自然主义与人道主义的现实的统一,人与自然的关系才得到解决,那么人与自然就搭建了一个"生命共同体"。这个共同体以人的"感性对象性"的活动开启了人对自然界的内在价值的充分尊重,也开启了创造"人化自然"的实践性活动。它克服了资本主义时代人类社会加诸自然的"异化"操纵与控制,因此超越了资本逻辑对不断丰富发展的"物质变换"的钳制,从而使人类能够彻底停止对生态的破坏和对自然资源的过度索取。这种超越使人与自然的生命存在得到普遍尊重与承认,也是前资本主义时代人类对自然的敬畏与养护而构建起来的生命共同体的历史性复归。

不仅如此,我们也可以断言,人与自然的"生命共同体"理念作为一种当下中国生态文明的新范式,从一定意义上也是对传统时代人与自然关系中诸如天人合一、道法自然等积极因素的合理吸取和历史性复归。传统时代的天人观秉持"天地万物一理"的理念,拥有朴素而丰富的天人"共同体"思想。比如,朱熹在讲到"天理"时认为:"天地之间,万物之众,其理本一,而分

---

① 《中共中央关于全面深化改革若干重大问题的决定》,人民出版社 2013 年版,第 27 页。
② 《党的十九大文件汇编》,党建读物出版社 2017 年版,第 45 页。

未尝不殊也。"(《西铭解义》)他在这里以"理一分殊"来论证天人的共同体关系，即天理为普遍一般的存在(即一)，天、地、人等万物作为自然界的特殊存在(即殊)，它不仅要尊重自然界的一般规律，而且它们本身就构成了相辅相成的共同体。这就要求人与自然界万物保持一种动态的平衡，人类的社会生活才能获得所期待的安静、祥和。也是由此，朱熹又强调说："盖谓仁者，天地生物之心，而人物所得以为心，则是天地人物莫不同有是心，而心德未尝不贯通也。虽其为天地，为人物，各有不同，然其实则有一条脉络相惯。"(《仁说》)正如有学者指出的那样，朱熹承认人与自然万物都受天理的支配，都是天理的派生物，这固然有客观唯心论的错误，但是他建构起以天理为基础的天、地、人的生态共同体思想却非常具有合理性。尤其是他还承认人是"万物之灵"，人有其最为尊贵的品性，那就是人有其他生命所没有的"仁心"，因而人能够因其仁心而主动承担起对自然、对他人、对家国、对天下的义务和责任。① 在儒家看来，正是人所具有的这种敬畏天地万物之生命、尊重自然的"生生之道"，才有了这个天人"生命共同体"的繁荣发展。

事实上，"生命共同体"追求人与自然之间的真正和谐关系，它正是中国传统文化中天人合一之道的理想境界。中国共产党人以这个概念重新激活了传统文化中的积极因素，将这一文化理念与现代社会生态环境治理积极结合起来，不仅有利于新时代人民美好生活在自然生态环境层面的积极获得和实现，而且更重要的还在于可以为人类命运共同体这一全球治理理念的实施，为反对一些西方国家奉行的生态利己主义、生态殖民主义做法，提供强有力的理论支撑。

4.3.2 以绿色发展理念推进生态文化建设

中国共产党的十八届五中全会提出了"创新、协调、绿色、开放、共享"的新发展理念。在这五项内容中，绿色发展是新时代人们处理人与自然关系的最重要依据。事实上，正是因为有了执政的中国共产党人的这一积极的引领，在当今中国绿色发展理念作为一种文化现象，已经与环保意识、生态意识、敬畏生命意识等价值理念一起越来越得到老百姓的普遍认可。人们更是在日常生产和生活中积极践行着这一绿色文化理念。

---

① 张品端：《朱熹思想的生态意蕴及其时代意义》，《中国社会科学报》2018 年 11 月 6 日。

　　绿色发展理念首先是对传统文化天人合一理念的积极吸取。正如我们在中国共产党的十九大报告中看到的那样，中国共产党人在谋求中华民族伟大复兴的新征程中，不仅总体上明确地提出了"以马克思主义为指导，坚守中华文化立场"①的文化建设方略，而且在生态文明建设方面，正以一种空前的文化自信将古老的天人合一之道做了创造性的转化和创新性的发展。在中国传统自然观中特别强调人与自然一体的思想，它主张人作为自然界的一部分，虽然是"万物之灵"，但每时每刻都需要遵循自然规律，以效法自然、敬畏自然的心态为人处世。而且，这一天人合一以及"道法自然"的理念还成为古代治理体系的一种制度设计。比如，自周朝开始中国传统社会在每个地方都有专门管理农、林、牧、渔等生产部门的官员，《周礼》中明确记述了负责管理山林川泽的官员的建制、名称、编制以及职责。进入新时代的中国，为了更好更切实有效地保护生态环境，我们也形成了专门的诸如"河长"制这样的组织机构。这堪称绿色发展理念对天人合一传统文化理念继承和发展的经典实践范例。我们完全有理由预言，随着绿色发展理念进一步地贯彻落实，古老的天人合一观以及在这一自然观基础上构建的古代治理体系中许多充满智慧的制度设计会越来越多地被开掘出来。这些属于古代的理念和制度设计，将在引导人们建立起新时代的生态生活逻辑，从而真正把绿色发展落实好的过程中，彰显出独特的智慧魅力。

　　当然，中国共产党人不是复古主义者。要真正做好对传统天人合一思想的继承、发展和创新，离不开唯物史观生态文明思想，尤其是其对资本主义生态危机之批判理论的指导。也只有这样，我们才可能在新时代对马克思主义生态文明思想实现理论创新。

　　众所周知，在唯物史观经典作家那里虽然没有直接使用过"生态文明"一词，但他们丰富的生态文明思想作为当代唯物史观生态文明思想之源，提供了最重要的思想基础。唯物史观的生态文化思想深刻揭示了现代文明条件下人与自然的辩证关系，致力于探讨解决全球性的生态危机。这就正如恩格斯所说，人类在"一天天地学会更正确地理解自然规律，学会认识我们对自然界的习常过程所作的干预所引起的较近或较远的后果"。这样人们才越来越"不仅再次地感觉到，而且也认识到自身和自然界的一体性"②。

---

① 《党的十九大文件汇编》，党建读物出版社 2017 年版，第 43 页。
② ［德］马克思、［德］恩格斯：《马克思恩格斯选集》（第 4 卷），人民出版社 1995 年版，第 384 页。

人们不仅正视资本主义生产发展对自然的破坏,对自然规律的违背所造成的严重生态后果,也开始认识到即便在社会主义社会,生产力的发展只有以人本身的发展为目的才会获得真正的可持续的效益。事实上,绿色发展理念就体现了当代中国共产党人对生态文明建设规律的深刻认识。基于严重生态危机如雾霾污染、水土流失、物种灭绝以及水资源匮乏等现实难题,绿色发展理念倡导人们放弃以前那种资源高消耗、高投入、低效率的粗放式发展模式。今天的中国已经认识到以牺牲生态环境为代价换得的经济数字的增长是不符合科学发展和可持续发展规律的。这正是中国共产党倡导并积极践行的科学发展观的重要历史与现实语境。

另外,中国共产党人提出的绿色发展理念还着力于维护整个人类发展的根本利益。众所周知,在当今时代自然环境、生态系统不只牵涉到一个族群、一个国家、一个民族的生存发展权益,它更是整个人类的利益与福祉之所在。唯物史观的生态文化观揭露了资产阶级社会意识形态对自然生态的二元对立的看法是导致工业文明中严重生态危机全球化扩展的文化根源。当马克思将未来社会称为"人类社会或社会的人类"之时,他就从"类"的角度对人类的前途命运有了具体的观照。①

显而易见,中国共产党人的绿色发展理念直接继承了唯物史观生态文明思想中的"类"和"共同体"的意识,追求的是整个人类的生态福祉,创新性地发展出新时代的全球生态文化观。特别值得指出的是,绿色发展并不是完全围绕生态保护而不对其进行开发利用,而是继续扩大社会生产的整体规模,既不可避免地要增加对原料的需求,又要加强生产、生活过程中产生的废弃物的回收利用。科学技术的进步、机器的改良使人与自然之间的物质变换能力不断增强。马克思曾经充分肯定了科学技术革新对于物质的极大丰富、资源的循环利用有着支撑性的作用。但重视科学技术并不等于赞同科学主义,并不意味着我们要走资本主义曾经走过的过度依赖科学技术而去征服自然的老路。我们今天之所以强调"绿水青山就是金山银山",无疑是在告诫我们在追求现代化的过程中对自然生态不可肆意妄为。事实上,这一"两山"理论,揭示了绿色发展的一个非常的重要理念,即绿水青山本身就是最为宝贵的财富,也是创造新的物质财富的重要基础,是实现可持

① ［德］马克思、［德］恩格斯:《马克思恩格斯选集》(第1卷),人民出版社1995年版,第57页。

续发展的根本条件。保护绿水青山与发展物质生产并不矛盾，人们需要转变发展的思维方式，将生态优势转变为经济优势，将物质生活的提升与生活环境的优化、精神文化生活的丰富紧密结合起来。这就正如有学者指出的那样："绿色发展理念所倡导的循环经济、低碳经济、节约经济、提高资源利用率本身就是创造新的经济利益。"①我们有理由期待，随着绿色发展理念更深入人心，它带给我们的良好生态环境将会越来越好，绿色的生态公共产品将会越来越多，人们对幸福生活的体验感、获得感也必然会越来越强。

4.3.3 以大国担当的情怀推进全球生态文明的进步

中国共产党人继承传统天人合一之道，在自然观方面的创新性发展也还体现在以负责的大国形象和使命担当为全球生态文明的进步做出了中国贡献。2013 年为了更好地推进全球生态文明的发展与进步，生态文明贵阳国际论坛隆重开幕。在开幕时发表的新华社新闻通稿中，向全世界传递了新时代中国秉持的生态文明理念："走向生态文明新时代，建设美丽中国，是实现中华民族伟大复兴的中国梦的重要内容。中国将按照尊重自然、顺应自然、保护自然的理念，贯彻节约资源和保护环境的基本国策，更加自觉地推动绿色发展、循环发展、低碳发展，把生态文明建设融入经济建设、政治建设、文化建设、社会建设各方面和全过程，形成节约资源、保护环境的空间格局、产业结构、生产方式、生活方式，为子孙后代留下天蓝、地绿、水清的生产生活环境。"②这是中国共产党人借国际论坛而向全球发出的中国好声音。在党的十九大报告中，我们党更是向国际社会庄严承诺，我们要"成为全球生态文明建设的重要参与者、贡献者、引领者"③。

事实上，面对着进入 21 世纪却依然异常严峻的环境问题，中国共产党人在唯物史观的生态文明观的指引下，通过对中华优秀传统文化中诸如天人合一思想的传承与创新，在人与自然共同体理念和绿色发展理念的引领下，不仅在"美丽中国"的生态文明建设上成就斐然，而且还以大国担当的情怀积极地推进全球生态文明的进步。

众所周知，生态的可持续发展是经济社会可持续发展的自然基础。

---

① 项久雨、吴海燕：《绿色发展理念的唯物史观求证》，《马克思主义哲学研究》2016 年第 2 期。
② 王佳勇：《生态文明贵阳国际论坛 2013 年年会开幕》，中国新闻网 2013 年 7 月 21 日。
③ 《党的十九大文件汇编》，党建读物出版社 2017 年版，第 23 页。

1992 年在里约热内卢召开的联合国环境与发展大会上，180 多个国家和地区的首脑就全球生态可持续发展的问题达成共识，签署了著名的《里约宣言》。《里约宣言》要求世界各国本着全球伙伴的精神，为保存、保护和恢复地球生态系统的完整性进行合作，从思想和行动上朝着可持续发展的方向前进。这无疑给笼罩在全球性生态危机下的人类带来了新的希望。然而，事实却远非人们所期望的那样乐观。1997 年联合国召开特别大会在检讨生态可持续发展的执行情况时发现，无论是发达国家还是发展中国家都未能充分履行当初它们就可持续发展所做出的承诺。这至少说明了一个多少显得有些无奈的事实：虽然生态的可持续发展已经成为一种普遍能够让人接受的共同价值观，但是，这一价值观要从世界各国的共识转化为共同行动依然任重道远。

之所以会出现这样的局面，原因固然很多，但其中一个最重要的原因是各国政府往往囿于本国之利而无视他国乃至全人类之利。由此，我们也许可以断言利益冲突问题的有效解决是解决生态可持续发展问题的关键。如果以生态的可持续发展中全球最为关切的气候问题为例我们就会发现，《联合国气候变化框架公约》（以下简称《公约》）其实于 1992 年就获得通过。为落实这个《公约》，于 1997 年又通过了《京都议定书》（以下简称《议定书》），并于 2005 年生效。《议定书》确定了发达国家和转型期国家减少和限制排放温室效应气体的具体目标。2011 年，各缔约国明确表示了将在 2015 年缔结新协定的愿望，以便能在 2020 年生效。《巴黎协定》正是由此应运而生的。

2016 年在中国杭州召开了 G20 峰会。在筹备这一峰会的过程中，中国政府以最大诚意积极推进这一协议的落实。众所周知，G20 成员均为《联合国气候变化框架公约》缔约方，在遵循《公约》原则和规定的基础上，各国完全应该利用 G20 的这一平台积极落实巴黎大会在应对气候变化的问题上达成的共识，而且还要在此基础上取得更积极的成果，尤其为各方在《公约》框架下继续讨论如何解决发展中国家应对气候变化的资金需求等问题提供切实可行的解决方案。作为主办方的中国政府认为，应对气候变化本身就是全球可持续发展目标的一部分，而且应对气候变化也是各国经过多轮谈判而达成的重要共识，因此可持续发展目标与气候变化问题应在 G20 峰会上得到与其他问题同等程度的重视。事实上，正是由于中国的努力，终于在

G20 峰会前,最大的发展中国家中国和最大的发达国家美国各自批准了《巴黎协定》,并在杭州峰会上向联合国交存了中国和美国应对气候变化《巴黎协定》的批准文书。时任联合国秘书长的潘基文高度评价中国政府的这一努力,他认为:"中国在筹办二十国集团杭州峰会方面所表现出来的卓越领导力确实不负众望","此次杭州峰会将成为二十国集团成员加快批准《巴黎协定》的最好契机"。① 潘基文向媒体表示,在中美两国正式加入协定后,现在已有 26 个国家,即相当于占 39% 排放总量的国家批准了这一协定。但要使协定正式生效,需要再有 29 个国家,即相当于占 16% 排放总量的国家予以批准。他呼吁所有领导人,特别是 20 国集团国家的领导人,加快自己国内的批准程序,从而将《巴黎协定》宣示的美好愿景转换为世界各国人民急需的变革性行动。

但非常令人遗憾的是,尔后的美国却以"美国优先"为由,宣布退出签署不久的《巴黎协定》。美国的做法随即招致包括现任联合国秘书长古特雷斯在内的诸多领导人的批评。联合国前秘书长潘基文更是尖锐地批判说:"随着叙利亚的加入,气候变化《巴黎协定》签字国已达到 197 个,包括经常被指责为不遵守国际规则的朝鲜都已经成为签字国,但美国却不在列! 这简直是让人难以置信,美国这样做是一种短视行为。"② 面对来自国际社会的广泛批评,美国却一意孤行,而退出《巴黎协定》这一做法在美国国内却赢得了诸多的赞同声。可见,西方的生态利己主义价值观有多么的根深蒂固。

也正是从这个意义上,我们可以深刻地理解中国新时代外交积极推进"构建人类命运共同体"思想的非凡意义之所在。我们想着重指出的是,命运共同体不仅指全球政治、安全、经济、文化领域,它也包含了生态可持续发展的领域。人类命运共同体概念为当代国际关系理论演进培育了求同存异的开放视野。事实上,这一包括生态在内的人类命运共同体的构建,迫切需要我们旗帜鲜明地反对国家利己主义的思维。也就是说,我们要以敢于斗争的精神,在国际关系的实践中强调构建新型国家关系,反对冷战思维和大国沙文主义;强调维护全球伙伴关系与多元外交,反对强权政治与单边主义思维;强调开放国际格局与共同发展,反对探底竞赛与保护主义逻辑;强调

---

① ［韩］潘基文:《中国所作的努力将 G20 杭州峰会的包容性提高到新的水平》,中国新闻网 2016 年 8 月 26 日。

② ［韩］潘基文:《特朗普退出〈巴黎协定〉很短视》,《环球时报》2017 年 11 月 28 日。

全球治理秩序和文化交流,反对零和博弈与狭隘主义论调。

　　"人间正道是沧桑。"我们坚信在马克思主义生态文明观的引领下,作为传统天人合一之道的传承者和创新者的中国共产党及其领导下勤劳善良的中国人民,在新时代一定会以大国担当的情怀和久久为功的执着精神,为全球生态危机的解决不断做出应有的贡献。

5 传统文化中人我合一之道的
现代转化与价值创新

与天人关系上提倡和推崇天人合一之道相类似,中华文明与文化在人我关系上主张人我合一之道。这一人我观也彰显着中国文化的特质。如果说西方文化在人我关系的问题上,从古希腊特别是文艺复兴以来,形成了比较悠久的利己主义、个人主义传统的话,那么以中国儒家为主要代表的传统文化在人我之辩中守持的是人我合一的立场,并在坚守这一立场的过程中形成了利他主义,甚至是自我牺牲的文化传承。它不仅折射出东西方文化的特质与差异,而且这一文化差异甚至还是当今世界出现文明与文化冲突的根源之一。

由于西方文化及其话语体系的强势,当今世界在人我之辩问题上利己主义(包括国家利己主义①)、个人主义颇为流行。由于形形色色利己主义、个人主义价值观的畅行无阻,无论是国家、地区、民族之类的共同体,还是共同体中的个体无不深受其害。这就更加彰显了超越利己主义、个人主义文化的急迫性与重要性。因此,以唯物史观的文化批判理论为指导,对传统文化中人我合一之道进行现代转化与价值创新,不仅有益于当今中国有效地构建共融、共享、共赢的和谐社会,而且对世界而言为解决所谓现代化困境表现形态的利己主义、个人主义以及集权主义、种族主义、军国主义泛滥问题②提供智慧启迪。

---

① 从谨慎的立场出发,也许我们得承认"国家利己主义"这一范畴在学界是有争论的。但是,与学界的争论形成鲜明反差的是,在当今国际关系领域里它却是个不争的事实。法国经济学教授洛朗·达弗齐(Laurent Davezies)于 2015 年出版了一本名为《新本土利己主义:国家的重疾》的书,尖锐地批评了国家利己主义的诸种行径。参见《中国社会科学报》2015 年 3 月 6 日的书评文章。

② [美]大卫·雷·格里芬:《后现代精神》,王成兵译,中央编译出版社 1998 年版,第 225 页。

5.1 唯物史观对人我关系的文化阐发

自 1978 年开始的思想解放运动以来,人我关系问题一直是理论界和现实生活实践中争议最多、讨论最激烈、分歧也最大的问题之一,并由于理论上的模糊而直接导致了实践上的许多混乱。在改革开放以前,在人我关系问题上,我们在传统文化熏陶和影响下着重强调的是他人利益和许多他人集合而成的集体利益,强调人的社会本质,强调自我牺牲精神,强调集体主义精神的重要性,却忽视了自我个体存在的重要性。这无疑是片面的。而在改革开放以后,当我们接受了西方个人主义价值观,在人我关系上大力纠正传统文化重他人轻自我的偏差时,似乎又走向了另一极端。一时间,在理论界和社会上似乎形成了一种风气:那些肯定他人、社会、集体价值的理论,那些推崇利他主义的理论,统统都被贴上"说教"的标签,仿佛只有无限制、无前提地大谈个人价值和自我实现的理论,才是正确的和合乎时代潮流的理论。可见,我们亟待借助唯物史观的人我观来进行学理上的正本清源。

5.1.1 社会关系视阈下的个体需要及其满足

马克思从不抽象地讨论个人与他人、与社会的关系。既然马克思把人的本质理解为"社会关系的总和"①,那他就很自然地要在诸种社会关系的具体展开中来揭示人我关系的本质。这些具体的社会关系首先就体现为个体需要与群体需要的关系。

马克思认为,无论从个体还是类的角度而言需要都是人的本性:"他们的需要即他们的本性","作为确定的人,现实的人,你就有规定,你就有使命,你就有任务……,这是你的需要及其与现存世界的联系而产生的"。②而且,在马克思看来,需要诚然是一切生命有机体都存在的特性和活动倾向,人的需要虽然是在与动物相同的生理需要之基础上发展起来的,但它在质上和量上都远远超越了动物的需要,而获得了人的特性。因为人类的生产劳动以及其他社会实践活动,产生了人所特有的生理、心理特质和特定的

---

① [德]马克思、[德]恩格斯:《马克思恩格斯选集》(第 1 卷),人民出版社 1995 年版,第 56 页。
② [德]马克思、[德]恩格斯:《马克思恩格斯全集》(第 3 卷),人民出版社 1960 年,第 329 页。

社会历史环境。正是在这些既定的主客观条件的综合作用下，人类产生了自己的独特需要，所以马克思说："人以其需要的无限性和广泛性区别其他一切动物。"①

事实上，人的需要与动物的需求有一个本质区别，那就是人的需要是在一定的社会关系中才可以实现的。这不仅是因为人们在刚刚诞生时完全不能自主，没有成年人的照顾，就会完全丧失满足机体需要的可能而夭折，更是因为即便他们成年以后，也无法离开社会而生活，他们需要依靠相互的合作和交往而生存下去。这样，由人类需要的社会性便滋生了个体需要和社会群体需要之间的关系及矛盾。以集团需要、阶层需要、社会需要而表现出来的群体性需要，不是简单的个体需要的总和，而是有更高层次、有更多文化内涵、有更多社会性规定的需要。群体需要是全体成员需要获得满足的前提和保证。当然，群体需要必须转化为每一个个体的需要，并引起每一个个体协调一致的行为，才可能被真正实现。一定的群体按照自己的需要规范个体需要，这个过程便是个体需要的社会化。就一般而言，群体通过道德准则和法令法规两个途径实现对个体需要的社会化。所以，在人类社会历史中不存在纯粹的个体需要，人类那些推动和促进社会发展的需要，总是以阶级或阶层的群体需要的形式表现出来的。这就是唯物史观关于个体需要和群体需要关系的基本理论立场。

也正是基于这一唯物史观的需要理论，西方马克思主义者批判了以虚假需要的满足为基本特征的消费社会。在他们看来，就人我关系而论，兴起于 20 世纪 20—30 年代的消费主义文化无疑是对人我关系的扭曲和异化。比如让·鲍德里亚就分析说，现代社会是消费社会，消费社会是一个以"消费"而非"生产"为本位的社会，"生产主人公的传奇现在已到处让位于消费主人公"②。而置身消费社会中人与他人、与社会的关系受虚假意识形态的影响，必然趋于紧张。因为在让·鲍德里亚看来，我们生活的这个社会无论是生产范畴还是消费范畴，都"靠符号而且在符号的遮蔽之下存在"③。消费社会中人与周围事物的关系必然演变成虚假的形而上学的符号关系，而

① ［德］马克思、［德］恩格斯：《马克思恩格斯全集》（第 49 卷），人民出版社 1982 年，第 130 页。
② ［法］让·鲍德里亚：《消费社会》，刘成富、全志钢译，南京大学出版社 2008 年版，第 2 页。
③ ［法］让·鲍德里亚：《消费社会》，刘成富、全志钢译，南京大学出版社 2008 年版，第 11 页。

符号关系的存在意味着"人的不在场"①，即不仅人与周围事物的关系，而且人与人之间的关系也因为这种符号造成了"人的不在场"，从而失去实际的真实发生的情境。于是，人既失去了其个体性存在，又失去了其社会性存在的依据。

让·鲍德里亚认为，消费社会中人的文化存在方式受到资本逻辑控制下的消费文化意识形态的深刻影响。消费文化的意识形态通过编码设计消费社会的游戏规则，运用现代理性技术划分不同的集团、组织和单位，从而将人置于异化之处境。尤其是少数居于统治地位的消费文化的倡导者编织虚幻的消费广告、制造巨大的消费狂欢的假象、煽动大众被规训和奴役后的文化消费欲望和需求，生产出了一种整体性的带有强制性特征而又是无意识状态下的大众文化。这种文化追求表面的物与物之间符号的联结，停留在物体之间象征性的差异，它根本无视物与物之间通过人的实践活动产生的内在的辩证统一，从而忽视了人与物乃至人与人之间真实的关系，制造出了因为消费文化意识形态下的庸俗的认识论和实践论导致的攀比媚俗之心，并最终产生了人我关系的紧张局面。②

重要的还在于，现代社会由于生产与消费的高度分离，人们的消费已很少顾及消费品背后的生产者作为"他者"的存在。加之市场交换关系的金钱购买本性，凝结于消费品中对他人的漠视、奴役，甚至剥削过程被隐藏在消费品华丽的推销广告之下，从而使消费者看不到对消费品生产者的权益甚至身心健康的侵害。于是，正如有学者分析的那样，现代社会消费的不公平问题，以及它所决定的人与人之间在消费关系上越来越异化的问题，利己主义、个人主义的消费观等问题便必然接踵而至。③

可见，个体需要的社会本性在消费社会的语境下被无视或遮蔽了。在符号消费这一虚假消费的追逐中，人的个体性、主体性和自主自为性被无限地放大，即便在对真实的消费品的消费中也因为信奉"我的消费我做主"，从而使利己主义、个人主义的消费观畅行无阻。这不仅与唯物史观需要观的立场格格不入，因而必须予以学理批判和道义谴责，而且这一批判论域和相

---

① ［法］让·鲍德里亚：《消费社会》，刘成富、全志钢译，南京大学出版社 2008 年版，第 121 页。
② ［法］让·鲍德里亚：《消费社会》，刘成富、全志钢译，南京大学出版社 2008 年版，第 90 页。
③ 赵恩国：《消费主体性的丧失——基于唯物史观立场的批判》，引自万斌主编《马克思主义与当代》，浙江大学出版社 2012 年版，第 185 页。

关内容本身更应该衍生为唯物史观消费文化批判理论的重要组成部分。

5.1.2　个人利益与共同利益在"真实集体"中的统一

与个体需要观相类似,唯物史观也强调利益观背后彰显的社会性。也就是说,在唯物史观的个人利益观看来,现实社会中每一个个体的个人利益只有在与社会共同利益相一致的情形下才可得以真正地实现。

利益和需要是同质的范畴。由于需要是各种各样的,因而利益也是多种多样的。个人作为一种生命的存在,对利益的追求就必然表现为对物质利益的经常的、必要的、大量的追求。在马克思主义唯物史观诞生以前,哲人们对此有过颇多的探讨。比如法国唯物主义哲学家就曾对物质利益作过很多的论述。在他们看来,利益是一个无所不能的魔术师,他能在众目睽睽之下改变任何东西的形象。[①] 他们认为,物质世界服从于物体运动的规律,人类社会的发展则服从利益的规律,因而,人不能违背自己利益而行动,就像河水不能逆流而上一样。从感觉论出发,他们对利益作过如下的定义:利益即是"一切能够使我们增进快乐、减少痛苦的事物"[②]。显然,旧唯物主义只把利益归结为能满足个人需要的客观事物。其实,利益包含着人的需要和需要对象两个方面的内涵。人按照需要通过社会实践的活动去改变外部对象并占有它,才是利益的真正实现。因此,物质利益的实现也就表现为人对物质资料的占有和物质需要的满足。无论是需要还是物质资料单独都不构成物质利益,只有二者在一定条件下与主体相结合,才构成人们称为物质利益的存在。

可见,在唯物史观的论域中,利益一定是作为一种关系的范畴而存在的,它揭示了人的需要与需要对象之间的关系,也因此马克思把利益形象地称为需要与需要对象之间的"皮条匠"[③]。人类总是按照一定的需要原则进行历史活动的,因而人为了满足自己的物质和精神的需要,发展自己的才智和力量就必须享有利益。正是从这个意义上讲,人的一切活动都是追求利益的活动。和需要一样,利益因此成为人类活动的基本动力因素。

---

① 北京大学哲学系外国哲学史教研室编译:《十八世纪法国哲学》,商务印书馆1963年版,第460页。
② 北京大学哲学系外国哲学史教研室编译:《十八世纪法国哲学》,商务印书馆1963年版,第457页。
③ [德]马克思、[德]恩格斯:《马克思恩格斯全集》(第2卷),人民出版社1957年版,第154页。

　　资产阶级的思想家把利益归结为纯粹的个人利益,他们认为社会利益是以个人利益为基础的。比如边沁就说过:"社会是一种虚构的团体,由认作其成员的个人所组成,那么社会利益又是什么呢?——它就是组成社会之所有单个成员利益之总和。"①其实,唯物史观认为,从历史主体人的社会本性上理解,纯粹意义上的个人利益是不存在的,任何个人都生活在社会之中,离开社会的个人是不能存在的,因而在这种社会性制约下,"私人利益本身已经是社会所决定的利益,而且只有在社会所设定的条件下并使用社会提供的手段,才能达到;也就是说,私人利益是与这些条件和手段的再生产相联系的"②。在马克思看来,在原始社会中,社会利益和个人利益之间没有明确的区分,而是自然地融合于一体的。维护社会利益就是维护个人利益,个人利益直接表现为社会利益,对社会利益的追求就是对个人利益的追求。私有制的社会产生以后,原始社会的混沌一致的利益分解为阶级利益,并往往处于对立统一的关系之中。不同的阶级、阶层和集团,都以社会利益来掩盖其阶级利益,"每一个企图取代旧统治阶级的新阶级,为了达到自己的目的不得不把自己的利益说成是社会全体成员的共同利益"③。在这种情形下,不管个人是否意识到,他总是自觉或不自觉地代表一定阶级的利益,他所追求的个人利益实质上是本阶级利益的直接或间接的反映。无产阶级由于自己在社会生产中的地位和状态决定了他们是人类历史上社会进步利益的最彻底的代表者。因而,无产阶级在为自己阶级的利益而奋斗时,公开声明"社会发展的利益高于无产阶级的利益,整个工人运动的利益高于工人个别部分或运动个别阶段的利益"④。也正因为这样,无产阶级在为自己利益奋斗的过程中,对人类社会历史的发展和进步显示了最深刻最强大的动力。

　　为了更好地理解个人利益与社会共同利益的统一以及如何统一的问题,我们很有必要引入马克思"真实集体"的思想。马克思曾把一个有着充分社会本体论根据的集体称为"真实的集体",并认为在真实的集体条件下,各个个人在自己的联合中并通过这种联合获得自由。⑤ 也就是说,真实的

①　周辅成编:《西方伦理学名著选辑》下卷,商务印书馆1987年版,第212页。
②　[德]马克思、[德]恩格斯:《马克思恩格斯全集》(第30卷),人民出版社1995年,第106页。
③　[德]马克思、[德]恩格斯:《马克思恩格斯选集》(第1卷),人民出版社1995年,第100页。
④　[苏]列宁:《列宁全集》(第4卷),人民出版社1958年版,第207页。
⑤　[德]马克思、[德]恩格斯:《马克思恩格斯选集》(第1卷),人民出版社1995年版,第119页。

集体克服了以往一切往往只是反映统治者集团甚至个人利益的所谓集体的虚幻性,把社会整体利益与个人利益真实地统一于自由人的联合体中。正是在这个"真实集体"的语境中,集体主义才被行之有效地确立。

重要的还在于,由于集体主义首先是个人与集体关系中的一种社会更本位的抉择,所以,马克思所称的"真实集体"首先必然是集体对个体的要求。在规范形态上,它对个体有三个方面的内容:其一,坚持集体利益和个人利益的结合,要求个人为增进社会集体利益贡献自己的力量,要求社会集体中的个人为集体的正当利益的实现积极创造条件;其二,坚持社会整体利益高于个人利益,反对任何理由下的个人利益绝对优先的价值追求;其三,在个人利益与集体利益发生矛盾又不能兼顾时,个人利益应当自觉地服从整体利益。从个人与社会的关系而论,这些具体的规范,实际上是社会集体对个体利益追求时的具体要求。

重要的还在于,"真实集体"语境下的集体主义原则对个体的这些要求是必然的。唯物史观承认,人作为一个不同于动物的社会存在物,除他无法离开集体、社会而生存的社会性之外,每一个个体无疑也有其自身的利益诉求。因而,集体主义必然要培养全面发展的人,使个性得到真正的解放,使人的德性、知识、才能、体魄各方面得到充分发展。亦即是说,要把人看作目的,而不能仅仅看作手段、工具。但与此同时更应看到,人总是社会集体中的人,人的全面发展并不是孤立的抽象的,不是那种脱离社会集体的自我膨胀,而是必然要把个人在集体社会中才能实现的社会价值视为个人价值的核心,作为个人全面而自由发展的最重要的社会内容。事实上,在唯物史观看来,人之为人正是由于他具有社会性,并能够清晰地意识到这一社会性。如果一个人完全漠视自己对社会的责任,一切以自我为中心,即使他智力发达,体魄健壮,拥有一切生物学意义上的优点,这样的人格也是不健全的,甚至可以说因为他抽去了自己的社会本质,从而成为一个非人。

可见,任何个人的发展只有同时表现为对社会的贡献时才表现为个人价值的实现,表现为自我个性的真正的全面发展。我们甚至可以这样断言,即便是个人为求得自身的发展和自我价值的增值,也应自觉地担负起对社会集体的责任,努力地为社会集体作贡献;在集体利益和个人利益发生矛盾又不能兼顾时,个体自觉地服从集体利益,做出或大或小的自我牺牲,使自身的精神价值得到升华,并从中体现出高尚的道德审美境界。

因而,从个人价值表现为对社会的奉献看,个体成为发展集体利益的手段,但手段本身又由于会增进个人价值,从而成为每一个人的自我实现目的的一部分。于是,目的与手段在手段上得到统一。个人越是全面发展,越是具有高尚的道德境界和各方面的才能,越是说明他对社会的贡献大,集体也就在个人奉献的基础上得到发展,从而接近"真实集体"的形态。这也就是说,个人发展的过程同时也是集体发展的过程,也只是从这个意义上马克思才说道"每个人的自由发展是一切人的自由发展的条件"①。

可见,在这个意义上我们甚至可以断言,集体本身也有目的意义。这是因为:其一,如果把个人比作"小我"的话,集体就是一个"大我",既然"小我"要追求全面而自由的发展,"大我"也应该有要求其成员共同努力而使集体这个"大我"自身完善的权力。其二,集体毕竟不是个人的简单相加,它作为许多个体构成的系统,有它自身的独特的质。它是人的一种联合,这种联合曾经在封建社会的历史进程中表现为虚幻的集体,压抑了其成员的发展,但在确立了社会主义经济与政治制度的今天,集体的虚幻性已然被消弭,它现实地获得了与个人内在一致的社会本体论依据。但现实的集体与个人毕竟还存在着冲突,我们就是要不断促进集体的发展,使它成为人们自由发展的条件。可见,"真实集体"就它本身而言,确实是有内在价值的,虽然它的价值必须表现为集体代表个体的忠实程度,表现为集体为个人发展提供尽可能多的条件,但决不能否认集体本身具有的目的意义。其三,集体利益也不是个人利益的简单相加,它是个人利益的最普遍、最一般的概括,也是对集体自身发展需要的最大限度的满足。强调集体的目的意义,就是要强调处于集体中的个人必须在规范和约束自我中承担自己对他人和社会的义务。如果否认这一点,就会因此走向个人主义、利己主义的误区。

如果说我们在集体对个体的道德要求上已有足够重视的话,那么,在个体对集体的道德要求上,我们亟待填补颇多的研究空白。事实上,按照马克思对"真实集体"的要求,集体主义原则除了集体对个体有一定的要求外,必然地还包含着个体对集体的要求。因为人只有在社会集体中才能全面自由地发展这一事实本身就决定了,每一个现实个体依据自身全面自由地发展自己的个性的需要本性,必然会对这个社会集体产生一定的要求。这个要

① [德]马克思、[德]恩格斯:《马克思恩格斯文集》(第2卷),人民出版社2009年版,第53页。

求用最概括的语言来表述就是:改造和完善集体。

依马克思的唯物史观来看,集体自从产生以来,经历了虚构的集体、真实的集体两个阶段,还要向更加真实的集体迈进。在确立了社会主义的基本经济政治制度后,我们现有的集体尽管已在很大程度上克服了以往集体的虚妄性,但离理想的"真实集体"尚存在较大的差距。这种差距必须在伴随社会主义初级阶段向更高阶段过渡的进程中才能逐步缩小。由此,我们所理解的对集体的完善和改造就主要包括如下几个方面的指向:其一是集体领导的完善。集体的领导是一个集体最集中最直接的代表,领导素质的高低直接影响到对集体的决策和管理,从而影响集体的发展、影响集体对个人的关心程度、影响到集体对外的文化形象。因此,对集体的领导的素质和德性的培养将有利于集体的完善。在这个过程中对集体领导如何更好地依据民主集中制的原则推选产生也就显得非常必要和重要。其二是集体本身的制度完善。大到国家政党的经济制度、政治制度,小到一个小集体的规章、公约,它作为集体运行的制度保障无疑必须是合理和完善的。制度是集体得以运作的保障,健全的制度将会促进集体的发展,反之则会导致集体内部的混乱。其三是集体物质基础的完善。在唯物史观看来,这个基础对于社会及其个体而言就是社会的生产力发展水平,它是集体一切物质的、精神的活动的基础,是促进集体发展的根本推动力。其四是集体文化的完善。它影响到集体的精神素质,代表着集体的风貌与风气,也是促进集体发展的重要内部动力之一;如此等等。

从个人与社会的关系来看,当前我们主动而自觉地对集体的完善和改造是现时代社会主义实践的重要内容,它不仅可以为坚守集体主义价值观提供重要的理论和实践保障,更重要的还在于它可以在营造"真实集体"的过程中为现实生活中的每一个个体追求其自身利益的实现创造理想的社会集体环境。

5.1.3 自我价值在社会历史活动中的实现

和需要、利益相应的是价值范畴。需要和利益作为人与社会关系的具体实现,必然体现在从事社会历史活动的个体对自我价值的追求和实现的过程中。马克思对价值范畴有过如下著名的论断:"'价值'这个普遍的概念是从人对待满足他们需要的外界物的关系中产生的。"①这表明价值和利益一样是一个关系范畴，它表示的是主体与满足它需要的客体之间的肯定或否定的关系。

在唯物史观的论域中，价值范畴是需要范畴的另一种表现形式。价值是客体的性质和主体的需要的结合，而人是价值关系的主体，能满足主体需要的对象是价值关系的客体。如果客体不能满足人的需要或者主体没有某种需要，就不存在价值关系。根据历史活动的主体需要的不同以及不同客体及性质，可以把价值区分为三个层次，即物质价值、精神价值和人自身的价值。物质价值是指作为客体的外部自然界与主体的物质需要之间的关系，它一般以人类创造物质文明的成果表现出来，人类对物质价值的追求和满足是人类物质文明水平历史进步的内在动力。精神价值是指客体与主体的精神需要之间的关系，它包括知识价值、道德价值和审美价值，亦即真、善、美的三方面价值。主体对这三种精神价值的追求和满足，构成人类精神文明进步的内在动力，其结果是不仅推动了物质财富不断增长，而且更重要的还在于它促进了人的本质力量的充分实现，使人类不断获得全面而自由的发展。人自身的价值反映的也是客体与主体需要之间的一种关系。与其他客体的物的存在不同，在自我价值涉及的主客体关系中，人这个"物"既是主体，又是客体。也就是说，人作为主体和客体的两个含义既对立又统一。每一个人既是他人同时也是自己所反映和关注的客体，又成为他人和自己所反映和关注的主体，在这里，不仅处于一定社会关系中的人们之间互为主客体，而且人自己互为主客体。

因而，所谓人自身的价值，表示的就是作为主体的人的需要同作为客体的人能否满足这种需要之间的关系。更简洁地说即是，一个人的价值取决于他的存在对自己、他人和整个社会需要能否和多大程度上得到满足。

可见，人的价值不是每个人生来就有的抽象物。启蒙时期的一些思想家宣称"人的价值就在人自身"②的说法固然有反对神权的意义，但这一命题本身却是空洞、抽象的。从人与他人、与社会的关系来看，既然人的价值大小是他的存在对自己以及他人和社会需要的满足程度来衡量的，因而，人的价值就必然地包含如下两个基本要素：其一是人的需要，即社会对个人的

---

① ［德］马克思、［德］恩格斯：《马克思恩格斯全集》(第19卷)，人民出版社1963年版，第406页。
② 陈根法、汪堂家：《人生哲学》，复旦大学出版社2004年版，第87页。

尊重和满足。这是人的价值的根据。每一个历史活动的主体都必然要"索取"对自身"有用"的东西来满足自己,失去了这种需要,所谓人的价值就因为失去了主体而不再存在了。其二是人的成就,即个人对社会的责任和贡献。这是人的价值的客观形态。如果说物质和精神价值主体可以依靠对外部现成东西的索取和占有而得到实现和满足,那么人自身价值的实现所索取和占有的对象性东西恰恰是人自身的存在。这个存在必须是以人的成就作为满足和实现的形态的。这也是个人为世界创造价值的过程。在这个创造过程中,我们的价值既得到社会和他人的首肯,也得到自己的承认。而所谓自我价值正是从中生成并被实现的。歌德的名言"你若喜爱自己的价值,你就得给世界创造价值",其深刻的含义也就在这里。

在人的需要所滋生的价值追求中,物质价值和精神价值的追求和满足从根本上讲都是为了人自身价值的追求和满足,因为人类历史的最终指向是人自身。也因此,人的价值的追求和实现对社会发展和进步具有最强大和深刻的推动力,而实现人的价值的现实途径必然是通过一个个自我价值的实现。一个人如果他的自我价值判断能够自觉地指向未来,那么他就会以指向未来的理想去对自我的现实进行改造,从而塑造自己的理想人性和理想人格。在这个过程中,必须强调指出的是不能把这种追求视为一种自私或利己的追求,因为每一个自我价值的本质都是一种社会关系,都必须在社会关系中才能得以实现。正是由此,马克思说:"一个人就其自身来说,他的价值不比别人大,也不比别人小。"①这是因为人的价值永远只能在后天的与他人、与社会的关系中才能真正切实而不是虚幻地实现。

因此,在人的价值的两个因素即索取和贡献的关系方面,我们必须着重反对只从索取、享受、权力来理解人的价值的错误观念。列宁提倡的"人人为我,我为人人"②的原则,应该成为评价人的价值的基本出发点。而且,由于社会要能够提供实现每个成员的"自我价值"物质和精神的条件,首先需要社会成员把它们创造出来,所以我们在强调人的价值时首先要注重的不是索取、享受和权力,而恰恰是贡献和创造。历史上那些先进的分子都曾自觉地意识到这一点。范仲淹崇尚"先天下之忧而忧,后天下之乐而乐"(《岳

---

① [德]马克思、[德]恩格斯:《马克思恩格斯全集》(第 26 卷第 3 册),人民出版社 1974 年版,第
495 页。
② [苏]列宁:《列宁全集》(第 31 卷),人民出版社 1958 年版,104 页。

阳楼记》)的精神。爱因斯坦认为"一个人的价值,应当看他贡献什么,而不应当看他取得什么"①,为此,他这样说过:"个人之所以成为个人,以及他的生存之所以有意义,与其说是靠着他个人的力量,不如说是由于他是伟大人类社会的一个成员,从生到死,社会都支配着他的物质生活和精神生活。"②马克思在中学毕业的时候更是这样深情而豪迈地说过:"如果一个人只为自己劳动,他也许能够成为著名学者、大哲人、卓越诗人,然而他永远不能成为完美无疵的伟大人物。"③这无疑是人的自我价值问题上最为深刻的认识和洞见。也正因为如此,我们认为那些凡是不以对社会所需要的实际贡献来评论个人的价值,而是以诸如出身、职务、学历、资历、性别、年龄甚至陈腐的宗法、金钱等衡量个人的价值观念,都是错误的。

无论是物质价值、精神价值还是人自我价值的追求与实现都表现为历史的范畴。价值的追求和实现要受社会历史条件和人的实践活动水平的制约。虽然某种事物具有满足人的多种需要的属性,虽然"途人皆可为尧舜"(孟子语),但只要人们还没有能力将物的属性开发出来,只要人们由于诸如惰性的羁绊,而不愿意改造自我的人性和人格,那么,这些价值就只能是潜在的可能的价值。将可能的价值转化为现实的价值,内在的驱动力自然是需要,而实现途径则是社会的实践活动。也因此,人类社会存在和发展的辩证性和历史性,与需要价值追求活动中的辩证性和历史性,具有内在的必然的联系。这事实上构成马克思的唯物史观思考人与社会关系的又一个重要的真理性结论。

也是基于这样的分析,我们认为萨特批评"马克思主义存在人学空场"④的说法是似是而非的。事实上,唯物史观在人与他人、与社会的关系理论不仅丰富,而且充满着真知灼见。比如这一理论强调在社会集体中才得以真正实现人的自我价值的理论,可以说为现代人摆脱利己主义、个人主义的所谓现代性困境提供着最具真理性的认知支撑和价值指引。难怪《马克思为什么是对的》作者要这样为马克思辩护说:"我们要特别强调马克思

① ［美\瑞士］爱因斯坦:《爱因斯坦文集》(第 3 卷),许良英等编译,商务印书馆 1979 年版,第 145 页。

② ［美\瑞士］爱因斯坦:《爱因斯坦文集》(第 3 卷),许良英等编译,商务印书馆 1979 年版,第 38 页。

③ ［德］马克思、［德］恩格斯:《马克思恩格斯全集》(第 40 卷),人民出版社 1982 年版,第 7 页。

④ 柳鸣九:《萨特研究》,中国社会科学出版社 1981 年版,第 78 页。

对于个人的关注,因为这与一般对马克思主义的错误理解完全不同。在这种扭曲的认识中,马克思主义就是冷面无情的集体残忍地压迫个人生活。这与马克思的真正看法相差十万八千里。"①可见,就人我关系而论,马克思的唯物史观不仅没有所谓的见"物"不见"人"的弊端,而且还充满睿智地在人我关系及其展开的需要、利益、价值等问题上提出了极为丰富的思想,这显然既为批判性地继承与创造性地发展传统文化的人我观提供了基本的世界观立场,也为超越西方文化中承袭至今的形形色色利己主义、个人主义的局限性提供了价值观指引。

5.2　传统文化中人我合一之道的创造性转化

与坚信人性自私利己的西方文化不同,中国文化更信奉人性可以超越自私利己的天性。由此,在人我关系问题上,传统伦理形成了源远流长的利他主义文化传承。这一文化传统的核心思想是坚守人我合一之道,但是,这一传统人我观却在西学东渐的背景下遭遇来自西方思潮的诸多挑战,其中值得一提的是"自私的基因"理论,这一理论的提出者是英国学者理查德·道金斯。他认为,植物、动物、人类不过是"自私的基因"的生存机器。这种生存机器原初非常简单,随着时间的推移变得越来越复杂,而人便是这种生存机器的最高形态。② 理查德·道金斯坚信只要把人的行为作生物学的透视,就会发现:人的行为其生理的、本能的机制无不受自私的 DNA 基因支配。这种支配因人而异,和人格相关,可能很间接,也可能很微弱,但毕竟永远存在着。由此,他的一个最终结论是:基因是自私的,因而人性也是自私的。这一结论在科学主义③占据主流话语权的当代西方似乎被认为是确凿无疑的。因此,我们对传统文化中人我合一之道进行批判性传承和创造性

---

① ［英］特里·伊格尔顿:《马克思为什么是对的》,李杨等译,新星出版社 2011 年版,第 90 页。

② ［英］理查德·道金斯:《自私的基因》,吉林人民出版社 1998 年版,第 11 页。

③ 科学主义(scientism)是指主张以自然科学为整个哲学的基础,并确信它能解决一切问题的哲学观点。科学主义盛行于当今西方学界,它把自然科学奉为哲学的标准,自觉或不自觉地把自然科学的方法论和研究成果简单地推论到社会生活中来。如果说文艺复兴以来人文主义(humanism)是西方文化主流的话,那么,到了 19 世纪随着科学技术越来越彰显其力量,科学主义便逐渐占据主流。事实上,当今社会由于科学主义的泛滥,以所谓的科学结论的普适性(或统一性)而对人的个性关怀、人性尊严的维护以及对"他者"的道德宽容、自我价值的多元实现等构成了巨大的威胁。

转化,就必须在对诸多类似"自私的基因"的西方思潮的比较、鉴别和批判中进行。

5.2.1 由"自然人"向"道德人"的提升

西方利己主义的伦理学说是建立在人类的所谓生存和发展的利己天性上的。这种理论认为,人为了生存和发展就其天性而论一定是利己的,这是人作为动物所必然具有的一种自然本能特性。在古希腊的亚里士多德那里,便已涉及人追求自身利益的"生物倾向性"①。近代的费尔巴哈从感性主义的人本学理论出发,也认为人本质上既然是一个自然的存在,为了维护自己的生命和存在,为了感官的欲望满足,人必然是追求自我保护的。由此,人的本性必然是利己的。而且,在费尔巴哈看来利己主义的这种本性是根植于人的生理的新陈代谢之中,因而与人的生命共存亡:"这种利己主义和我的头一样是这样紧密地附着于我,以至如果不杀害我,是不可能使它脱离我的。"②理查德·道金斯提出的"自私的基因"理论与上述思想可谓一脉相承,其不同之处在于他作了更充分的科学主义论证。

但问题在于,从自然的(或天性的、生物的、动物性的)存在本性来论证人我关系中的利己主义立场是不合逻辑的。在中国古代,哲人们恰恰是从利他主义德性的培植和教化这个向度来解读人之本质的。尤其在儒家看来,利他主义之于人和人性是充分必要的。这一必要性正如孟子所论证的那样,利他主义恰恰是用以规范人的自然属性中那些类似于动物(禽兽)的诸如自私、利己之本能特性而必需的。就人我关系而论,因为人就其自然的本能属性而言,的确存在极多的诸如自保、贪婪、好色之类的利己品性。由此,孟子也曾提出"人之所以异于禽兽者几希"(《孟子·离娄下》)的思想,并把人和动物之差异归结为人有仁、义、礼、智这些最基本的道德规范。这显然是机智而深刻的。也正是从这个意义上我们可以说,道德本质上就是对自私人性的自觉规范。③ 如果依然只是以利己主义作为道德规范的基本出

---

① 北京大学哲学系外国哲学史教研室编译:《古希腊罗马哲学》,商务印书馆1982年版,第257页。

② [德]路德维希·费尔巴哈:《费尔巴哈哲学著作选集》(上卷),荣震华等译,商务印书馆1984年版,第565页。

③ 关于道德的本质是什么问题学界是有争议的。张应杭教授汲取中国古代儒家文化的思想资源,曾提出过如下的观点:道德的本质就是对人性中的动物性(兽性)所作的自觉、自愿从而也是自由的规范。参见张应杭《伦理学概论》,浙江大学出版社2009年版,第37页。

发点,那么,道德的存在就没有必要了。因为从某种程度上讲,"利己主义"是每个人自然本能的特性,而道德存在对人生之所以必要,正是因在道德中人借助于自觉的理性和意志,对这些自然本能的属性进行自觉、自愿的规范。一旦没有了这些自觉自愿的规范,那么人就降低为一种只凭借生存竞争的自然法则而生存的动物性存在了。

从这个意义上讲,中国古代哲人认为利他主义道德的自我规范对人性显示了最重要的意义。如果把这一点也任性地称为道德说教,那么,"人"无疑就丧失了人之为人的最基本的规定。也许正是从这一点上,西方马克思主义者弗罗姆在批判弗洛伊德的自然主义以及由此推演出的利己主义倾向时曾这样写道:"人之存在的本质特征是:他已逾越出动物王国与本能相适应的藩篱,超越了自然(尽管他绝不可能最终完全摆脱它,且将始终是它的一部分)。而一旦人脱离了自然,他便丧失了返还它的任何可能性;……人别无选择,他必须舍弃那已无可挽回地丧失了的前人类和谐,不得不发展其理性,追寻新的人性的和谐,不断朝前走下去。"①弗罗姆这一立足于超越天性来理解人性的立场显然是合理的,它与中国古代哲人对人性的理解可谓是高度契合的。

重要的还在于,中国古代的人性理论与唯物史观的立场非常地相似。唯物史观的人性理论一方面承认人有"饮食男女"之类的自然本能的属性:"吃、喝、性行为等等,固然也是真正的人的机能。"②我们暂且可以称为这是自私、利己的天性。但另一方面唯物史观又认为人的本质是社会关系的总和③。这就意味着人注定要处于一定的社会关系之中,他总是要自觉地意识到自己与他人、与集体、与社会处于一种铁定的不可分离的联系之中。这样,尽管人有和动物一样的自私、利己的本能特性,但人能够为维护一定的社会关系而自觉地以理性和意志来规范这种本能属性。

正是由此,人便不可能像社会达尔文主义者认定的那样如动物般在生存竞争、搏杀和争斗中去实现自己的天性,而总是能依据和遵循一定的社会为其成员制定的行为规范和法则,去实现自己的各种人生追求。这些行为规范、准则内化为每个人内心的确信不疑的信念,便是道德规范,而这种确

---

① [美]艾瑞克·弗洛姆:《爱的艺术》,陈维纲等译,四川人民出版社1986年版,第8页。
② [德]马克思、[德]恩格斯:《马克思恩格斯全集》(第42卷),人民出版社1979年版,第94页。
③ [德]马克思、[德]恩格斯:《马克思恩格斯选集》(第1卷),人民出版社1995年版,第56页。

信不疑的信念以一个稳定的价值目标的方式表现出来,便是道德信仰。也因此,唯物史观论域中的伦理学要把道德定义为依据人的内心信念来调整人们社会关系的行为规范总和,把道德信仰理解为在内心信念中形成的一种能矢志不渝遵循和追求的行为规范目标。① 可见,在唯物史观的立场中,利他主义的道德对人性也显示了最充分的必要性和重要性。

可见,从道德本身含义上讲,它恰恰具有利他主义的倾向。这构成人我之辩的一个传统立场。因为规范自己利己的天性,就内蕴着某种程度的利他和自我牺牲的含义。事实上,人们通常所谓的道德境界的高尚与否,无非行为中是否具有或具有多少利他主义和自我牺牲的精神。因此,我们认为一些西方学者把合理利己主义奉为人生的一种伦理原则,恰恰是非道德的,或者说这种追求正是对道德本质的否定。

当然,同时必须强调的是,道德对人利己的自然本性的规范不是否定人的自然本性(天性),而是以后天的德性去调整和节制自然本性,使人在自我生存和发展的追求与满足中能合乎人性,亦即合乎人的社会性。这恰恰是中国古代哲人之所以强调利他主义立场的人本学依据。也是因为这个道理,中国古代形成了特别注重伦理教化的文化传统。这与西方更注重制度约束和规制的文化传承是不同的治理思路。我们无意展开两者孰优孰劣的比较研究,只是想通过对中国传统文化这一特点的揭示,对此进行现代转换与价值创新。事实上,一些新儒家学者恰恰是非常认同甚至是赞赏这一利他主义的文化传承的。比如曾仕强曾经这样形象地描述过中国文化的这一优点:"中国社会其秩序的维持从开始就不要西方式的牧师和教堂,也不要律师和法堂,只要传道者和布道的文庙、书院。而这个传道、布道的道也不神秘,'大道至简',就人与自然论是敬畏天道、天命,就人与人关系论就是仁道、推己及人,人与自身论就是克己复礼的修身之道。"②

既然在人我之辩中古代文化积淀并历代传承的是人我合一之道,历来倡导利他主义的人生观和价值观,那么,为什么在当今中国的一些人会对利己主义这一西方文化的舶来品冠之以"真正的人生哲学"之类的美誉,并在现实生活中会有一些信奉者和实践者? 这不能不引起我们的深思,并从中总结出一些认知和实践方面的教训。这对于我们开掘传统文化的人我合一

---

① ［俄］季塔连柯主编:《马克思主义伦理学》,中国人民大学出版社 1984 年版,第 15 页。
② 田原皓编著:《曾仕强教授论中国式管理》,中国文史出版社 1998 年版,第 307 页。

之道的现代价值而言是一个回避不了的问题。

其实,正如黑格尔所说的那样:"凡是现实的总是合理的。"①在现实生活中的一些人认同利己主义的人生哲学理念,并付诸实践追求,也应作如是观。亦即是说,这种追求的出现显然具有某种必然性。我们认为对这个必然性至少可作如下三方面的分析:

其一是经济改革与市场经济的发展所使然。经济改革在带给中国社会令世界为之瞩目的成就的同时,也不可避免地产生一些消极的影响。仅对人性的影响而言,一方面随着经济体制的改革而出现的个体经营、民营企业以及个体所有制在很多方面为利己主义提供了现实依据。另一方面,市场与商品经济中的交换原则、货币拜物教的产生,又加剧了利己主义思想观念的滋长。于是,竞争、优胜劣汰等观念便在许多人那里以利己主义的形式表现出来,只要不犯法,不昧良心,亦即是坚持所谓的合理原则,一些人便公开在自己的人生哲学旗帜上写上"利己主义"的宣言。

其二是对以往共产主义道德中过分强调"自我牺牲"说教的逆反。唯物史观是我们的主流意识形态,其倡导的最高的伦理境界是大公无私的共产主义道德。在相当长一段时期以来,我们的道德宣传和道德教育无视我们处在社会主义市场经济这一发展阶段的客观事实,总是片面地以最高形态的共产主义道德,比如自我牺牲、公而忘私来要求社会的每一个成员。与此同时,又在一定程度上忽视或无视个人利益的正当追求,消解了个人的自我发展和完善这一个体生存的内在目的性。于是,物极必反,理论上的这种片面性,直接导致了现实生活中一些人利己主义追求的出现。

其三是西方文化的影响和冲击。改革开放对当今中国人观念世界的一个最大影响是西学东渐过程中西方文化的大规模进入。从文艺复兴开始,西方文化就形成了利己主义、个人主义的价值思潮,并一直成为近现代以来西方文化的主要价值取向。由于我们一方面在经济领域进行变革,强调发展市场经济,一定程度上认可资本的谋利逻辑,弘扬个体生命的自主意识并鼓励一部分人通过正当谋利领先富起来,这必然为利己主义提供了某种滋生的社会土壤。另一方面,我们又强调对外开放,向西方学习。于是,西方利己主义的伦理价值观,随着开放便不可遏制地在当今中国拥有了一些信

---

① 〔德〕马克思、〔德〕恩格斯:《马克思恩格斯选集》(第 4 卷),人民出版社 1995 年版,第 216 页。

奉者。

其中特别值得指出的是亚当·斯密的影响。作为古典政治经济学的创始人亚当·斯密明确地把人性中的自私利己特性看成市场经济行为的天然推动力。因为在他看来没有利己的这一天性,市场经济本身是无法理解的。① 正如有学者指出的那样,一些人尽管害怕亚当·斯密的这一结论,但是其内心却又不得不承认这一结论。② 也就是说,在许多人看来,市场经济必然使活动主体成为锱铢必较的"经济人"。于是,信奉利己主义便成为"经济人"行为的基本准则。而且,这一利己主义的原则甚至不仅被一些国内的学者认为是市场经济活动得以开展的事实前提,而且也被他们认定是最基本的道德原则。③ 也就是说,在市场经济条件下利己主义作为一种"经济人"行为基本原则的合理性便推导出它也是"道德人"行为的基本原则。换句话说,利己主义作为现实的经济法则同时便被衍生为一条基本的道德法则。

可见,利己主义的追求在当代中国的出现具有某种必然性。无论承认还是否认这一点,这种价值追求在相当一部分人的自我人生实践中已是客观的事实存在。然而,正如恩格斯指出的那样,当黑格尔说"凡是现实的都是合理的"这个命题时,他却以隐晦的形式表现了另一层含义:"凡是不合理的终将丧失其现实性。"④即是说,从发展的观点来看,那些现实性的东西,如果其逐渐丧失了合理性,那么最终就会被新的现实性所取代。当今中国在一些人那里被信奉、被践行的利己主义人生观,可以肯定地说,从最终意义上讲也将丧失其合理性。因为从根本上讲,利己主义并不合理,它在自我人生的实践追求中必然会招致各种各样的失败。尤其是那些极端的利己主义者,以其贪婪、不诚信、不择手段地攫取私利而最终必然走向人性的堕落。在当今中国的现实生活实践中,此类教训比比皆是。可见,无论合理的利己主义拥有多少信奉者,也无论这种所谓的真正的人生哲学具有多大的吸引

① 于中鑫:《亚当·斯密——经济学鼻祖》,人民邮电出版社 2012 年版,第 35—36 页。
② [美]彼得·J. 多尔蒂:《谁害怕亚当·斯密?》,葛扬等译,南京大学出版社 2009 年版,第 171 页。
③ 新古典主义主流经济学从其功利主义伦理学的推理出发,认定完全竞争的市场安排是"最优"和"最合理"的,因而实际上必须默认它也是"最合乎道德"的。经济学家茅于轼甚至提出了一条原则:凡是能够促进社会经济发展的,都是符合道德的。
④ [德]马克思、[德]恩格斯:《马克思恩格斯选集》(第 4 卷),人民出版社 1995 年版,第 216—217 页。

力,我们都必须坚定如下来自传统文化且与唯物史观立场相契合的认知信念:利己主义只是"自然人"的天性,人要证明自己成为人,就必须要有利他主义的德性培植,这是一个使自己成为"道德人"的知行合一的过程。

5.2.2 个人主义的超越与自由的真正实现

如果说利己主义主要着眼于从人的自然、生物本能来回应人我关系的话,那么,个人主义对个人与他人、与社会关系的解读就不仅仅局限于生物学意义上了,事实上它是一种社会学、伦理学、哲学意义上的世界观、人生观和价值观。它以个人为第一性、他者和社会为第二性的价值排序作为现实个体为人处世和待人接物的基本原则。

如果做思想史的追溯,那么应该说以儒家为代表的人我关系注重人我合一之道的坚守,主张推己及人的文化传统是在近代受到西方文化挑战的。比如康德在评述孔子等先哲推己及人的道德黄金律时曾经断言:"己所不欲,勿施于人"不是一条普遍的道德规律,因为它既不包括对自己也不包括对他人负责。① 康德认为构成道德普遍规律的应该表述为:"不论是谁在任何时候都不应把自己和他人仅仅当作工具,而应该永远看作自身就是目的。"② 这就是后来被学界极力推崇的"人是目的"论。

然而,以辩证唯物论的立场看真理总是具体的,道德真理也不例外:就人与上帝的关系而论强调人是目的无疑具有真理和启蒙价值;就人与自然的关系而论过分强调人是目的,正如我们已经看到的那样已经导致人类中心主义的偏颇;就人与他者的关系而论断言人是目的,那就要进一步追问:"我"是目的,还是"他者"是目的? 如果两者都是目的,那"我"之目的与"他者"目的冲突时如何进行价值排序和伦理抉择? 对这一理论困顿的实践解决往往便是个人主义选项的出现和流行。中华传统文化却没有这样的理论困顿,它从人我合一的基本立场出发,追求"我"和"他者"的二者兼得之和谐境界,一旦目的与目的发生冲突,则明确给出了推己及人的原则。这是一个"我"作为手段去实现"他者"目的的过程。每一个"我"一旦都确立起这样的伦理原则,那么人我关系中就会出现既互为目的又互为手段的和合、和谐、和美境界。

---

① [德]康德:《道德形而上学原理》,苗力田译,上海人民出版社 1986 年版,第 82 页。
② [德]康德:《道德形而上学原理》,苗力田译,上海人民出版社 1986 年版,第 86 页。

如果诉诸传统伦理规范的具体德目予以分析，那么就人我关系而论这一推己及人的为人处世之道大致可体现为孝亲、贵和、崇义等行为范式。

孝亲作为行为范式的基本要求是对父母及长辈的爱。就人我关系而论，孝亲是对最亲近的"他者"（父母）的爱，即"善事父母为孝"（《尔雅》）。东汉的文字学家许慎正是这样解这个字的："孝，善事父母者，从老省、从子，子承老也。"（《说文解字》）在这里，许慎从文字学的构造解释了孝的内涵：它由"老"字省去右下角和子女之"子"字组合而成一个上下结构的会意字，即父母年老了，做子女的要居下位而侍奉居上位的父母。可见，孝道的本意其实正是人我合一之道在作为子女的"我"对作为"他者"的父母长辈之爱上的具体体现。正是基于这样一个推己及人的伦理立场，儒家把孝视为最基本的仁道："孝悌也者，其为仁之本与。"（《论语·学而》）孟子也说："孝子之至，莫大乎尊亲。"（《孟子·万章上》）儒家认为孝道是推己及人之道的起点，即古人所谓的百善孝为先。

重要的还在于，在古代孝亲不仅是儒家的伦理立场。如《墨经》云："孝，利亲也。"事实上，先秦至汉唐的文献基本上都推崇孝道。但是，自五四运动倡导新文化以来，孝亲的文化传统遭遇到了空前的批判与否定。毋庸讳言的是，几千年传承下来的孝文化肯定存在着诸如无视子女的独立人格，倡导"无违即孝"（《孝经》）之类的盲从和把宗法血亲关系凌驾于法律之上的"父子相隐"之类的糟粕，但对其采取彻底否定的态度显然又矫枉过正了。事实上，在古代社会的演进中孝文化能够传承几千年恰恰说明它是有生命力的。我们仅从孝的"善事父母"，即利亲、养亲、尊亲、敬亲之内涵而言，就可以发现它无疑是具有全人类共同价值意义的伦理规范。

尤其值得推崇的还在于，作为人我合一、推己及人之道的起点，孝亲意味着"我"可以战胜生物学上的自私本能，从爱父母开始构建起与"他者"的一系列和谐关系。比如将对父母之爱（孝）推及兄弟姐妹，即为悌；推及同事及诸多人组成的集体乃至国家，即为忠；推及与我们交往的每一个陌生人，即为信。一个社会的和谐便由对孝、悌、忠、信等伦理规范的谨守而真正地被构建起来。

贵和这一行为范式的基本要求是在交往中推崇和气、和顺、平和的人际关系。据专家考证，"和"字最早可见于甲骨文和金文。它足以证明这一传统源远流长。贵和也因此被认为是最体现中华文化特质的行为范式之一。

作为人我合一、推己及人之道的体现，这一伦理规范使得"我"和"他者"的关系出现分歧和矛盾时能够维护一种和谐的人际关系。在儒家文化中，贵和是儒家礼教的核心命题，即"礼之用，和为贵"（《论语·学而》）。孟子直接继承了《论语》的这一思想。他有一句广为流传的名言："天时不如地利，地利不如人和。"（《孟子·公孙丑下》）后世儒家也非常推崇这一德性："和也者，天下之达道也。"（《礼记·中庸》）汉代的董仲舒甚至断言："德莫大于和。"（《春秋繁露·循天之道》）

值得指出的是，儒家在人际交往中尊重"他者"，推崇"和为贵"的同时并不逃避矛盾、回避分歧。故孔子又说："君子和而不同。"（《论语·子路》）《中庸》的作者进而提倡："君子和而不流。"（《礼记·中庸》）借用二程的话说就是："世以随俗为和，非也，流徇而已矣。君子之和，和于义。"（《河南程氏粹言》卷一）可见，人我合一中的贵和之道并非如一些望文生义者理解的那样是无原则的一团和气，事实上它意味着对"我"和"他者"人际关系中各种分歧、差异、矛盾的承认，并主张"我"可以坚持自己的立场，即不同、不流；但依据推己及人的原则，它更主张以一种对"他者"立场的包容而求同存异，从而以一种和合、和谐、和美的方式最终消弭分歧、解决矛盾。

事实上，贵和也是道家的立场。老子的天道观之一即是："万物负阴而抱阳，冲气以为和。"（《道德经》第四十二章）依据道家"由道而德"的哲学路径，这一万物阴阳和谐的天道内化为人的德性，自然要得出贵和的结论。正是在这个贵和之道的基础上，老子主张人我关系上要有"为而不争"的谦让之德："夫唯不争，故天下莫能与之争。"（《道德经》第二十二章）这一谦让之德的客观依据正是每一个"我"对"他者"的自然存在有一份认同之心。事实上，道家"道法自然"（《道德经》第二十五章）命题里的"自然"既指自然界的天地自然，也指对"他者"自然的尊重。正是有这一传统的熏陶，我们中国人口语中说"做人做事心态要自然"这里的"自然"即是指对"我"之外的"他者"的自然存在予以认同与尊重。[1]

可见，也正是有了这样一份对"他者"的认同与尊重之心，"我"就必然会走出个人主义的困顿与迷局，培植出与他人的一种合作与共赢的贵和之德。而且，在道家看来人我关系一旦摆脱了"我"与"他者"的二元对立，那么贵和

---

[1] 张长弓：《田野上吹来清新的风》，人民文学出版社2014年版，第239页。

恰恰是最自然、最理性、最和谐的状态。故老子说："圣人无常心，以百姓心为心"（《道德经》第四十九章）；"既以为人，己愈有；既以与人，己愈多"（《道德经》第八十一章）。可见，唯有推己及人的贵和之道才可以营造出人我合一的人际关系。

在人我关系中，如果说孝亲的对象是最亲近的"他者"父母，贵和的对象是人际交往中特定的"他者"，那么，崇义涉及的"他者"则更为宽泛，它可以是对陌生人的见义勇为，可以是对集体、对国家的舍生取义，甚至可以是为解救人类苦难而赴汤蹈火的凛然大义。

在儒家那里，崇义是其仁道立场的必然引申。孟子就将孔子的"仁"理解为内心的德性，把"义"理解为依据"仁"而采取的外在行动："人皆有所不忍，达之于其所忍，仁也；人皆有所不为，达之于其所为，义也。"（《孟子·尽心下》）在孟子看来，这一由"仁"而"义"的过程，正是君子奉行人我合一之道由内而外的践行过程。与儒家相类似，墨家也崇义："万事莫贵于义。"（《墨子·贵义》）先秦墨家的这一崇义精神甚至成为后来侠客江湖立命之根本。事实上，先秦诸子在义利之辩中几乎都有崇义的基本立场。

就人我关系而论，崇义的本质是一个人在利己与利他、利集体、利国家之间发生冲突时，勇于战胜利己之心的一个价值抉择。这是古代人我之辩在义利观中的体现。传统文化既然推崇人我合一的立场就必然要主张"见利思义"（《论语·宪问》）。为此，荀子曾这样阐述道："义与利者，人之所以两有也，虽尧舜不能去民之欲利。然而能使其欲利不克其好义也……故义胜利为治世，利克义者为乱世。"（《荀子·大略》）也因此，荀子认为"不学问，无正义，以富利为隆，是俗人者也"，"惟利所在，无所不倾，若是则可谓小人矣"。（《荀子·不苟》）可见，正是基于人我合一的立场出发，古代圣贤必然主张义在利先，反对唯利是图的行为。

在中国古代，崇义的最经常表现就是爱国主义。爱国主义是一种对于自己生长的国土、民族、文化所怀有的深切的依恋之情。这种感情在历史的长河中，经过积淀、传承和不断创新，最终被整个民族的社会心理所认同，从而升华为对国家尽责、为国家奉献的意识和情怀。中华民族的历史虽历经磨难却始终绵延不绝，与爱国主义作为一种精神支柱和民族信仰密不可分。事实上，正是一代代"以天下为己任"的爱国主义者为中华民族留下来一幅幅绝美的画卷。比如，不畏强权的晏婴，英勇抗击匈奴的卫青、霍去病，精忠报国的岳飞，"男儿到死心如铁"（《贺新郎·同父见和再用韵答之》）的辛弃疾，"留取丹心照汗青"（《正气歌》）的文天祥，保卫北京的于谦，抗击倭寇的戚继光，横戈戍边抗清的袁崇焕，少年英雄夏完淳，收复台湾的郑成功，以及吟诵着"赢得孤臣同硕果，也留正气在乾坤"（《绝命诗》）从容就义的张苍水……这些熠熠生辉的爱国主义者的名字无一不彪炳于中华文明的史册。

崇义与爱国主义的最高境界是"杀身成仁""舍生取义"。孟子曾有这样一段被广为传诵的名言："鱼，我所欲也，熊掌亦我所欲也；二者不可得兼，舍鱼而取熊掌者也。生亦我所欲也，义亦我所欲也；二者不可得兼，舍生而取义者也。"（《孟子·告子上》）这一思想显然是对孔子"志士仁人，无求生以害仁，有杀身以成仁"（《论语·卫灵公》）思想的继承与发展。中华传统文化中所推崇的这种"杀身成仁""舍生取义"的浩然正气对中华民族产生了强烈而持久的精神感召作用。尤其是在外敌入侵、民族危亡之际，总有无数的志士仁人挺身而出，以自己的生命和鲜血，谱写了一曲曲"惊天地，泣鬼神"的"正气歌"，它构成中华民族最宝贵的精神财富。

与天人合一之道的现代价值相类似，中华传统文化推崇的人我合一之道以及孝亲、贵和、崇义的伦理范式，也为克服西方文化中因为个人主义而导致的现代性危机提供了中国方案。这一方案的核心理念是通过诸如和而不同、和而不流之类的路径探寻构建起"我"与"他者"的和合、和谐、和美关系。美国后现代学者格里芬在反思现代性危机时认为，当今的人类应该而且必须抛弃现代性，构建后现代性。在这个过程中"个人主义及其诸多的表现形态"是构建后现代社会过程中首先要批判和超越的。[1] 在格里芬看来，当今世界一些国家和地区充斥着的诸如政客的强权政治，商人的巧取豪夺，国家利己主义的以邻为壑，恐怖主义的冷血、暴力和杀戮，凡此种种都与个人主义有着直接的因果关系。[2] 现如今已经有越来越多的西方学者深信，近代以来西方社会对于主体性的过度强调达到了忽略整体性而趋于个体和个人主义的地步，这是导致现代性危机的罪魁祸首。[3] 以孔子的仁道思想为主要代表的中华传统文化因主张人我合一、推己及人之道，显然可以为后现代性精神的有效构建提供来自中国的智慧。这应该是"孔夫子主义"

---

① ［美］大卫·雷·格里芬：《后现代精神》，王成兵译，中央编译出版社1998年版，第225页。
② ［美］大卫·雷·格里芬：《后现代精神》，王成兵译，中央编译出版社1998年版，第230—231页。
③ 肖伟胜：《现代性困境中的极端体验》，中央编译出版社2004年版，第301—302页。

(Confucianism)成为一道亮丽的全球文化风景线的重要缘由。

众所周知,现代性的困境被许多西方学者认定源自启蒙运动的直接结果。比如美国学者卡洪就在《现代性的困境:哲学、文化和反文化》一书中通过批判启蒙运动开始确立的、先验的、无孔不入的主体主义而找到了现代性困境的文化根源。① 的确,就人我关系而论启蒙运动倡导所谓的自由、民主、平等概念,由此阐发关于个人、个性化的人格概念,并在此基础上主张个人主义的价值观。可以肯定地说,这些概念及主张对于反对封建主义与神学权威具有解放人性的巨大进步意义。但是,如果立足于唯物史观的立场,那么我们可以说这些自由、民主、平等概念以及个人主义的价值观因为极具抽象性,缺乏辩证思维,从而往往把个性化的自我及其能力、需求极端化。由此,那些"他者"及诸多他者集合体的家庭、社区、国家和历史中形成的各种社会性的制度文化便自然地被视作异在的附加。"它教导我们将自己看成是存在论意义上的——社会学意义上的原子,这些原子被剥夺了所有文化的和历史的认同形式,并且对于这些原子来说,要构造一种真正的社会秩序既是一个难题,也是一个神话。"②

这种高度个体化的、将个人主义视为人类本性和人类动机的"原子"式模式,从霍布斯和洛克到卢梭和康德的现代政治理论当中,占有很重要的基础地位。在这种政治理论里面,"国家的起源和依据被追溯到一种虚构的社会契约,按照这个契约,离群索居的、自然地被赋予了范围广泛的权利的社会原子,为了获得来自市民社会的利益和安全,把这些权利当中的某些部分割让了出去"③。按照自由主义政治传统的主流见解,人类生活的社会和政治向度是人为的、"外在的"安排,而通过这种安排,众多彼此竞争的个体可以通过一同将某些利益转让出去的方式,分别最大限度地实现他们各自特殊的利益。事实上,在大多数启蒙主义的自由主义背后的道德心理和伦理基础,都会导致一种对于现代社会生活在总体上抽象化、在本质上表现化的虚幻观念。这就正如英国学者约翰·希克斯尖锐指出的那样:"只有当我们揭示出我们作为人、作为道德主体的身份是怎样在跟周围社会集体的关系

① [美]卡洪:《现代性的困境:哲学、文化和反文化》,王志宏译,商务印书馆 2008 年版,第 56 页。
② [英]希克斯:《黑格尔伦理思想中的个人主义、集团主义和普世主义》,载邱立波编译《黑格尔与普世秩序》,华夏出版社 2009 年版,第 23 页。
③ 孙向晨:《现代个体权利与儒家传统中的"个体"》,《文史哲》2017 年第 3 期。

中成为现实的,我们才能够了解这种身份的充分内涵。"①

因此,西方自由主义的传统容易导致两方面的消极后果:一方面,自由主义导致个人主义的利己主义和虚无主义泛滥;另一方面,它还导致一些特定历史与现实语境下的集权主义肆虐。这两个后果可以说是互为因果:虚幻的个人及其自由、个性因其抽象与不切实际会走向对立面,即没有了个人、自由、个性,于是,集权主义便自然而然地登场;集权主义因为必然导致对个人及其自由、个性的无情否定,于是,换一种形式的个人主义、自由主义、利己主义便又纷纷粉墨登场。

事实上,在 20 世纪初中国于惶恐与向往、进步与倒退、激进与保守、激情与失望、理想与现实的诸种矛盾体验中开始现代性探索时,针对自由主义导致的个人主义、利己主义泛滥问题,孙中山于 1924 年就曾经指出:"中国人现在因为自由太多,发生自由的毛病"②。对于当时处于一盘散沙状态的中国社会状况,孙中山认为如果一味宣传个人自由和权力,只会加重中国走向分裂的困境。中国共产党在对于自由主义中隐藏的个人主义、利己主义倾向的批判上可以说继承了孙中山先生的遗志。为此,毛泽东在 20 世纪 30年代和 40 年代曾多次批判自由主义。他在《反对自由主义》这篇著作中尖锐地批判自由主义的"个人主义""自由放任""事不关己高高挂起"③等问题。显而易见的是,这并非一种反自由的立场和言论,而是总结了中国传统文化在人我关系问题上的优秀思想,将它和唯物史观理论相结合而用于指引中国革命实践的具体理论。

重要的还在于,抽象地讨论自由极易把历史和历史中的个人引入虚无主义的渊薮。黑格尔、马克思等从辩证法的立场出发必然地认为,没有绝对意义上的个人自由。人们常讲的个人自由其实大多是在由风俗、法律、礼仪以及人与人之间的社会生活公共空间中得以实现的。也就是说,自由是相对的。换言之,个人自由只有在共同体中,才能获得其作为社会成员的资格,最终被社会所接纳和承认。而正是在这时,那些原本被视作外在的周围事物,才能不会继续被视为外在的强加于他的异物,他也不会感觉到被外在

---

① [英]希克斯:《黑格尔伦理思想中的个人主义、集团主义和普世主义》,载邱立波编译《黑格尔与普世秩序》,华夏出版社 2009 年版,第 24 页。

② 孙中山:《孙中山全集》(第 9 卷),中华书局 2006 年版,第 281 页。

③ 毛泽东:《毛泽东选集》(第 2 卷),人民出版社 1991 年版,第 359—361 页。

的权威所束缚。相反,"社会性的和政治性的世界当中那些在他们周围的东西,是他们之所是的那种东西的组成部分或者说是包装,比如说,城邦的法律是他们的法律,城邦的战争也是他们的战争,等等。更大的共同体是每个公民生活的目标和意义。当他们身处于自己的共同体当中时,他们也就是在自己的家中"①。

正是在这一点上那些构成现代性的理念中,由于过分强调个人主义、自由主义,往往忽视了人类原始的自然欲望的文化习俗,并且对历史传统采取否定态度。比如,在康德那里,道德的价值源泉存在于人们对普遍法则的理性自觉,而不是来源于人类本身自然欲望的满足。而实际上这种原始的自然欲望通过社会习俗、传统法则和种种习惯的方式得到满足,因而是内在地具有社会属性的:"自我之所以是自由的,是因为自我是在社会当中拥有自己的存在,是因为自我可以在自己所处的共同体的风俗、法则和制度之中,直接地辨认出自我。"②也就是说,只有内在于社会中的个体,才能享受到真正的自由。

中国传统文化视域下的人我关系一方面肯定个体的自由,但另一方面它更强调对个体自由的限制。比如孔子讲"从心所欲不逾矩"(《论语·为政》)。在这里"从心所欲"是个体的自由,但"不逾矩"则构成了对个体自由的限制。这事实上是在自由问题上最接近唯物史观立场的古代智慧,因此那种认为中国古代哲学不承认个体自由的观点是缺乏依据的。恰恰相反,儒家完全肯定了个体意志自由的可能性。比如孔子称"三军可夺帅也,匹夫不可夺志也"(《论语·子罕》),据此他认为"为仁由己"(《论语·颜渊》)。荀子同样充分肯定了意志(心)的自由:"心者形之君也,而神明之主也,出令而无所受令。自禁也,自使也;自夺也,自取也;自行也,自止也。故口可劫而使墨云,形可劫而使诎伸,心不可劫而使易意;是之则受,非之则辞,故曰:心容其择也无禁。"(《荀子·解蔽》)以宋明理学为代表的后儒直接继承了这一思想,如陆九渊就竭力主张"自得、自成、自道,不倚师友载籍"③。

但众所周知的是,儒家更倾向于主张个体的自由只有相对的意义这一

---

① [英]希克斯:《黑格尔伦理思想中的个人主义、集团主义和普世主义》,载邱立波编译《黑格尔与普世秩序》,华夏出版社 2009 年版,第 23 页。

② [英]希克斯:《黑格尔伦理思想中的个人主义、集团主义和普世主义》,载邱立波编译《黑格尔与普世秩序》,华夏出版社 2009 年版,第 25 页。

③ 陆九渊:《陆九渊集》,中华书局 1980 年版,第 452 页。

立场。在传统儒家的人我观看来,他者的存在、家国等集体或社会共同体的存在,以及为了保障这些存在被认可和被尊重,它还会以诸多的礼仪、风俗、道德、法度等来制约个体的自由,即所谓的没有规矩不成方圆。于是,仅仅从伦理道德方面说,孝亲成为家的规矩、贵和成为团队的规矩、尚义更是成为全社会乃至天下的规矩,如此等等。这些全都要对个体的自由进行限制。

可见,在中国古代人我关系的理解中,西方近现代以来所谓的原子化个人是不可思议的。我们知道,原子化个人是置身以物的依赖性为基础的社会发展阶段中人的独立性开始呈现后的产物。作为属于现代性发展阶段的一部分理念,它是在启蒙运动之后,"在以自由市场和民族国家建立为标志的现代社会兴起过程中,伴随着传统共同体生活条件下的确定性、安全性以及价值归属感的传统社会的产物"①。但问题在于,这种原子化的个人是抽象和虚幻的。这就正如有学者指出的那样:"原子化的个人不是真正的个人,而是真正个人的一种客观的假象,在本质上是作为市民经济成员的经济人,在经济人基础上形成的则是自我分裂、自相矛盾的政治人、社会人和意识形态人;随着过剩经济时代的到来,社会需要将成为人的第一需要,从而使原子式个人这一客观假象逐步走向消失。代之而起的将是个人的完全独立和个性的自由发展。只有到共产主义社会,真正的个人才成为历史的真实。"②这应该是唯物史观在对原子式个人批判的基础上对真实个人给出的真理性结论。

5.2.3 "大同"社会:从理想走向现实

人与社会的关系如果立足于社会的论域,那么中国古代的"大同"社会无疑是非常值得关注的论题。《礼记》有云:"大道之行也,天下为公,选贤与能,讲信修睦。故人不独亲其亲,不独子其子。使老有所终,壮有所用,幼有所长,鳏寡孤独废疾者皆有所养,男有分,女有归。货恶其弃于地也,不必藏于己;力恶其不出于身也,不必为己。是故谋闭而不兴,盗窃乱贼而不作,故外户而不闭。是谓大同。"(《礼记·礼运》)

可见,"大同"是古代哲人描绘的一种理想的社会存在状态,有些类似于西方空想社会主义者建构的"乌托邦"。古人通过大同社会的理想来寄托对

---

① 田毅鹏、吕方:《社会原子化:理论谱系及其问题表达》,《天津社会科学》2010 年第 3 期。
② 马拥军:《马克思恩格斯论原子式个人》,《中国浦东干部学院学报》2018 年第 3 期。

于一个没有剥削、人人劳动、人人平等、推己及人、和睦团结的社会的热切期盼。因而,古代儒家提出的"大同"社会理想是封建社会地主阶级兴起但国家却处于战争和分裂状态下的人们对美好生活的一种愿景。它对于封建社会理想特征的认定,有天下为公(全民公有)的社会制度、选贤与能的管理体制、讲信修睦的人际关系、人得其所的社会保障、人人为公的社会道德、各尽其力的劳动态度。它虽然在当时历史条件下难以实现,但是经过上千年的社会发展,在现代社会却具有非常重要的启迪价值。

中国共产党的十九大政治报告的最后一段的开篇语就援引了《礼记·礼运》"大道之行,天下为公"这一名句①,它让我们直观地感受到古老的传统文化的当代价值。这一名句既契合了共产党人坚守的《共产党宣言》的基本立场,又体现和彰显了中国历代志士仁人崇高的天下观;它既是当代中国马克思主义者的宣言书和行动纲领,又是解决诸如利己主义、个人主义这一所谓的现代性困境的中国方案、中国路径和中国智慧。事实上,进入新时代的中国人民正在中国共产党的引领下努力推进中国式的现代化,以实现富强、民主、文明、和谐、美丽的"大同生活"。

特别值得指出的是,马克思设想的共产主义理想与中国传统文化中的"大同"社会理想有着非常的契合性。在马克思所设想的理想社会中,生产力得到极大提高,物质财富充分呈现,国家自行消亡,人们的道德素质极大提高这一共产主义社会的美好景象,与"大同"社会中无人搞阴谋诡计,无人盗窃财物,也无人起兵作乱,路不拾遗夜不闭户的理想状态在表现形式上是相似的,两者都展示了人类对于美好生活的憧憬与向往。这也是中国共产党人在回望传统的过程中激活其合理性成分的一个重要缘由。

当然,唯物史观构建的共产主义理想与中国传统文化中的"大同"社会理想之间也有着明显的差别:首先,传统文化中的"大同"社会理想中所预期、所憧憬的没有剥削的社会状态,具有其明显的阶级属性和历史条件限制,它事实上是封建社会中部分人的去剥削状态,因而在一定程度上仍然是不平等的。而唯物史观语境下的共产主义理想则是基于对资本主义社会的深刻批判性考察和唯物辩证分析的基础上,揭示了在未来所必然出现的一种社会存在方式。其次,传统文化中的"大同"社会理想的现实基础是并未

---

① 《党的十九大文件汇编》,党建读物出版社 2017 年版,第 43 页。

得到充分发展的生产力水平,而且"大同"观的设计者也并未为人们提供实现"大同"社会理想所需的具体手段和方式,因而这种"大同"社会的理想是虚幻而抽象的空想而已,难以看到实现的真正契机。而唯物史观构建的共产主义理想的现实基础则是高度发展的生产水平,是在充分的财富积累的物质保障条件下,因而是可以在未来得以切实实现的具体而现实的理想。

尤其值得指出的是,虽然孔子和马克思都对各自所期待的美好社会提出过相应的实现方式,但是二者的具体措施是完全不同的。《礼记》所代表的古代儒家的"大同"社会理想,其实现方式相对保守,主要通过克己复礼、以德治国和"仁"与"礼"的内在与外在约束来达到。但马克思坚持认为从资本主义社会走向共产主义理想社会必须进行激进的革命斗争,这就正如他在《〈黑格尔法哲学批判〉导言》中指出的那样:"批判的武器当然不能代替武器的批判,物质的力量只能用物质力量来摧毁。"①因此,马克思认为唯有将批判的武器和武器的批判结合起来,进行暴力革命,才能改造现存的私有制,继而实现公有制的社会。因此当我们断言传统文化中的"大同"社会理想对现代社会仍然具有重要的启迪价值时,一定是在取其精华去其糟粕的转型与创新语境下才得以成立的。

事实上,当今中国社会正在构建的富强、民主、文明、和谐、美丽的社会正可谓是对"大同"社会的一种继承基础上的创新。就传统人我关系理论的创造性转换而论,我们今天建设富强、民主、文明、和谐、美丽的社会,至少对它在学理层面有如下两个向度的硬核规定。

其一,充分承认现实生活实践中每一个个体的自爱本能。从语义的起源上分析,自爱的范畴源自西方。启蒙思想家爱尔维修曾这样定义自爱:"人是能够感觉肉体的快乐和痛苦的,因此他逃避前者,寻求后者。就是这种经常的逃避和寻求,我称为自爱。"他认为自爱这种情感,"是肉体的感觉性的直接后果,因而为人人所共具,乃是与人不可分离的。我以它的永久性、不可改变性甚至不可变换性来做这一点的证明。在一切情感中,它是这一类的唯一情感;我们是凭它获得我们的一切欲望、一切感情的。这些感情在我们身上只能是把自爱应用在这种或那种对象上的结果"②。但正如我

① [德]马克思、[德]恩格斯:《马克思恩格斯选集》(第1卷),人民出版社1995年版,第9页。
② 周辅成:《从文艺复兴到19世纪资产阶级哲学家、政治家、思想家有关人道主义人性论言论选辑》,商务印书馆1966年版,第461页。

们所看到的那样，在这些近代启蒙思想家那里，这一自爱却被不恰当地理解为自私和利己。这种思想经过叔本华、尼采、萨特、弗洛伊德等人的倡导，形成了一股非理性主义和反道德主义的思潮，在西方文明史上留下了极为消极的影响。

与西方传统不同，在人我关系方面中国思想史上从来没有提出过规范意义上的自爱范畴。孔子虽然提出了一个以爱人为基本核心的仁道学说，强调要以"仁"作为基本规范来调整人与人之间的关系。但这个"仁"仅仅是爱别人，从实质上讲是以维护宗法等级制度为前提的，因此这个"仁"与自爱无关。汉代的董仲舒把封建等级制度下的人与人之间的关系——主从配合关系——上升到封建道德的基本准则的地位，从而提出"三纲"即君为臣纲、父为子纲、夫为妻纲的思想，强调封建社会人与人之间关系的绝对不平等性。这种思想发展到宋明理学时代，就更为明显了。比如宋明理学的开宗者周敦颐，一方面认为人在万物之中，因得宇宙变化之秀而最灵，另一方面又把道德伦理提高到极为重要的地位。他说："天地间，至尊者道，至贵者德而已矣。至难得者人，人而圣至难得者，道德有于身而已矣。"(《周子全书》卷九)这即是说，道德是天地之间至尊至贵者，普通人是很难得之于身的。这样来理解道德实质是把道德异化，道德变成了非人的道德，于是，人的存在必然被贬低和异化。正是因为如此，中国历史上才有宋明理学的"存天理去人欲"的学说出现，才有"饿死事极小，失节事极大"之类的吃人礼教。宋明理学家所谓的天理，实质上是把封建社会道德伦理的基本原则当作抽象的且永恒不变的最高原则，而把违背封建伦理的思想和行为看成"人欲"，必除之而后快。

但人只要凭常识就可以知道，存理去欲的学说有一个致命的地方，这就是人欲的存在是一个客观的事实，否则人之生命将不复存在。为了解决这个矛盾，朱熹只得对"存天理，灭人欲"的理论作一个补充，这就是不得不承认最基本的人欲乃是天理。所以，当他的学生"问饮食之间，孰为天理孰为人欲"时，朱熹也只得答曰："饮食者，天理也；要求美味，人欲也。"(《朱子语类》十三)朱熹对存理去欲说的这一补充，貌似使理论完善了，但实质上恰恰暴露了这一"存天理，灭人欲"之伦理主张的虚妄性。可见，在这样一种传统文化中，人们当然不可能诞生自爱的情感与追求。这无疑是人与社会关系以及为了调整这个关系而产生的道德关系的一种异化。

因而，西方传统文化把自爱解读为自私、利己是错误的，而中国传统文化却以异己的、非人的伦理纲常来压抑自爱的情感与追求更是不人道的。因为自爱既是人的内在的深切欲望，又是自我行为的内在机制。所以在唯物史观看来，要造就人，要培养人的优美德性，首要的就是培植人的自爱自尊的伦理情感。

事实上，从党的二十大提出的构建富强、民主、文明、和谐、美丽社会的视角而论，在人与社会的关系问题上如果无视甚至扭曲、打压人的自爱本能，这样的社会是不可能和谐美丽的。这也是后来明清思想家要批判宋明理学的一个根本缘由。比如清初的王夫之明确提出了天理人欲统一的观点，所以在《周易外传》中他有了如下一个著名的命题："有是故有非，有欲斯有理。"理存于欲说的最著名代表人物是戴震。在《孟子字义疏证》中，他明白了当地声称："理者，存乎欲者也。""天理者，节其欲而不穷人之欲也。是故欲不可穷，非不可有。有而节之，使无过情，无不及情，可谓之非天理乎。"①特别有启蒙意义的是，戴震在这个理存于欲说的基础上，深刻批判了宋明理学家"存理灭欲"的实质是"以理杀人"："圣人之道，使天下无不达之情；求遂其欲，而天下治。后儒不知情之至于纤微无憾是谓理；而其所谓理者，同于酷吏所谓法。酷吏以法杀人，后儒以理杀人。"②因而，在戴震看来，宋明理学家即使一般不否认人的饮食男女之欲，但毕竟制欲太甚，使许多人不能达其欲而忧郁致死，而这正是"以理杀人"。

也许正是因为汲取了宋明理学之类的教训，所以我们今天在富强、民主、文明、和谐、美丽社会的构建中，显然对人的自爱以及由自爱衍生而来的诸多人欲给予了充分的肯定和尊重。2004 年在中国共产党的十六届四中全会通过的《决定》中，在提及考量执政党执政能力的问题上明确提出了"必须坚持以人为本这一构建社会主义和谐社会的根本出发点和落脚点，以解决人民群众最关心、最直接、最现实的利益问题为重点"③的要求。到了2017 年党的十九大召开，在政治报告中更是提出了"中国特色社会主义进入新时代，我国社会主要矛盾已经转化为人民日益增长的美好生活需要和

---

① 戴震：《孟子字义疏证》，中华书局 1961 年版，第 11 页。
② 戴震：《孟子字义疏证》，中华书局 1961 年版，第 12 页。
③ 《十六届四中全会通过〈中共中央关于加强党的执政能力建设的决定〉》，《人民日报》2004 年 10 月 18 日。

不平衡不充分的发展之间的矛盾"①。这就从更高、更根本的层面上把满足人民群众的各种物质的、制度的、生态的、精神文化的利益诉求摆到了执政党的面前。正如有学者指出的那样，与以往较长时期内"人民日益增长的物质文化需要同落后的社会生产之间的矛盾"的表述相比，党的十九大报告用"美好生活"需要取代"物质文化"需要。这既表现为人民需求数量和质量的不断增长、层次不断升级，也表现为需求范围不断拓展、结构不断多样。在2022年召开的党的二十大政治报告中，更是号召全党要"深入贯彻以人民为中心的发展思想，在幼有所育、学有所教、劳有所得、病有所医、老有所养、住有所居、弱有所扶上持续用力"②。正因为中国共产党人为人民谋福利久久为功、持之以恒的坚定性，才使得传统"大同"社会所憧憬与向往的理想生活得以成为一个个美好的现实。

其二，在自爱与爱他人无法兼顾时必须培植起利他主义的德性。这是富强、民主、文明、和谐、美丽社会构建中与个体自爱本能的保障同样重要的一个向度。它要求人绝不可以只满足于自然本能中衍生出来的自爱。事实上，儒家推崇的仁道之"仁"中的"二人"之义，即一谓自我二谓他者。为此，儒家的仁道思想更内蕴着爱别人的伦理立场。这就如《论语》里的记载那样："樊迟问仁，子曰：爱人。"（《论语·颜渊》）可见，在孔子看来爱自己是天性，无须培养自然就有，而爱他人则是后天必须培养的德性。于是，仁者的要求在自爱的同时更体现为要爱他人："夫仁者，己欲立而立人，己欲达而达人。"（《论语·雍也》）"己所不欲，勿施于人。"（《论语·颜渊》）孔子这些语录表达了一个共同的立场，即利他主义的伦理情怀。

也是由此，作为古代社会的一种治理之道，儒家历来要求统治者"爱人"。其具体内容就是孔子曾一再希望的统治者应养民、利民、富民、惠民、教民、博施于民。汉代董仲舒曾这样形象地总结过："王者爱及四夷，霸者爱及诸侯，安者爱及封内，危者爱及旁侧，亡者爱及独身。"（《春秋繁露·仁义法》）这就是说，统治者爱他人范围的广狭，直接关系到他统治范围的广狭和统治地位稳固的程度。为此，儒家始终劝勉统治者为政施仁，"以不忍人之心，行不忍人之政"（《孟子·公孙丑上》），并且认为"仁人无敌于天下"（《孟子·尽心下》）。

---

① 《党的十九大文件汇编》，党建读物出版社2017年版，第12页。
② 《党的二十大文件汇编》，党建读物出版社2022年版，第8页。

　　道家从"道法自然"的基本立场出发,同样也主张要培植利他主义的德性。道家在人我之辩的立场是自然地对待他人的存在。也就是说,在道家看来每一个生命都是一种自然的存在,都应该得到别人的尊重。为此,道家认为人应该像天地那样厚德载物,包容自然界中包括诸多他者存在的一切自然存在。这显然是道家特色的人我合一的和谐社会观。正是基于这一自然哲学的立场,老子说:"圣人无常心,以百姓心为心。"(《老子》第四十九章)这就是说,悟道之人(圣人)效法自然,以他人的自然为自己的自然,没有个人的偏执之心,无私无我,所以完全能够以他人及天下百姓之意愿为自己的意愿。老子甚至主张"善者吾善之,不善者吾亦善之"(《老子》第四十九章)。可见,与儒家的仁道主张殊途同归,道家也得出了人我合一的社会和谐观。

　　也是因此,老子明确主张"为而不争"的思想:"天之道,利而不害;圣人之道,为而不争。"(《老子》第八十一章)老子认为"大道泛兮,其可左右。万物恃之以生而不辞,功成而不有,衣养万物而不为主"(《老子》第三十四章)。人应效法天道的这种伟大德性,"生而不有,为而不恃,功成而弗居"(《老子》第二章)。这种精神表现在言行上即是"不自彰""不自伐""不自矜"(《老子》第二十三章)。即是说,一个悟道的人是懂得不自以为是、不自我炫耀、不骄傲自大的。老子对这种"不自彰""不自伐""不自矜""功成而弗居"的不争之德十分推崇,认为它是最符合自然之道的。而且,道家所谓的不争并不是消极退缩,无所作为。相反,在老子看来,利他主义的不争正是安身立命、成就大业的最佳途径。以老子的话说即是"不自是,故彰;不自伐,故有功;不自矜,故长。夫唯不争,故天下莫能与之争"(《老子》第二十二章)。

　　与儒家、道家一样,墨子的"兼爱"说也体现了利他主义的德性。墨子认为:"兼者,圣王之道也,王公大人之所以安也,万民衣食之所以足也。"(《墨子·兼爱上》)"若使天下兼相爱,爱人若爱其身。"(《墨子·兼爱上》)正是从这个意义上,有学者认为孔子、老子和墨子的哲学思想都是充满人道主义精神的。[①]

　　墨子还具体描绘了一个"兼爱"的和谐社会:"天下之人皆相爱,强不执弱,众不劫寡,富不侮贫,贵不敖贱,诈不欺愚。凡天下祸篡怨恨可使毋起者,以相爱生也。"(《墨子·兼爱中》)当然,与儒家不同的是墨子又是道德问

---

① 张应杭、蔡海榕主编:《中国传统文化概论》(第二版),浙江大学出版社 2016 年版,第 179 页。

题上的功利主义者,他强调:"爱人者,人必从而爱之。利人者,人必从而利之。恶人者,人必从而恶之。害人者,人必从而害之,此何难之有?"(《墨子·兼爱中》)为此,墨子非常强调"兼爱"则人己两利的思想。但与此同时,作为人生的一种最高理想,墨子又提出了无功利的一种"兼爱"情怀:"文王之兼爱天下之博大也,譬之日月,兼照天下之无有私也。"(《墨子·兼爱下》)这种带着博爱情怀的爱犹如日月之光普照大地,而从不企望从中获得私利回报的兼爱理想,其实也是墨子自己所躬身践行的一种理想人格。从这一点上讲,墨子的功利主义道德学说与西方的功利主义伦理观相比,显然又带有更多的利他主义特性。

事实上,人从和动物界脱离的那天开始,便作为一种社会的动物而存在和行动着。作为社会的存在,人一定会与他人、与集体、与社会结成特定的社会关系,从而能自觉地意识到维护与调整这种社会关系的需要。由此,约束人性的行为规范就这样产生了。这种规范可能给人性许多限制,但人的理性却自觉意识到没有这种行为规范的限制,便没有社会关系的维护,从而便没有作为社会存在的人。这就正如马克思在《1844 年经济学哲学手稿》中深刻地指出的那样:"动物和它的生命活动是直接同一的。动物不把自己同自己的生命活动区别开来。它就是这种生命活动。人则使自己的生命活动本身变成自己的意志和意识的对象。他的生命活动是有意识的。"[1]可见,正是人的意识和意志的努力,人就和动物分野和揖别了。就人我之辩而论,这一意识和意志的努力就体现为自己的内心培植和养成利他主义的做事做人境界。

可以肯定地说,人依据什么成为人的问题在中西文化中显然有各种各样的学说。在中国古代,占据主流文化的观点显然是儒家。在儒家看来诸如"仁道"那样的利他德性的生成和培植是"成人"的最重要途径。从这一点上讲,孟子把是否具有"仁道"之利他德性的思想视为人和动物(禽兽)的区别,无疑是异常深刻的。值得欣慰的是,传统文化的这一"成人"之道作为中国智慧正引起全球学者的关注。2018 年在北京召开了第 24 届世界哲学大会,这不仅是始创于 1900 年的世界哲学大会首次在中国举办,而且也是首次以中国哲学传统作为基础学术架构的一次全球哲学盛会。这次大会的主

---

[1]　[德]马克思、[德]恩格斯:《马克思恩格斯全集》(第 42 卷),人民出版社 1979 年版,第 96 页。

题便是"学以成人"(Learning To Be Human)。① 这一主题彰显的正是古代中国文化的智慧,即成人不是一个自然的过程,它需要学习诸如人我、义利、欲理(道)之辩中的义理,并在对这个义理的认同过程中既内化于心,又外化于行。正是由此,人才从动物(禽兽)世界里分离出来而成为人,而和谐社会也就在这个过程中得以真正地实现。

因此,在致力于富强、民主、文明、和谐、美丽社会构建的当下,我们必须特别注重传承和创新传统人我合一之道的优秀思想成分,并对利己主义、个人主义价值观进行必要的批判。就当今中国现实社会的存在而论,利己主义、个人主义的消极影响可谓是富强、民主、文明、和谐、美丽社会构建在价值观方面的一大障碍。信奉利润最大化法则的市场经济又助长了这一利己主义、个人主义价值观的滋长。事实上,当今中国在人我关系问题上出现的诸如"精致的利己主义者"②"温和的个人主义者"③等现象,正表明了问题的严峻性。这显然是当今中国的"社会病",而其病根从精神文化的层面看正是利己主义、个人主义的价值观。这也从反面印证了对传统文化人我合一之道做批判性的继承和创造性转化的必要性和重要性。

5.3　当今中国在人我关系上的创新性发展

作为中华优秀传统文化的继承者和弘扬者,中国共产党人在积极引领现代中国在建设新时代中国特色社会主义现代化的过程中,高度重视文化自信的打造。在人我之辩中我们坚定文化自信,就体现为重新审视和发掘人我合一传统立场的合理性,在对利己主义、个人主义进行批判的同时以唯物史观的立场和方法为指导积极培植利他主义的价值观。事实上,自党的

---

① 新华社北京 2018 年 8 月 18 日电(记者栾翔报道):"学以成人"为主题的第 24 届世界哲学大会,以借鉴东方传统哲学思想来共筑人类命运共同体。

② 这是北大教授钱理群提出的一个概念。其基本含义是指那些精打细算、不犯法不违规的"利己主义者"。此处的精致与粗糙、粗暴相对。参见《"精致的利己主义"害莫大焉》,载《中国纪检监察报》2017 年 2 月 8 日。

③ 近代法国思想家托克维尔曾有"温和的利己主义"一说,"温和的个人主义"一词即脱胎于此。其基本含义是认为强调个人的利益的个人主义是中性词,只要以温和、不僵硬的方式去实现个人主义便无可厚非。但问题是这里的"温和"不仅其含义非常模糊,而且它也只是修饰个人主义这个主语的。事实上在实践中常常面临"温和"的手段与"个人主义"的目的发生冲突。参见张应杭《化理论为德性》,浙江大学出版社 2021 年版,第 306 页。

十八大以来,以习近平同志为核心的党中央立足当代中国现实,思考当今世界发展的现状,积极谋篇布局,在这方面做了大量的工作。这些工作既有宏观层面上的诸如共享的发展理念的确立、以社会主义核心价值观增强文化认同等,也包括微观层面的,比如中共中央宣传部、中央文明办、全国总工会、共青团中央、全国妇联共同主办的全国道德模范评选活动,让那些自觉牺牲小我利益、积极维护大我利益的道德人物感动和温暖我们的社会;又比如着力引导主流媒体开设诸如以"感动公众、感动中国"为主题的人物颁奖类节目,这既可以避免或纠正媒体过度娱乐化的偏颇,又可以让受众真切地感受到来自现实生活中的利他主义楷模的言行事迹。这可以说是传统的人我之辩在当今社会的正能量彰显,是古老的人我合一命题在新时代的创新性的发展。

5.3.1　以共享发展理念化解社会分配矛盾

自 2015 年党的十八届五中全会提出创新、协调、绿色、开放、共享的新发展理念以来,"共享"很快便成为中国现代化进程中重要的价值观和伦理指导原则,"共享经济"更是成为中国现代社会的一种崭新的发展模式,其核心立场是人人享有。因此,从执政党的治国理政理念而论,"坚持共享发展,必须坚持发展为了人民、发展依靠人民、发展成果由人民共享,作出更有效的制度安排,使全体人民在共建共享发展中有更多获得感,增强发展动力,增进人民团结,朝着共同富裕方向稳步前进"①。可见,共享发展是我们党对经济社会发展理念的创新发展,反映了我们党对共产党执政规律、社会主义建设规律、人类社会发展规律认识的升华,是新形势下推动经济社会发展的基本路径和重要指南。共享作为当下中国社会发展的目标和归宿,要求将我国经济发展的物质文明成果和精神文明成果与全民共享,因而共享发展在本质上与社会主义本质特征和基本规律是内在一致的。也因此我们可以说,共享的发展理念是中国特色社会主义的本质规定和内在要求。

事实上,从社会分配的角度看,共享的发展理念坚守了社会主义共同富裕的本质立场。在当今中国如果人与人享有的社会产品差距,出现两极分化,既不符合社会主义原则,又会带来社会不稳定、经济发展受损等严重问

---

① 《中国共产党第十八届中央委员会第五次全体会议公报》,《人民日报》2015 年 10 月 30 日。

题。共享发展就是要把贫富差距控制在合理的区间。

毋庸讳言的是,我国现阶段在发展成果惠及全体人民方面还存在一些突出问题,不仅必须引起高度重视,而且要在实践层面积极行动以化解矛盾,对贫富悬殊的问题逐步地加以解决。党的十八届五中全会之所以强调"按照人人参与、人人尽力、人人享有的要求,坚守底线、突出重点、完善制度、引导预期,注重机会公平,保障基本民生,实现全体人民共同迈入全面小康社会"①,就是要着力解决这一问题。这就要求我们必须坚持和完善社会主义基本经济制度和分配制度,深化收入分配制度改革和社会保障制度改革,加大再分配调节力度,在继续做大"蛋糕"的同时关注和解决好如何分好"蛋糕"的问题。比如我们在精准施策打赢脱贫攻坚战后要积极防止各种有可能的返贫,要努力缩小城乡、区域、行业收入差距,让全体人民都能享受到改革发展的成果,朝着共同富裕的方向稳步前行。

如果从人我关系的视域来审视共享发展理念,我们至少可以归纳出如下理论和实践意义。这些意义正印证了当今中国共产党人对古老的人我之辩中的群己之辩问题在新时代做出了创新性的发展。

首先,共享发展意味着一种全新的看待个体之间、个体与社会之间关系的发展理念。这与唯物史观关于社会主义社会人我关系以及人与社会关系的矛盾统一的辩证发展观是一致的。实际上,共享理念本身就是马克思所言共产主义条件下的未来自由人联合体的题中应有之义,它意味着打破封闭的原子式个体,从而走向家庭、社会、国家、世界的集体性自我的文化自觉。"由社会全体成员组成的共同联合体来共同地和有计划地利用生产力;把生产发展到能够满足所有人的需要的规模;结束牺牲一些人的利益来满足另一些人的需要的状况……共同享受大家创造出来的福利,通过城乡的融合,使社会全体成员的才能得到全面发展"②。马克思认为共产主义社会共享的理想还未实现,是因为实现共产主义所需打破的私有制尚且存在。私有制制度下资本主义的发展是绝对个别的、自我的发展。正是由此,马克思、恩格斯在《共产党宣言》中说:"共产党人可以把自己的理论概括为一句话:消灭私有制。"③可见,马克思、恩格斯期待在公有制基础上实现共享与

① 《中国共产党第十八届中央委员会第五次全体会议公报》,《人民日报》2015 年 10 月 30 日。
② [德]马克思、[德]恩格斯:《马克思恩格斯选集》(第 1 卷),人民出版社 1995 年版,第 243 页。
③ [德]马克思、[德]恩格斯:《马克思恩格斯文集》(第 2 卷),人民出版社 2009 年版,第 45 页。

共富。

当然,为了达到这个阶段的理想目标,共产党人亟待努力地促进和提高生产力,要生产出极大充裕的物质财富,实现个体的自由和解放,消灭剥削和阶级对立。只有这样,共享才从资本主义所有制的抽象可能性中变成一种现实可能性。这就如有学者描绘的那样:"人们摒弃了彼此相互竞争和敌对的关系,限制和支配他人的物质和社会权力被彻底消除,每个人的自由发展依赖于他人的自由发展,自身的自由发展又为他人的自由发展创造了条件,其最终结果是每个人都能在平等和谐的共同体中实现自由而全面的发展。"①

其次,共享发展理念是根据中国现阶段社会发展主要矛盾而提出的辩证地看待共建与共享、发展与分配关系问题的与时俱进发展观。遵循唯物辩证法的立场,在共建与共享、发展与分配的辩证关系问题上中国共产党始终坚持如下的基本原则:其一,"发展是党执政兴国的第一要务"②。如果没有经济发展这个前提,一切将无从谈起。这事实上也正是马克思唯物史观的最基本原则。也就是说,我们要始终坚持"发展是硬道理"的战略思想。其二,"要坚持以推动高质量发展为主题"③。这即是说发展要实现更高质量、更有效率、更加公平、更可持续。众所周知,我们的经济发展已经越过了粗放型的发展阶段,进入新时代的中国要以加快构建新发展格局,着力推动高质量发展来增进民生福祉,提高人民生活品质。其三,"坚持多劳多得,鼓励勤劳致富,促进机会公平"④。这也就是说,一方面在我国现阶段所谓"分配优先于发展"的主张并不符合实际需要。所谓"分好蛋糕比做大蛋糕更重要"的论调其实不符我国现代化发展的初级阶段和社会主要矛盾的基本判断。另一方面,我们要在坚持社会主义基本经济制度和分配制度的基础上,调整收入分配格局,完善以税收、社会保障、转移支付等为主要手段的再分配调节机制,通过做出更有效的制度安排,使全体人民朝着共同富裕方向稳步前进。其四,"抓住人民最关心最直接最现实的利益问题,坚持尽力而为、量力而行"⑤。这就是说,要使发展的最终目的是造福人民,让发展在不

---

① 张艳涛、张瑶:《"共享发展":当代中国发展的目标和归宿》,《前线》2017 年第 6 期。
② 《党的二十大文件汇编》,党建读物出版社 2022 年版,第 21 页。
③ 《党的二十大文件汇编》,党建读物出版社 2022 年版,第 22 页。
④ 《党的二十大文件汇编》,党建读物出版社 2022 年版,第 36 页。
⑤ 《党的二十大文件汇编》,党建读物出版社 2022 年版,第 35 页。

同阶层、不同群体之间更加平衡,更加充分,发展的机会能够更加均等,发展的成果能够真正实现人人共享。

最后,共享发展体现出当代社会发展的伦理价值和人文关怀,是"以人民为中心"的社会主义发展观的重要体现。以人民为中心的发展理念是科学发展观的核心要求,也体现了中国共产党全心全意为人民服务的根本宗旨。过去那种单线的、以绩效为重的发展方式突出了物质积累的速度,却忽略了物质增长的质量,即物质的快速生产本来是满足人的需要和利益,结果反而因为过度重视增长速度而损害了人民的利益。这种发展观"见物不见人",其实质是一种"以物为本"的思想,它和"以人为本""以人民为中心"所代表的是两种不同的发展观。共享发展在注重提升经济生产能力从而提升人们物质幸福的前提下,强调发展过程中对于人性尊严的重视,恢复人之作为人的价值,改善社会主义建设发展过程中的精神面貌,提升人民享受共同的物质财富和精神财富的幸福指数。

事实上,社会主义的精神文化与共享发展的理念是兼容的,这使得社会成员要充分考虑到个人义务和社会责任,自觉超越自私自利行为的个体性生存模式,对"他者"要表示出必要的关切和同情,并努力帮助他们改善生活处境。在处理好共建与共富、发展与共享的基础上,唤醒人们的伦理自觉,在相应的生产力水平上培养人们对于社会主义文化的价值认同,并最终为社会主义政治、经济和文化事业的发展贡献每个人的力量。

5.3.2 以社会主义核心价值观增强公民的文化认同

文化的作用在于以文化人、以文育人。但是,要做到这一点,有一个前提,那就是文化认同。正是基于对这一文化发展规律的自觉认知,中国共产党通过对传统文化中契合社会主义文化属性的优秀成分予以了激活,实施了将社会主义核心价值观作为主要内容以增强公民文化认同的文化发展战略。

党的十八大提出:"倡导富强、民主、文明、和谐;倡导自由、平等、公正、法治;倡导爱国、敬业、诚信、友善,积极培育和践行社会主义核心价值观。"①这就明确树立了国家层面、社会层面和个人层面的价值目标、价值取

---

① 《中国共产党第十八次全国代表大会文件汇编》,人民出版社 2012 年版,第 12 页。

向和价值准则。党的十九大报告更是明确指出,"把社会主义核心价值观融入社会发展各方面,转化为人们的情感认同和行为习惯"①。

事实上,中国共产党提出社会主义核心价值观的培育和践行问题,是有着深刻的历史与现实语境的。与世界处于百年未有之大变局相应的是,进入新时代的中国也正处在大发展、大变革、大调整时期。在前所未有的改革、发展和开放进程中,各种社会思潮、形形色色的价值观念呈现出纷繁复杂的局面。比如在如何对待历史传统的问题上,虽然毛泽东在《新民主主义论》中已经阐释过中国共产党人的立场:"中国现时的新政治新经济是从古代的旧政治旧经济发展而来的,中国现时的新文化也是从古代的旧文化发展而来,因此,我们必须尊重自己的历史,决不能割断历史。"②但是,20世纪90年代以来,在各种社会思潮相互激荡的思想大格局中,历史虚无主义思潮开始对传统文化的继承与创新产生了相当大的破坏力。这种错误思潮打着"反思历史""还原历史"的旗号,以偏概全,一叶障目,歪曲历史事实,否认历史真理,在相当程度上给社会造成了思想混乱。历史虚无主义有两个惯用的手法:一是对历史本身的否定,表现为抹杀、掩盖、淡化历史事实,或以虚构的假象伪造历史。比如断言:中国历史就是一部"造反—做皇帝—再造反—做新皇帝"循环往复的历史;又比如断言:中华的文化史就是一部臣服于皇权之下做顺民做奴才的历史,如此等等。二是对无法否定的历史事实,做出违背事件性质和历史逻辑的论断。比如煞有其事地考证出唐朝时日本派"遣唐使"来中国不是因为仰慕和学习唐朝先进的制度和文化,而是被天皇流放无奈地漂洋过海而来的;又比如断言:洪秀全发动太平天国起义就是发现上帝是比天帝更合理的信仰,所以他创立了"拜上帝会"要改变中国人的信仰,如此等等。更为恶劣的是,历史虚无主义为达到歪曲历史的目的,其手法往往是"戏说""恶搞"历史,抹黑历史人物,比如说屈原是自视清高有人际交往障碍才被楚王流放的;说岳飞是有恋母情结才性格唯唯诺诺不敢造皇帝的反;说史可法是被朝廷忽悠了才死守孤城的,等等。此外,一些别有用心的人还打着"还原历史"的幌子,大作翻案的文章,颠倒黑白,比如说秦二世推崇法度酷吏治国是现代法治的鼻祖,是陈胜、吴广起义中断了中国的法治进程;又比如说吴三桂其实是个反清先锋,否则不可能被清政府满门

① 《党的十九大文件汇编》,党建读物出版社2017年版,第34页。
② 毛泽东:《毛泽东选集》(第2卷),人民出版社1991年版,第708页。

抄斩，如此等等。这些形形色色的历史虚无主义言论，严重误导了人们的世界观、人生观和价值观，尤其严重地影响了我们对中华优秀传统文化的继承与创新。

从全球来看，国际敌对势力正日益加紧对中国实施类似的西化图谋，以期实现其不战而胜的战略目标。在这个过程中，思想文化领域是他们长期渗透的重点领域。比如在义利关系问题上，说市场经济必然匹配利己主义、市场行为一定衍生个人主义的论调就典型地属于西方意识形态的渗透。问题的严峻性在于，国内有相当一些学者持认同的立场。于是，在选择了市场经济的中国利己主义、个人主义便似乎有了合法性的外衣。显而易见，这严重地减损了中国广大人民对走中国特色社会主义现代化道路的信心，极大地挫伤了社会各阶层投身实现中华民族伟大复兴这一"中国梦"的积极性。

可见，面对改革开放和发展社会主义市场经济条件下思想意识多元多样多变的新特点，面对世界范围思想文化交流、交融、交锋形势下价值观较量的新态势，迫切需要我们积极培育和践行社会主义核心价值观，扩大主流价值观念的影响力，从而提高国家的文化软实力。

价值观的培育和践行需要文化的铺垫与引导。因此，为了更好地达到以文化人、以文育人的目的，中国共产党对于当代中国文化的领导权问题便彰显出相当的重要性与紧迫性。文化领导权理论最早由 20 世纪意大利著名马克思主义理论家安东尼奥·葛兰西提出，用以回答无产阶级政党如何对抗资产阶级文化霸权的问题。葛兰西认为文化领导权的解决途径是，由无产阶级政党领导的，并经由无产阶级培育的知识分子，通过市民社会中的一些机构采取阵地战的形式，促使民众从思想观念到意识形态上自发地对无产阶级政党的领导表示认同和支持，通过实现文化领导权进一步夺取并巩固其政治上的领导权。[①]

可以肯定地说，葛兰西的文化领导权理论对于当代中国深入开展社会主义文化建设、全面引领意识形态建设具有非常积极的现实意义。其一，葛兰西的文化领导权理论明确了当代中国文化传承的群众基础，以及连接着无产阶级与群众的知识分子的主体性地位；其二，葛兰西的文化领导权理论承认了树立中国文化自信所需的社会发展基础；其三，葛兰西的文化领导权

---

① ［意］安东尼奥·葛兰西：《葛兰西文选》，人民出版社 1992 年版，第 45—46 页。

理论明确了以对人民的关切为目标的人本主义关怀,以不断提升以文化人、以文育人的精神力量和满足人民对文化产品的诸种利益需求;其四,葛兰西的文化领导权理论坚定了党对文化建设事业和意识形态事业的领导权,维护了马克思主义在意识形态领域的指导地位,坚持了文化自信中的中国特色社会主义方向。与此同时,文化领导权理论还强调了文化战线先进分子队伍的组织建设,重视和培养了在实践中锻炼出来的、从民众中产生的真正属于无产阶级的知识分子。

更重要的还在于,中国共产党人提出的培育和践行社会主义核心价值观是对文化领导权理论的与时俱进。首先,社会主义核心价值观中富强、民主、文明、和谐的国家层面的价值目标,它作为国家的价值追求指向必然要求党在国家发展战略中的价值定位以马克思主义的意识形态为指导,以建设中国特色社会主义现代化强国为目标,以经济建设中的富强、政治制度构建中的民主、精神文化生活的文明和国家发展的整体和谐为具体内容。其次,社会主义核心价值观中自由、平等、公正、法治的社会层面的价值取向,它作为社会发展的主要价值指向,为无产阶级政党领导的文化事业打下长久发展的社会场域。它以外在自由(即社会环境)为人的内在自由实现提供充分必要的条件,以充分平等的人权保障每一个人自由意志的实现,以社会公正来衡量社会的进步与否,以法治而不是人治来刚性地建构起保障自由、平等、公正切实得以实施的法律法规。这就如有学者指出的那样,这必然建立起"强大的意识形态和强大的文化体系,形成如葛兰西所说的强大的市民社会堡垒"①。最后,社会主义核心价值观中爱国、敬业、诚信、友善之个人层面的价值准则,既是党的文化领导权具体指向的领导对象,又是体现党的文化领导权效果的显示器;既是处理社会主义社会人与人关系的基本道德准则,又是处理人与社会、与国家之间关系的基本的社会公德。爱国是对祖国的情感倾注和理性认同,敬业是爱国在职业生涯中的具体表现,诚信是做事的诚实可信,友善则是做人的推己及人。它的提出同样充分体现了党在强化教育引导、实践养成、制度保障,发挥主导价值观对国民教育、精神文明创建、精神文化产品创作生产传播的引领作用,从而转化为人们的情感认同和行为习惯。

---

① 杨筱寂:《文化领导权理论与文化自信》,《中国社会科学报》2017 年 10 月 29 日。

就人与他人、与社会的关系而论,中国共产党人在引领中国人民积极培育和践行社会主义核心价值观的过程中,无论是国家和社会层面的,还是公民层面的,都是为了帮助现实生活中的个体增强文化认同,从而更好地处理与他人、与国家、与社会、与集体的关系。也就是说,国家层面的富强、民主、文明、和谐,社会层面的自由、平等、公正、法治,其实都需要落实到公民层面来培育与践行,因为从来不存在抽象的国家和无个人的社会。也正是因此,"一个显而易见的事实便是,社会主义核心价值观公民层面的爱国、敬业、诚信、友善,与每一个现实中的自我的关联度更强"①。同样的道理,它与中华传统文化中人我关系的论域具备了更直接的关联性。

的确,社会主义核心价值观公民层面这一爱国、敬业、诚信、友善八字要求,无疑更精准、更务实、更直截了当地提出了人与他人、与社会的价值行为规范。不仅如此,它也彰显出中国共产党人对传统人我合一之道的传承与创新。比如爱国,中华文明历来有精忠报国的传统。岳飞抗击外侮、苏武出使匈奴、张骞出使西域,他们虽历经险阻,但始终不屈不挠,为国为民做出了杰出的贡献。还有,从屈原到范仲淹、王安石,从包公到海瑞,他们关心国家的治乱和人民的疾苦,尽心尽责报效国家和人民,这都是精忠报国的生动体现。与古人相比,今天我们的爱国主义情怀有着更确定的指向,那就是爱我中华,实现中华民族伟大复兴。

又比如敬业,早在春秋时代的《尚书》中,就记载了官吏的敬业精神:"宽而栗,柔而立,愿而恭,乱而敬,扰而毅,直而温,简而廉,刚而塞,强而义。"而在《孙子兵法》中对军人的职业操守则有如下的规定:"将者,智、信、仁、勇、严。"对医德的记载,从春秋战国的《黄帝内经》中"疏五过""征四失"到扁鹊"随俗而变"的高尚医德,及唐代孙思邈在其《太医精诚》中"不得问其贵贱贫富、长幼妍媸、怨亲善友、华夷愚智"的职业规定,都表明我国古代的敬业思想几乎和社会分工的出现一样源远流长。

再比如诚信,在儒家那里本就是最重要的德性,即所谓的仁、义、礼、智、信五常德之一。故《论语》有如下记载:"子以四教:文、行、忠、信。"(《论语·述而》)而且,作为个体处理与他人、与社会交往时的基本行为规范,它正是仁道的具体体现。孔子曰:"能行五者于天下,为仁矣。""请问之。"曰:"恭、

---

① 朱晓虹、张应杭:《新时代开掘中华优秀传统文化价值以增强文化自信的若干思考》,《毛泽东邓小平理论研究》2018 年第 9 期。

宽、信、敏、惠。恭则不侮,宽则得众,信则人任焉,敏则有功,惠则足以使人。"(《论语·阳货》)事实上,自先秦以来的诸子百家也几乎都推崇诚信之德,墨家有"言不信者,行不果"(《墨子·修身》)之说、汉代传入中国的佛教将"不妄语"列为五戒之一、《史记》有"得黄金百斤,不如得季布一诺"(《史记·季布栾布列传》)的记载、法家商鞅变法时有"南门立木,取信于民"的故事流传后世,如此等等。在今天的诚信观培育和践行中,思想史上的这些资源无疑是非常值得传承和创新的。

还比如友善,它更是中华民族千百年来世代相传的为人处世之道。孔子说"君子成人之美,不成人之恶"(《论语·颜渊》),老子也有"善者,吾善之,不善者吾亦善之"(《道德经》第四十九章),中国佛教更是主张把行善视为人生的大智慧:"诸恶莫作名为戒,诸善奉行名为慧。"(《坛经·顿渐品》)儒释道三教合一的传统文化,无不推崇友善之德的养成。这其实也正是中华民族历来被称为勤劳、善良的民族的传统文化根源。中国共产党人是现代中国的文化建设者,将友善作为社会主义核心价值观的重要德目,显然彰显了对传统文化的尊重、传承和创新精神。这对于我们在新时代处理好人与他人、与社会的关系具有重要的价值引领作用。

有必要指出的是,我们培育和践行社会主义核心价值观,以社会主义核心价值观增强文化认同,它本身不是目的,其目的是更好地满足人民对美好生活的向往。党的十九大政治报告指出:"带领人民创造美好生活,是我们党始终不渝的奋斗目标。必须始终把人民利益摆在至高无上的地位,让改革发展成果更多更公平惠及全体人民,朝着实现全体人民共同富裕不断迈进。"①在党的二十大政治报告中进一步号召全党:"治国有常,利民为本。为民造福是立党为公、执政为民的本质要求。必须坚持在发展中保障和改善民生,鼓励共同奋斗创造美好生活,不断实现人民对美好生活的向往。"②事实上,中国共产党以"永远把人民对美好生活的向往作为奋斗目标"既体现了中国梦的根本价值追求,同时也是中国共产党人积极培育和践行社会主义核心价值观的目标指向。正是由此我们说,人民对美好生活的需要既是我们以社会主义核心价值观增强文化认同的指归之所在,更成为中华民族伟大复兴这一中国梦得以最终实现的不竭动力。

① 《党的十九大文件汇编》,党建读物出版社 2017 年版,第 26 页。
② 《党的二十大文件汇编》,党建读物出版社 2022 年版,第 35 页。

5.3.3 以人类命运共同体理念引领全球化的发展

如果我们把人我关系放大到国与国之间的关系,那么我们可以发现,当今世界在人我关系方面可谓问题多多、矛盾重重,"一方面,和平、发展、合作、共赢的历史潮流不可阻挡,人心所向、大势所趋决定了人类前途终归光明。另一方面,恃强凌弱、巧取豪夺、零和博弈等霸权霸道霸凌行径危害深重,和平赤字、发展赤字、安全赤字、治理赤字加重,人类社会面临前所未有的挑战"①。

可以肯定的是,全球化已然是个无法逆转的世界性趋势,但问题的严峻性在于,主导和推动全球化的某些西方国家对"谁的全球化"的解读充满着国家利己主义的盘算,而这种盘算必然地遭到别的国家的反对。于是,现代人不得不直面一个严峻的问题:全球化的道路究竟应该怎么走?

正如有学者论及的那样:"肇始于启蒙运动的现代性发展已然经历了从现代性方案到全球现代性危机的嬗变之路,全球化的推演与资本主义现代性的扩张相辅相成,由西方资本主义主导的现代性进程及其衍生的矛盾困境在全球化时代被无限放大,对人类社会的发展前途和人的生存境遇带来不可回避的负面影响。"②就人与他人的关系而论,人类创造了现代性,但生活在"地球村"里的人们却处在一个由"陌生人""陌生国家"构成的使人困惑和极易迷失的虚幻共同体中。难怪著名的西方马克思主义者同时也是现代性问题专家哈贝马斯断言:"现代性——一项未完成的设计。"③事实上,在全球化背景下的全球现代性更是处于未完成状态。由此,面对着这一未竟的现代性事业,如何在变动不居的危机中设定界限以求得新机,对全球现代性困境加以警惕与限制的相关议题,不仅引发了国内外学者的广泛讨论,更得到了有情怀、有智慧、有担当的各国执政者的积极回应。中国共产党人倡导的人类命运共同体理念堪称对"全球化的道路究竟应该怎么走"这一全球性问题的积极回应。事实上,从已经有和正在有的实践检验来看,这一中国理念对于全球化语境下的现代性困境的破解产生了非常积极的理论感召力和实践功效。

---

① 《党的二十大文件汇编》,党建读物出版社 2022 年版,第 45 页。
② 乔丽英、刘同舫:《马克思早期的"跨越"设想及其现实走向》,《福建论坛》2019 年第 8 期。
③ [德]于尔根·哈贝马斯:《现代性的哲学话语》,曹卫东等译,译林出版社 2004 年版,第 1 页。

2017 年 10 月 18 日党的十九大报告上,"人类命运共同体"理念被确定为中国共产党进入新时代后最基本的外交理念。[①] 2018 年 3 月 11 日,第十三届全国人民代表大会第一次会议通过的宪法修正案,将宪法序言第十二自然段中"发展同各国的外交关系和经济、文化的交流"修改为"发展同各国的外交关系和经济、文化交流,推动构建人类命运共同体"。[②] 至此,推动构建人类命运共同体成为执政的中国共产党人最基本的治国理政理念之一。

命运共同体的理念当然是中国共产党人在新的时代条件下对马克思、恩格斯在《共产党宣言》中奠定的共同体思想的继承和发展,但与此同时也是中国共产党人以唯物史观为指导对传统人我合一之道的传承和创新。

首先,命运共同体理念是对中华传统的天下观的合理汲取。儒家文化历来有"四海之内皆兄弟"(《论语·颜渊》)、"海内存知己,天涯若比邻"(王勃《送杜少府之任蜀州》)之说,这其实以真诚而朴实的语言揭示了人类命运共同体的人性基础。事实上,墨家也有与儒家类似的天下观。在墨家创始人墨子的学说中,"兼爱"不仅是其核心思想,而且也是其确立的理想社会目标。所谓"兼",是总、全、兼顾之意。"兼爱"就是不分人我,不分亲疏,无差别地爱。在墨子看来,"兼相爱"则可达"交相利"的效果:诸侯相爱,就不会发生战争;大夫相爱,就不会互相篡夺;人与人相爱,就不会彼此伤害;天下的人皆相爱,强的对弱的,众的对寡的,富的对贫的,贵的对贱的,智的对愚的,都要做到兼爱互利。

其次,命运共同体理念也是对中华传统的和合观的新时代创新。以儒家为主要代表的中华文化历来倡导以和为贵、求同存异、睦邻友邦、和成天下等理念,它为同处命运共同体的各国提供了如何和平共处、共享共赢的中国路径。比如儒家就主张"君子和而不同"(《论语·子路》)、"君子和而不流"(《中庸》),这是承认差异性(即不同、不流)的基础上追求同一性(即和)的和合智慧。也就是说,不同国家的经济体量、政治制度、文化传统、地理环境等都有差异性,但遵循求同存异的原则就可以结成命运共同体。也就是说,通过世界各国人民的积极参与、齐心协力,我们完全可以凝聚起不同民族、不同信仰、不同文化、不同地域人民的共识,共襄构建人类命运共同体的伟业。

---

① 《党的十九大文件汇编》,党建读物出版社 2017 年版,第 76 页。
② 《中华人民共和国宪法》,法律出版社 2018 年版,第 3 页。

再次,命运共同体理念还是对中华传统以天下为己任这一士大夫情怀的当代传承。在中国古代历来有忧国忧民忧天下的士大夫情怀。孔子当年就曾感慨道"德之不修,学之不讲,闻义不能徙,不善不能改,是吾忧也"(《论语.述而》),为此他周游列国,历尽艰辛却无怨无悔。正是在这样的传统熏陶下,古代士大夫才有了张载"为天地立心,为生民立命,为往圣继绝学,为万世开太平"(《横渠语录》)的情怀,才有了范仲淹"先天下之忧而忧,后天下之乐而乐"(《岳阳楼记》)的豪迈。事实上,我们不难在中国共产党人构建的人类命运共同体理念中寻觅到古人以天下为己任,为世界谋太平的圣贤志向和文人情怀。这一以天下为己任、为万世开太平的情怀事实上是古代人与他人、与社会关系处理中的最高境界,即圣贤境界。

中国共产党人从古老的人我关系中创新性地提出构建人类命运共同体的理念和行动,其全球性的意义是不言而喻的。如果把人我之辩中的我与他者的概念作一拓展,那么,人我之辩事实上体现的也是国与国之间的关系。以中华传统优秀文化的立场而论,国与国之间非常需要遵循人我合一的基本原则。但是,我们遗憾地发现在当今世界国家利己主义可谓屡有呈现,它对全球政治、经济、军事、文化、生态诸领域正产生着重大的消极影响。

因此,置身全球化进程中的我们不得不来讨论如何应对国家利己主义的问题。可以肯定的是,这一全球性问题的应对有诸多的思路。比如,从国际关系理论中颇有影响的均势论来看,有学者就认为冷战结束后,由于苏联的解体和东欧剧变,世界进入"一超多强"①的格局,解决国家利己主义的问题自然需要构建新的国际均势。中国等国家积极倡导的多边主义就被视为均势理论的新模式。② 这些探究固然也很有道理,但中国共产党人却以更高的历史站位和道义情怀提出了推动构建人类命运共同体的理念,并以这一理念为指引积极地将其付诸国际关系的诸多实践中。事实上,在推动构建人类命运共同体的进程中,中国率先垂范在诸如提出并实施了"一带一

---

① "一超"是指作为超级大国的美国,"多强"是指中国、俄罗斯、欧盟、日本。冷战结束以后,苏联解体,美国成了世界上唯一的超级大国。这种形势,一方面使得美国政府主宰世界的欲望更加膨胀,于是加紧推行霸权主义和单边主义的对外政策;另一方面,旧的平衡被打破,新的平衡一时难以建立起来,美苏两极格局解体留下的空间,客观上有利于多极化趋势的发展。由此,中国、俄罗斯、欧盟、日本等国的发展使超级大国美国的霸权主义和单边主义对外政策受到全面制衡。这就是当今国际关系理论界所谓的"一超多强"。

② 夏雨:《均势论视阈下的多边主义路径》,载《联合早报》2017 年 11 月 15 日。

路"倡议、作为发起国成立了亚洲基础设施投资银行、设立丝路基金支持发展中国家的建设、推动并积极履行《巴黎协定》、积极参与联合国维和行动等等,正为中国赢得了越来越多的认同感和美誉度。尤其是当新冠病毒肆虐全球的危机中,中国不仅以大国担当不惜一切代价拦截病毒由本国向外扩散,而且还以各种方式向世界其他国家分享抗疫经验,甚至出人、出力、出物资驰援他国。不仅如此,我们还是第一个向世界宣布愿意放弃所谓的专利给需要的国家提供疫苗的国家。这些都是对构建命运共同体而付出的真真切切的努力。

"得道者多助,失道者寡助。"(《孟子·公孙丑下》)在当今世界范围内的人我之辩中,会有越来越多的国家和人民摒弃国家利己主义的立场,认清霸凌主义、单边主义、冷战思维的不合理性。因此,我们完全有理由期待,在命运共同体理念的引领下,在中国率先垂范的积极推进中,人类的全球化进程将会有美好的未来。也正是因此,笔者认为命运共同体理念堪称当今中国以对人我合一这一优秀传统文化的现代激活,回应世界之问、时代之问、历史之问的中国答案。

6 传统文化中身心合一之道的
现代转换与价值创新

彰显中国特质的中华传统文化不仅体现在天人关系方面的天人合一，还体现在人我关系上的人我合一（群己合一），更体现在人与自身之身心关系方面的身心合一之道。当资本逻辑成为当代西方社会主宰一切的逻辑，人们围绕着金钱、交换价值展开自己的一切交往活动的时候，人与自身的关系紧随人与自然、人与社会的关系之后，也不可避免地受到这种资本逻辑的深度钳制。现代资本主义生产体系及其哲学表达，即现代理性所催生的现代社会正在使人不得不沦为资本自我增值的工具。如果说在传统时代，人由于处于总体上的"人的依赖关系"的控制之中，现代人对自我有着明确的自我主宰意识。但这种"独立性""个性"所道出的自我主宰意识却受着"物的依赖性"的深层控制，①技术、理性都可以变为一种资本的意识形态成为套在人脖子上的新的枷锁。对于当代中国社会而言，日益流行的消费主义正加剧了人与自身的关系扭曲，消费文化勃兴催生了一系列光怪陆离的现象，让人沉浸在"占有式人格"的自我麻痹之中。在这一现实语境下，我们来审视传统文化的身心合一之道，便可以发现其彰显的价值弥足珍贵。

6.1 唯物史观对人与自身关系的文化立场

唯物史观始终以批判性、革命性作为自己的真精神，始终保持着"改造世界"的实践取向。在人与自身的关系上，唯物史观通过对现代人需求的真相揭示与假象的揭露，指出了人的身心关系不和谐甚至出现主次颠倒的根本原因。人正经受着深层次的异化，即消费异化。正是沿着马克思开辟的这一路径，西方马克思主义创造性地发挥了马克思资本批判尤其是"拜物

---

① ［德］马克思、［德］恩格斯：《马克思恩格斯全集》（第30卷），人民出版社1995年版，第107页。

教"批判理论,他们在相当程度上做到了对现代人与自身关系的文化澄清,让人们看到了当代人建构和谐身心观的前提条件与现实可能性。

6.1.1　"真实需求"对人的需要的澄清

西方马克思主义文化批判理论指认出了当代资本主义社会与马克思所处的发展初期的资本主义阶段的一个显著区别,那就是社会已经从生产型社会走向了消费型社会。福特主义的流行的确让曾经苦难重重的工人阶级有了享受他们所创造的劳动成果的机会,但随之而来的是消费社会对包括工人阶级在内的现代人施以新的奴役形式。消费文化的出现及其在全球的迅速流行与资本主义社会的这种转向有着莫大的关系。

有必要指明的是,社会从生产社会转为消费社会并不是对马克思的生产与再生产理论的否定,而是对其有益的注解和补充。以消费为中心的社会只是将资本主义社会矛盾更加清晰、更加彻底地表现在每个人的日常生活中而已,但处于富裕社会中的人们有一部分真的相信了资本所营造出来的"富裕神话",他们误以为现代社会极大丰富的物质产品可以堆积出人生幸福生活的样子。然而,就唯物史观的论域而论,这显然是新时代的"乌托邦"。

可以肯定的是,之所以有消费社会转型的思想分析及其学理批判,正是因为有了西方马克思主义者们以及让·鲍德里亚等这些继承了马克思批判精神的学者们看到了现代资本主义社会的深层次矛盾。这些颇具批判精神的学者们发现,现代社会人们依然处于普遍的被资本奴役之中,只是人们更难认清楚这种奴役状态的真实面目,从而也更难摆脱这种深层奴役。事实上,为了维护阶级社会的统治,资本及其所衍生的文化和意识形态打造了一个需求得到普遍满足的时代幻象。但即使是在西方,那些坚持马克思批判精神的学者们就无比尖锐地指出,虽然物资匮乏的阶段已经过去,但人们的需求本身受到借助于现代化手段的隐蔽的资本控制和操纵。赫伯特·马尔库塞等人在这个意义上区分了资本主义条件下人的"真实需求"与"虚假需求",揭示了高度发达的物质文明背后是人的精神苦闷与病态发展。

按照赫伯特·马尔库塞的理解,人类的需求本身除了特定的生物性需求之外,其他需求的强度、满足程度以及特征都是受到一定的社会制度和利益集团等先决条件制约的。人类需求本就是"历史性的需求",它必然受到一定社会条件的压制和操纵。而所谓虚假需求则是指"为了特定的社会利益而从外部强加在个人身上的那些需要,使艰难、侵略、痛苦和非正义永恒化的需要"①。这种虚假需求反而掩盖了我们的真实需求,即那些与我们的生命非常相关同时也不会受到社会控制和操纵的物质需要及其他需要。这种掩盖和操控让我们的身心关系遭受分裂,但又使人不自知、不自觉和不自主。在发达工业社会,人不能认清自己的真实需要,所承受的正是某种消除了"基本压抑"之后的"剩余压抑"②,这种压抑从根本上来说不利于社会文明的发展和精神文化的进步,它是作为统治阶级的资本家为了维护其统治所刻意制造出来的,它呈现为对人的真实需求或自由个性的一种剥夺。

人在虚假需求中不断自我满足身体及其欲望,他的整个身心关系是不协调的,甚至是主次颠倒的。人满足于外在的占有和虚假的成功体验,失去了对世界、社会和自身的现状的否定性和批判性。于是,人反而沦为自我需求的附属品,甚至沦为虚假需求的牺牲品。这种本末倒置地处理身与心的需求关系,无疑是人的身心关系的扭曲。它是人的自我异化的真实的、新形态的表现。

人在虚假需求刺激下就自然地倾向于占据更多的外在物质产品,并以此标榜自我的独特性价值,也以此试图摆脱非自由的存在。但这些注定都是徒劳的,因为它是虚假的需求。可见,虚假需求的魔障不破除,人的需要就无法达到"真实的需要"的层次。消费主义引领下人的欲望极度放大,它归根到底就是对人的感官本能的自我放纵和不加任何约束。众所周知,在马克思的唯物史观看来,人对自己身体的完全支配恰是自我解放的一个重要向度。但这种解放并不等于说人就可以在感官本能的驱使下不去顾忌社会伦理乃至法律法规的约束,放任自己沉湎于生理本能的驱使和感官的肤浅满足。事实上,马克思正是由此而批判享乐主义人生哲学的:"享乐哲学一直只是享有享乐特权的社会的知名人士的巧妙说法……一旦享乐哲学开始妄图具有普遍意义并且宣布自己是整个社会的人生观。它就变成了空话。"③

---

① 〔美〕赫伯特·马尔库塞:《单向度的人:发达工业社会意识形态研究》,刘继译,上海译文出版社2014年版,第6页。
② 〔美〕赫伯特·马尔库塞:《单向度的人:发达工业社会意识形态研究》,刘继译,上海译文出版社2014年版,第8页。
③ 〔德〕马克思、〔德〕恩格斯:《马克思恩格斯全集》(第3卷),人民出版社1960年版,第489页。

必须承认的是，当现代资本主义文明的曙光照亮人类的时候，人的自我意识的觉醒是重要的标志。人们开始走出传统共同体的束缚，用自己的双眼看世界，用自己的双脚丈量世界。正如马克思、恩格斯在《共产党宣言》中所揭示的那样，现代社会通过市民社会中的一员即资产阶级"无情地斩断了把人们束缚于天然尊长的形形色色的封建羁绊"①。市民社会中的个人除了货币、交换价值和资本就不再受到任何外在性的阻碍，人因此貌似可以完全掌握自己的命运，包括自由支配自己的身体。资本带来的效率和因效率而成倍增长的财富、交换带来的物欲满足的便利、货币无所不在的购买力等等，构成了市民社会最常见的社会风景线。但也正如英国剑桥大学的特里·伊格尔顿教授所言："在资本主义制度下，人的身体被从中间分裂开来，创伤性地分割为畜生般的物质主义以及变化莫测的理想主义，要么太缺乏理想，要么太异想天开，要么与骨骼分离，要么膨胀为堕落的情欲。"②

于是，现代人被禁锢在"半人半兽"的自我想象中不能自拔，在理性与本能之间、在压抑与放纵中承受痛苦的折磨，从而走向身心关系的彻底崩解。人不能通过自身的劳动完全运用自己感觉的力量，丰富自身的感性存在，去按照一种"美的尺度"③塑造包括自我身心在内的一切对象性成果。不仅如此，人反而往往陷入一种感性的、类似于致幻剂导致的迷幻。

正是基于这一现实语境，立志于做社会丛林中的啄木鸟的批评家们开始以不同于启蒙时期的理性尺度，来对这个世界进行大量卓有成效的批判。在他们看来，消费社会带来的人的身心分裂是不合理性的，它必然会导致个体生存中身心疲惫甚至身心俱毁的悲剧发生。事实上，今天人们在西方世界时常可以看到如下的社会乱象：消费成瘾、娱乐无度，乃至吸毒成瘾、艾滋病肆虐等现象，无一不表明一些人在消费社会里正自我放纵、自我虐待、自我戕害。

值得庆幸的是，坚持唯物史观文化批判立场的学者们对现代社会的人性沉沦与人性放纵有着异常清醒的认识。他们不仅深刻揭示了马克思对资本主义现代性的批判在他的经典文本中贯穿始终的这一基本事实，而且还与时俱进地结合新的时代条件发展和丰富了这一批判理论。事实上，正如

---

① ［德］马克思、［德］恩格斯：《马克思恩格斯选集》（第 1 卷），人民出版社 1995 年版，第 274 页。

② ［英］特里·伊格尔顿：《审美意识形态》，王杰等译，广西师范大学出版社 2001 年版，第 196 页。

③ ［德］马克思：《1844 年经济学哲学手稿》，人民出版社 2000 年版，第 58 页。

特里·伊格尔顿教授认为的那样,马克思在《1844 年经济学哲学手稿》中已经把人的身体作为一个主体理解为"工业化历史的一个进化的向度"①。在马克思看来,身体所展现出来的感性力量给人带来了解放,使人能够超越于卑微的物质性生存。但马克思同时认为,资本逻辑驱使下的工业化同时又使身体本身外在化和商品化,人们又情不自禁地服从于本能欲望的驱使,反而走上了感性本质力量的异化。马克思这一批判理论的后继者们沿着这一思路,看到并揭露了"感性异化"和"拜物教"在现代社会中的无障碍扩展,人们纷纷拥抱令人眼花缭乱的物质财富,以为只要实现了人性欲望的放纵就是对自我身体和欲望的主宰。唯物史观文化批判恰恰在这点上决然否定了现代性对人的身心关系的非理性刺激,指出这种刺激必然要导致身心关系的本末倒置。也正是因此,与时俱进的马克思主义必然要在新的时代境遇中给现代人身心关系深陷异化的窘境指明自我解放的道路。

6.1.2 消费异化的身心对立及其后果

物质富裕时代的人受到"物的包围",人们普遍受到物质的极大诱惑,对更多的物的占有保持着旺盛的精力并用物去衡量人本身的价值,乃至于人的所有活动几乎都与如何获取或占有更多的物相关联。这种占有主要体现在人的消费活动之中。人在消费世界里找到了不一样的自我,这个自我虽然只是镜子里最虚幻的那个,但人还没有达到戳破这个假象的智慧,也没有这个勇气。以赫伯特·马尔库塞的话说是因为现代人分不清"真实需要"和"虚假需要",也就只能受着消费异化的折磨。② 在消费文化里,人们崇拜的信条是"有用即真理",证明其人生存在的逻辑不再是笛卡尔的"我思故我在"而是"我消费,故我在"。物质财富表面那层仿佛无比圣洁的光晕让现代人顶礼膜拜,其背后却是马克思所指出的"人同自己的类本质相异化"③。这就是作为个体的人在消费社会中所遭受到的消费异化。

西方马克思主义者,包括埃里希·弗洛姆、赫伯特·马尔库塞、让·鲍德里亚、马克斯·霍克海默、昂立·列斐伏尔和本·阿格尔等人都对发达工

---

① [英]特里·伊格尔顿:《审美意识形态》,王杰等译,广西师范大学出版社 2001 年版,第 198 页。
② [美]赫伯特·马尔库塞:《单向度的人:发达工业社会意识形态研究》,刘继译,上海译文出版社 2014 年版,第 9 页。
③ [德]马克思、[德]恩格斯:《马克思恩格斯文集》(第 1 卷),人民出版社 2009 年版,第 163 页。

业社会的消费异化现象进行了深刻的批判。他们认为现代人无法摆脱对物的依赖性,人们从温饱走向对享乐的无度追寻,反而使自己丧失了革命斗志、批判精神和自我存在意识。人们按照物的逻辑安排自己的生活,经过商品的链接而堆积起自己的生活空间,物因此开始变得"符号化",人的需求和欲望都被编码、解码,按照资本的增值逻辑进行塑造、编排。一个最显而易见的例子就是广告。无所不在的广告通过日益发达的传播媒体萦绕在每个人的身边,成为无时不在、无处不在的幽灵,它暗示、预言并支配人的消费行为。而且,这个消费社会的消费还不是扁平化的,消费被进一步分成了等级,人也在消费行为的编排下有了进一步的隔离。这就正像让·鲍德里亚指出来的那样:"中低产阶级的需求与物一样,总是滞后于高等阶级,形成实践上的差距和文化差距,但它并不是'民主'社会中最小的隔离形式之一。"①尤其需要指出的是,在今天的西方社会人与人之间的阶级隔离,虽然由于西方资本主义社会"中产阶级"的崛起而变得不明显,但人的需求和消费却依然呈现着明显的差距。这种差距在某些处于底层的人看来则是不可逾越的鸿沟。从这一点我们也可以看到资本主义文明所谓的"平等""民主"和"自由"等价值理念的抽象性和虚幻性。尤其是资产阶级意识形态机构经常自我吹嘘的其文明与文化的优越性,在消费社会里普遍存在的巨大的消费鸿沟面前更是不复存在。

就现代人在消费社会里的身心关系而论,埃里希·弗洛姆、赫伯特·马尔库塞等人更多地从"心"的层面进行了剖析。他们从弗洛伊德心理学的角度分析了现代人消费异化的心理表现。人们在消费过程中不仅仅是为了获得使用价值,更多的时候仅仅为了满足自己的占有欲,并以此为基础来使自己内心获得存在感和优越感。埃里希·弗洛姆就曾这样剖析说:"我们甚至找不到使用它的借口。我们得到这些东西是为了拥有它们。我们满足于无用的占有。"②这种"无用的占有物"即使在买回来之后立即被扔进垃圾堆也无所谓,因为消费主体只是对购买的过程以及他"拥有"这个东西感兴趣。这种内心强制的、非理性的心理是现代消费者普遍具有的一种心理,它左右着人看待自身消费行为以及消费物的态度。在这个过程中,人则变成了服

① [法]让·鲍德里亚:《消费社会》,刘成富、全志钢译,南京大学出版社2008年版,第43页。
② [美]埃里希·弗洛姆:《健全的社会》,孙恺祥译,上海译文出版社2011年版,第108页。

从于整个资本逻辑的"消费机器"①。比如,人被哄骗着去竭尽所能地购买,不再量入为出,而是提前消费,以维持整个社会生产大机器的正常运转。人由此就异化成了消费社会中庞大的消费机器中的一个齿轮。

可见,就身心关系而论,当今世界的物欲主义与现代性的文化危机预示着人在身心关系上的自我撕裂。正如马克思在《1844年经济学哲学手稿》中早就指出的资本主义社会的一个基本事实就是,"物的世界的增值同人的世界的贬值成正比"②。在这个自我贬值的消费世界之中,人正遭受着深度的物化和自我异化的困扰。

颇具讽刺意味的是,从启蒙时期开始,西方思想家们就在努力寻找真正的自由及其主体。但在现代资本主义条件下,人虽实现了个体的独立性,却是以物的依赖性为基础的。在这个对物的依赖性下,人作为消费主体不是真正的主体,而是受到物(资本及其消费品)深度操控的主体。这也就是说,人们戴着消费奴役的枷锁是不可能生成真正的主体性的,从而也是不可能得到真正的解放和自由的。只有当人们不再是赫伯特·马尔库塞所说的"工业文明的奴隶"③时,自由和解放才是一种真实的可能性。

因此,从唯物史观文化批判的立场来看,现代人的身心关系在消费社会被分离和撕裂的现状是必须予以改变的。唯物史观理论以其深刻的理性和睿智揭露资本主义消费社会的如下弊端:现代商业和资本的力量满足了人的更多需要固然是一个了不起的进步,但它催生了令人趋之若鹜的消费欲望,使人进而把自己的身体也变成"可供出售的商品",这是不理性和反人道的。事实上,我们可以看到西方的现实社会中这种例子比比皆是。常见的现象是人把自己的劳动能力出卖,而且他自身的价值感也来源于他能否将自己卖个好价钱,能否将自己的肉体、头脑和灵魂作为他自己的资本待价而沽并成功获利。④

于是,我们看到人不仅与自己的身体相疏离,而且也与自己的本性相疏离。这就正如埃里希·弗洛姆所指出的那样,人把自己待价而沽,这样的"异化人格必定丧失了许多尊严感,而尊严感正是人类所特有的,甚至存在

---

① [美]埃里希·弗洛姆:《健全的社会》,孙恺祥译,上海译文出版社2011年版,第87页。
② [德]马克思、[德]恩格斯:《马克思恩格斯文集》(第1卷),人民出版社2009年版,第156页。
③ [美]赫伯特·马尔库塞:《单向度的人:发达工业社会意识形态研究》,刘继译,上海译文出版社2014年版,第122页。
④ [美]埃里希·弗洛姆:《健全的社会》,孙恺祥译,上海译文出版社2011年版,第87页。

于绝大多数原始文化中。这样的人几乎完全丧失了自我感,不再感到自己是一个独一无二、不可复制的实体"①。人因此就成了"空心化"的人,因为他的自我感其实是外在之物的自我感,他的情感、经验、判断力和思想都要听命于外在之物,而与此同时,他的内心自然是越发的虚无和恐惧。

尤其值得指出的是,消费异化的身心对立及其后果不仅没有因为思想家们的批判而有所改善,相反,在当下的西方社会它依然是个颇为严峻的问题。正是基于这一现实语境,在美国、欧洲的一些有识之士开展了所谓的简约化运动。这些努力当然值得肯定,事实上它也在一定程度上起到遏制消费异化的积极效果,但如果缺乏马克思唯物史观的文化批判理论的自觉性,并以这个自觉性为基础从观念深处和行为方式两方面进行颠覆性的改变,要扭转这一消费异化而导致的身心对立现状恐非易事。

6.1.3 "感性解放"谋求身心和谐发展

人能否走出消费异化的困境?西方马克思主义从人文主义的角度进行了阐释,并给出了一个"审美解放"的路径。这在西方 20 世纪的特定历史年代或许有着积极价值,但我们不能完全脱离社会生产发展状况和阶级条件来谈论一个乌托邦式的解放方案。在这一点上,马克思其实更主张坚持理想与现实的辩证关系立场。马克思认为人要实现对自我感觉和特性的彻底解放,就需要实现"对私有财产的扬弃",才能使"眼睛成为人的眼睛,正像眼睛的对象成为社会的、人的、由人并为了人创造出来的对象一样"②。也就是说,要对资本主义的私有制和唯利是图的资本进行革命性的扬弃。只有做到这一点,人才能够摒弃需要和享受的利己主义属性;也只有这样,人才会对自然界和自身都不是单纯从有用性方面来理解其本质规定。在马克思看来,这是解决消费社会带来的身心关系的分离、割裂甚至对立问题的最根本路径。

在立足并坚守马克思这一立场之后,我们又必须承认西方马克思主义文化批判理论对问题的解决也还是指明了一些具体路径的。它对于当代人认清消费社会的本质和寻找消除异化的具体方法无疑有着诸多的智慧启迪。比如埃里希·弗洛姆,他区分了两种人格,一种是"重占有的人格",一

① [美]埃里希·弗洛姆:《健全的社会》,孙恺祥译,上海译文出版社 2011 年版,第 116 页。
② [德]马克思、[德]恩格斯:《马克思恩格斯文集》(第 1 卷),人民出版社 2009 年版,第 190 页。

种是"重生存的人格",前者是以占有外在之物为重心的病态的人格,而后者则是超越了单纯占有的生存方式。① 他希望这种区分有助于个人不再受"占有"所累,而是追求一种"积极的自有"。他设想这种"自有"是从一种自我实现的活动中创造出来的,因而这是彻底消除了消费异化和身心分裂后的人对自己的丰富性完全实现了的理想状态。

当然,从马克思的立场看,这里有一个最为关键的基础是人类从整体上走出了私有制社会。只有这样,个人作为个体才是具有自由个性的个人,那么他便可以拥有他最真切、最独特、最丰富的个体性感受。在这个过程中,他通过与现实世界建立独属于他自己的联系,来标明自己的独特存在。又比如赫伯特·马尔库塞,他强调通过"新感性"和"新技术"来实现感性的解放。他认为当个人以"不伤害自己"的方式来满足自身需要的时候,他的感性生活才不会沦为身心的自我分离和撕裂。他将追求自我感受的独特性和自由性视为一个人身心关系的理想状态。② 这些理论虽然有其局限性,但对于当代资本主义社会体系之中身心遭受严重物化的人们来说,有着重要的启发意义。它启发人们开始关注自我身心合一的问题,它启迪人们学会去摆脱物化的控制,它号召现代人去试图探索更多的感性生活的可能性空间,甚至它还鼓励人们放眼世界,利用不同文明与文化的智慧去化解人与自身关系的现代张力。

我们如果回到马克思的立场,那么结论应该是清晰而坚定的。在身心关系问题上,现代人如果要破除消费社会资本主义意识形态设置的障眼法,要看清人与自身需要、欲望的现实关系,就必须在新的社会生产中建立新的感觉,并以这种感觉去生成新的需要、新的欲望。事实上,马克思在其以《1844年经济学哲学手稿》为代表的早期文本中,用"人的尺度""种的尺度"和"美的尺度"③将人的感觉与一般动物的感觉做了本质性区分。人的身体是在长期的社会历史实践中演化发展起来的,应当在人的感性活动中去理解人的感性意识和感性需要。在异化劳动中,人作为感性存在物,他的"一切肉体的和精神的感觉都被这一切感觉的单纯异化即拥有的感觉所代

---

① [美]埃里希·弗洛姆:《占有还是生存》,关山译,生活·读书·新知三联书店1989年版,第3—15页。

② Herbert Marcuse. *An Essay on Liberation*. Boston:Beacon Press Books,1969:19.

③ [德]马克思:《1844年经济学哲学手稿》,人民出版社2000年版,第10—15页。

替"①。为此,马克思认为人们需要从这种异化了的感觉中解放出来,去追求包括感觉在内的感性的解放。"这种感性的解放,就是使个人可以以真实的感觉和感受面对自己和他人。他不再以外在的、偶然的需要和被激发或撩拨起来的欲望代替自身的这种真实感受性。这自然带来他的'富有'观念也发生了根本的改变。外在的财富仅仅具有保证生存的价值,而真正的富有则是个人内在需要的全面性和真实性,以及他通过自身的生命活动所表现出来的'总体性'的生活方式。"②这就是马克思对资本主义消费异化而导致的身心对立问题解决的总体方案。

在人的感性解放的问题上,西方马克思主义文化批判理论家们的确也曾给出了他们各自的颇具创造性的答案,但同时我们也应该看到,他们关于"感性解放"与"爱欲解放"的答案总体上走向了唯心主义,这就使他们对于现代消费社会批判的深刻性大大地打了折扣。特别是他们大多寄托于艺术、爱和理性等这些抽象的字眼来实现感性和爱欲的解放,来营造身心关系的自由和谐状态,更是缺乏现实可能性。比如埃里希·弗洛姆就主张"人通过爱和理性,从心智上和情感上理解世界。他的理性力量使他能通过和客体发生能动的联系,透过事物的表面抓住它的实质。他的爱的力量使他冲垮他与别人分离的围墙并去理解别人"③。可问题在于,面对资本主义无处不在的资本增值逻辑以及这一逻辑必然衍生的消费异化,爱和理性一定是无能为力的。赫伯特·马尔库塞推崇的所谓"爱欲解放"理论也同样如此。为了解决身与心、欲与理、本能与意识的分裂,赫伯特·马尔库塞提出了"爱欲解放"的路径。他认为人要摆脱"单向度"的自我异化状况就必须从打破对人的深层本质扭曲的各种压抑,必须深入人的"无意识"的心理结构并在爱欲的满足中使自己成为一种高级存在物,从而在爱欲的解放中恢复人的本质。④ 他认为这种"新感性"的爱欲解放必然是通过艺术的、审美形式的、感官的解放。他认为这是"艺术的解放承诺","这种承诺也是审美形式的一个性质,或更确切地说,是审美形式的一个美的性质。这种承诺是从与现存

---

① [德]马克思、[德]恩格斯:《马克思恩格斯文集》(第1卷),人民出版社2009年版,第190页。
② 赵恩国:《马克思"个人解放"思想的历史与逻辑》,上海人民出版社2017年版,第231页。
③ [美]埃里希·弗洛姆:《弗洛姆著作精选——人性·社会·拯救》,黄颂杰主编,上海人民出版社1989年版,第165页。
④ [美]赫伯特·马尔库塞:《爱欲与文明》,黄勇等译,上海译文出版社2008年版,第13—16页。

社会的搏斗中冲杀出来的;它展示出一幅权力消亡、自由显现的图景"。①
尽管赫伯特·马尔库塞对这一解放理论信心满满,但与埃里希·弗洛姆的
爱和理性一样,其"新感性"的爱欲解放也遭遇到现实的资本主义以资本增
值为目的的生产方式的无情否定。因而这种爱欲解放追求不免成为"审美
乌托邦",它最终只能停留在意识的领域,对个体在工业社会如何克服消费
异化和自我分离并未能寻求到现实的救赎。这显然是我们在借鉴西方马克
思主义文化批判理论时需要特别留意和超越的地方。

可以肯定地说,身心关系的理想状态将是怎么样的,现代社会的感觉解
放有什么标志以及它需要从哪里开始,这都是存在诸多争议的问题。不仅
西方马克思主义阵营有不同观点的争论,当代中国学界也见仁见智。但是,
如果我们回到马克思的文本,并对马克思个人解放理论的历史与逻辑做一
个简单的梳理,那么我们还是可以大致描绘出如下关于解放的理论图景:当
劳动成为人的第一需要,摒弃了私有制之后的社会所有制已经普遍建立起
来的时候,人对外在财富的占有方式就发生了革命性变化,人的"富有"观念
也会随之发生变化。当人通过自身的生命活动去谋求一种"总体性"生活方
式的时候,人就以真正的感性需要作为发挥自由个性的一个基本尺度。②
这时,我们就可以说作为现实的、感性的、有着丰富性的个体就在未来共同
体那里实现了真正的"感性解放"。

也只有在这个时候,人的身心合一与和谐的理想形态也就终于突破了
诸如以爱和理性去实现自我本性(埃里希·弗洛姆)、以爱欲的审美解放重
现自由(赫伯特·马尔库塞)之类的乌托邦式想象,而在实际的社会生产和
生活实践中得以真正切实地实现。这是人在创造自己的感性生命的丰富多
样性中真正地占有了自己本质的过程。

6.2　传统文化中身心合一之道的创造性转换

全球化背景下的中国不可避免地选择了市场化、商品化的发展路径。
这是当代中国人顺应时代的必然选择,因为中国社会再具有某种意义上的

---

① ［美］赫伯特·马尔库塞:《审美之维》,李小兵译,生活·读书·新知三联书店 1989 年版,第
238 页。
② 赵恩国:《马克思"个人解放"思想的历史与逻辑》,上海人民出版社 2017 年版,第 231 页。

民族特殊性,它也无可避免地要进入并成为以资本逻辑、商品经济和市场原则为基本规范的现代社会。唯物史观文化批判的一个重要向度就是在这一社会现实中指认出人与自身关系的现代张力,并运用历史唯物主义的理论与方法试图找到一条人实现"身"与"心"、"欲"与"理"完美合一的道路。正是基于这一语境,中国传统身心合一的修养观被回望和发掘便有了现实的必要性。这一修养观在追求身之欲与心之理的平衡中,可以给正遭受着现代性困境而身心疲惫的人们以诸多的指引:它反对铺张浪费的消费主义以及颠倒人与物之间关系的拜金主义,它提倡一种适度消费的观念,它直指的是人作为人所具有的自由本质。尤其是它对人如何看待自我的需要、欲望与社会规范、伦理准则之间的关系有着独到而精辟的看法。而且,这些看法历经几千年的历史积淀已经凝结成中华传统文明的生活智慧。在物欲主义、消费主义、享乐主义思潮不断侵蚀的当今社会,这些智慧显然有着穿越时空的现实影响力。

6.2.1　身之欲与心之理的合一

如果天人之辩要解决的是人与自然的矛盾、人我之辩要解决的是我与他者及社会的矛盾,那身心之辩要解决的是自我生命中欲与理的矛盾。在身心之辩问题上,中华传统文化历来主张欲理合一的立场,它推崇的是身之欲与心之理的内在和谐之道。

儒家在先秦的欲理之辩中,不仅明确主张欲理合一的理性主义立场,而且还具体探讨了欲理如何合一的途径。它认为要达到欲与理之间的合一状态,必须认同、确立并谨守寡欲、制欲、不使可欲等理性原则。

儒家的寡欲说其实质是追求欲与不欲之间的一种平衡,即"欲而不贪"(《论语·尧曰》)。孟子在提出"养心莫善于寡欲"(《孟子·尽心下》)的命题后,对寡欲的具体情形也曾作过如下描述:"无为其所不为,无欲其所不欲,如此而已矣。"(《孟子·尽心下》)可见,与禁欲不同,寡欲是基于不同欲望之于自我有不同的价值而做出的一种取或舍的理性抉择。

儒家的制欲说是指凭借理性的认知对生命之欲进行引导、规范和改造以达到欲与理合一的过程。在先秦的欲理之辩中,儒家一方面承认欲望的合理性,另一方面毫无例外地主张必须有效地制约欲望,即"克己复礼为仁"(《论语·颜回》)。"克己"就是制约私欲,引导私欲符合礼的规范,以达到仁道的境界。而且,在孔子看来,对欲望进行制约正是自由的前提,即"从心所欲不逾矩"(《论语·为政》)。荀子继承了孔子的欲理观,在他看来,人"生而有耳目之欲,有好声色焉,顺是,故淫乱生而礼义文理亡焉"(《荀子·性恶》)。由此,他认为:"以道制欲,则乐而不乱;以欲忘道,则惑而不乐。"(《荀子·乐论》)事实上,先秦儒家这一制欲说也是后来宋明理学推崇并弘扬光大的基本立场。

儒家的不使可欲说是指有些欲望要有意识地不让它成为欲望。在先秦儒家看来,生命之欲中有些欲望是与生俱来的,有些则需经过后天的了解或学习之后才会成为欲望。除非这些欲望是人生理想追求所必须而且是符合"礼"之规范的,否则儒家明确主张应当持不使可欲的回避态度。比如,被后世儒家津津乐道的楚庄王不赴强台之宴,其昭示的就是不使可欲的道理。其理由就在于如果楚庄王赴宴了就会被美食、美景所诱惑,从而无法在治国理政方面专心致志。这堪称对儒家不使可欲说的最经典诠释。

有必要指出的是,就现存的典籍文本考据而论,我们认为在先秦儒家那里无论是寡欲说、制欲说,还是不使可欲说,这些理论都没有提出禁欲主义的主张。只是到了宋明理学时期,中国传统文化中的禁欲主义才开始形成。这一时期的理学家们片面发展了孔孟的寡欲、制欲、不使可欲等思想,把理与欲截然对立起来了。比如周敦颐就认为,讲寡欲还不够,还必须进而寡之又寡以至于无,即所谓"寡焉以至于无"(《养心亭说》)。朱熹则认为:"圣人千言万语只是教人存天理,灭人欲。"(《朱子语类》卷十一)这一禁欲主义的偏颇无疑是我们今天回望传统,对传统文化中身心合一、欲理合一之道做创造性转换时要坚决摒弃的。

与儒家的立场相类似,道家也持欲理合一的理性主义立场。在老子法自然的立场看来,放纵欲望就是人们反自然地对待自身生命最常见的情形。由此,他告诫世人:"见素抱朴,少私寡欲。"(《老子》第十九章)就身心关系而论,道家从效法自然的核心命题出发,其欲理合一的立场可做如下两方面的概括:其一,道家认为过度的欲望伤害身体的自然承受性。比如老子就告诫说:"五色令人目盲,五音令人耳聋,五味令人口爽,驰骋畋猎令人心发狂,难得之货令人行妨。"(《老子》第十二章)其二,道家认为过度的欲望拖累自我的情志和心性。比如老子就有过这样意味深长的追问:"名与身孰亲?身与货孰多?得与亡孰病?"(《老子》第四十四章)这一追问表明,在老子看来,身心的愉悦比名、利、货的占有更值得世人珍惜。庄子继承和弘扬了老子的这一思想。庄子认为欲望多多的人必然以欲"患心"(《庄子·田子方》)不得"悬解"(《庄子·大宗师》),"谬心"且"累德"(《庄子·庚桑楚》)。

由此,道家认为要在身心两方面均做到自然地对待自己的生命,就必须减少内心的欲望,即"恬淡为上"(《老子》第三十一章)。正是由此,庄子总结说:"平易恬淡,则忧患不能入,邪气不能袭,故其德全神不亏。"(《庄子·刻意》)以老子、庄子为主要代表的道家之所以反对放纵欲望恰恰是因为纵欲是不自然的。这种无止境地追逐功名利禄和声色犬马的物欲人生不仅会败坏人的德性,而且本身也必然给生命带来身心两方面的伤害。可见,虽然与儒家的论证不同,但道家同样得出了欲理合一的理性结论。

在身心之辩中解决身之欲与心之理的矛盾,西方文化形成了与中华文化迥然不同的立场。事实上,西方文化有着悠久的张扬欲望的传统。这一传统源自古希腊、古罗马。比如黑格尔就曾经指出古希腊人以及古罗马人习惯于把人生看作纵欲行乐的过程。① 的确,考古学家发现,古罗马人的华服豪饮、居住和娱乐场所的金碧辉煌甚至让现代人也叹为观止。为此,马克思、恩格斯曾经这样说过:"在欧洲,宣传享乐的哲学同昔日尼学派一样古老。在古代,这种哲学的创始人是希腊人,在近代是法国人,而他们成为创始者的根据也是相同的。"②这里指称的享乐哲学的根据正是古希腊哲人所谓的趋乐避苦的生物学本能。依据黑格尔的理解,后来中世纪经院哲学对欲望的严厉打压,从本质上可以视为对古希腊、古罗马过度张扬欲望的一种必然否定。但这个否定显然过于用神性来打压人性了,于是,近代文艺复兴对中世纪又进行了否定。在这个否定之否定(即新的肯定)的过程中,张扬欲望的古希腊、古罗马传统再一次被肯定。由此,这一时期的文学、艺术、哲学纷纷对世俗的欲望给予了赞美与讴歌。而文艺复兴的这一传统深刻地影响了尔后的叔本华、尼采、柏格森、萨特等人的哲学思想。

到了现代随着科学主义的兴起,一大批学者则从生物学、医学、心理学等视角对人的利己天性及欲望进行了诸多的科学论证。现代西方诸多哲学思潮中,从叔本华的生命意志说、尼采的酒神赞歌,到萨特的神圣的自由之欲理论,再到弗洛伊德的泛性欲主义,人身之诸多的感性欲望甚至性本能之

---

① [德]黑格尔:《哲学史讲演录》,商务印书馆1978年版,第102页。
② [德]马克思、[德]恩格斯:《马克思恩格斯全集》(第3卷),人民出版社1960年版,第488页。

欲却被奉为另一个"上帝"而大加崇拜。于是，经过文艺复兴以及科学主义的荡涤，天国里的"上帝死了"（尼采语），但新的"上帝"不仅被造出来而且还被顶礼膜拜。这个新的"上帝"就是爱欲（性欲）、权力欲、财富欲、自我表现欲，等等。关于这一点，美国学者罗洛·梅有着非常明确的立场，他认为："原始生命力是掌握整个人的一种自然功能，性欲与爱欲，愤怒与激昂，以及权能的渴望，便是主要的例证……这种原始生命力是每一个人肯定自身，确认自身，增强自身的一种策动力。"①

近代以来工业文明的发展，尤其是科学技术的进步为消费主义、享乐主义的兴起提供了物质条件。每一个生命个体每时每刻都必须面对与其内在需要相对立的"异己的世界"②。正因此，对名车、豪宅的过度追逐导致的身心疲惫、性自由主义的放荡不羁带来了艾滋病的蔓延、因财富梦的破灭而抑郁乃至跳楼以及酗酒、沉迷于网络游戏而无法自拔等问题，才会困扰着当今的西方社会。这一切无不昭示着身心关系问题上西方文化过度张扬欲望这一传统正面临着空前而严峻的困境。其实，以唯物史观理论视阈来看，西方传统中自文艺复兴以来过于推崇身之欲的满足并不符合理性主义的立场。马克思就明确指出："吃、喝、生殖等等，固然也是真正的人的机能。但是，如果加以抽象，使这些机能脱离人的其他活动领域并成为最后的和唯一的终极目的，那它们就是动物的机能。"③马克思的这一批判立场也成为现代诸多西方马克思主义学者坚决捍卫的基本立场。

值得关注的是，与法兰克福学派等思想家的思路不同，另一些西方学者则开始关注古老的中国传统文化，他们试图通过汲取中华传统文化的智慧来摆脱这一因过度追求物欲而带来的身心困境，比如新儒家。新儒家被称为与新自由主义、西方马克思主义并列的"当代西方三大思潮"④，这一事实本身就表明了孔夫子主义（Confucianism）在西方的影响力不可小觑。其实，不仅是以孔子为代表的儒家思想引起西方学界的关注，道家、佛家也同样如此。正是这一现实语境下，当今西方新道家学者对法自然思想以及诸

---

① ［美］罗洛·梅：《爱与意志》，蔡伸章译，甘肃人民出版社1987年版，第165页。
② ［美］赫伯特·马尔库塞：《理性和革命——黑格尔和社会理论的兴起》，程志民等译，重庆出版社1993年版，第31页。
③ ［德］马克思、［德］恩格斯：《马克思恩格斯文集》（第1卷），人民出版社2009年版，第160页。
④ 万斌、张应杭主编：《马克思主义视阈下的当代西方思潮》，浙江大学出版社2006年版，第191页。

如见素抱朴修养观的认可,因对道家无为而为领悟而提出的 Do Noting 人生理念颇有认同者;中国佛教如禅宗的修行理论在西方政界、实业界流行,中国禅的课程进入管理学院更是屡见报道。这一切都证明着以儒道佛为主要代表的东方文化也在"东学西渐"。

令人忧虑的是,随着改革开放之后的西学东渐,以叔本华、尼采、萨特、弗洛伊德为主要代表的张扬欲望的学说在当下中国却发生着不容忽视的影响。事实上,就身心关系而论,包括消费主义和享乐主义在内的西方现代性困境问题也在当今中国社会出现并有日渐严重的趋势。

解决这些问题固然要依靠系统的社会工程,但是从价值观上培植出传统文化主张的身心合一与欲理合一立场,努力在国民教育中确立以理制欲的身心观肯定是大有裨益的。也就是说,就身心关系中的欲理之辩而论,回归传统和坚定文化自信就意味着要重建和创新传统的欲理合一观,并将其有效地培植进当代中国人的人生观、价值观、身心观。与此同时,我们还必须认真检讨和清算西方文化过度张扬欲望之传统给改革开放之后的中国带来的现实危害。我们必须清醒地意识到,人的物欲被过分张扬,世人因此特别迷恋物质人生、财富人生的流俗是本末倒置的。

6.2.2 以理制欲的道德理性及其基本范式

李泽厚先生曾经比较过中西方文化在理性主义立场方面的差异性。他认为与西方形成了浓郁的纯粹理性不同,中国古代更主张道德理性的培植和坚守。如果说纯粹理性以认识论中的求真为基本特征的话,那么道德理性则更关注伦理学上的求善。他认为这也是中国哲学不太关心本体论而更注重人生和伦理问题的一个重要缘由。[1] 事实上,从古代文献里记载的对身之欲与心之理合一之道孜孜以求的历代士大夫人生来看,我们可以很容易感受到这一道德理性彰显的巨大影响力。

重要的还在于,就人与自身关系而论,中华传统文化不仅以道德理性的立场对以理制欲的自我修身之道做自觉、自信、自为的引领,而且还提出了具体的诸如知耻、克己、尚俭等体现道德理性的行为范式。这些行为范式既成为历代圣贤谨守的自我修为之基本内容,也成为平民百姓人格塑造的理

---

① 参见《李泽厚华东师大开讲:不做演讲,平等讨论》,《社会科学报》2014 年 6 月 3 日。

想目标。事实上，它所彰显的伦理价值至今被海内外的华人所普遍地认同和传承。

知耻作为道德理性的具体行为范式是指自我基于一定的是非、善恶的认知基础而产生的对耻辱之事不欲、不为的一种道德情感体验。作为对自我生命原欲冲动的一种理性规范，知耻能使自我行为主体在饮食男女、功名利禄的欲望冲动面前自觉地做好抑恶扬善的内心功课。这一德目自先秦以来一直被古代圣贤所重视。孔子要求弟子"行己有耻"（《论语·子路》），孟子认为"耻之于人大矣""人不可以无耻"（《孟子·尽心上》），管子曾将耻与礼、义、廉诸德并称为"国之四维"："守国之度，在饰四维……四维不张，国乃灭亡。"（《管子·牧民》）清代思想家顾炎武对管子的这一四维说更是推崇备至，并认为四维之中知耻最为重要，因为在他看来："人之不廉而至于悖礼犯义，其原皆生于无耻也。"（《日知录》卷十三）

作为人与自身关系上的身心合一之道的重要体现，知耻的重要性在于它乃是自我生命个体为善去恶、积极向上的内在策动力。在古人看来，对生命之欲可能导致的恶行，知耻之心使我们有所警惕、有所自律，从而有所不为。也就是说，知耻可以使社会道德和法的外在约束通过自觉的认知而变成内在的自我规范意识。而且，重要的还在于，这种由内心的知耻、羞耻、止耻而形成的自觉、自律、自制，在生命之欲的追求中对自我的引导和约束效果是外在的规范和钳制所无法比拟的。这种效果就如朱熹所言："人有耻，则能有所不为。"（《朱子语类》卷十三）经过宋明理学家的整理和提炼，传统文化在为人处世的德性规范方面形成了著名的"八端"说，即孝悌忠信、礼义廉耻。知耻由此而成为其中一个最基本的行为规范。

置身新时代的现代人，借助于古人欲理之辩中的智慧，在对待自我生命之欲的问题上，必须在认知上确立如下两个基本的理念：一是人生而有欲，没有什么力量可摒弃或戕灭它；二是对生命之欲又必须予以理性的节制。因为人的欲望不仅从本性上讲正如成语欲壑难填所形容的那样永无止境，而且这个永无止境的欲望还有许多是不真、不善、不美的。在道德理性的具体培植过程中，知耻之心的培植就是对这些不真、不善、不美的内心欲望理智地予以舍弃。

克己这一行为范式是基于知耻基础上而对内心欲望所做的理性、理智的自我克制。中国古代自先秦以来的哲人们在承认欲望之合理性的同时，几乎毫无例外地主张对欲望必须进行克制。孔子称："克己复礼为仁。"（《论语·颜渊》）按朱熹的解释："'己'谓身之私欲也。""己私既克，天理自复，譬如尘垢既去，则镜自明；瓦砾既扫，则室自清。"（《四书章句集注·论语集注》卷六）可见，克己就是抑制自己的私欲，引导它符合礼的社会规范，从而形成孝悌忠信、礼义廉耻之类的德性。与孔子的思路不同，荀子则从人天生有纵欲之恶的本能来论述克己之必要性。在他看来，人"生而有耳目之欲，有好声色焉，顺是故淫乱生而礼义文理亡焉"（《荀子·性恶》）。由此，他的结论是："以道制欲，则乐而不乱；以欲忘道，则惑而不乐。"（《荀子·乐论》）可见，在荀子看来，以一定的礼义规范（道）引导人之欲望才能使人"乐而不乱"。

也正是看到了不受约束的私欲对人生的不自然性，主张法自然的道家也持克己的伦理立场。比如老子就提出了"见素抱朴，少私寡欲"（《老子》第十九章）"祸莫大于不知足，咎莫大于欲得"（《老子》第四十六章）的观点。正是由此，他告诫世人："知足之足，常足。"（《老子》第四十六章）庄子也有"至人无己"（《逍遥游》）之说，并提出了"坐忘""心斋""悬解"等克己的具体途径。在道家看来，只有克己才能够做到少私寡欲，不为欲望所溺，才是真正恪守了保全自我生命的自然之道。

在先秦诸子思想中，墨家、兵家、法家、农家、小说家等也都持与儒道相类似的克己立场。汉代传入中国的佛家，其教义中本来就有"诸法无我"的教谕，其清规戒律更是林林总总的克己规范。融儒道佛于一体的阳明心学可谓古代克己之学之大成。而且，王阳明曾有名言："破山中贼易，破心中贼难"（《与杨仕德薛尚谦书》），这其实是强调了克己之难。但在王阳明看来，正因为克己之不易，所以才有了圣贤与俗人在心学功课和人生成就方面的高下之分野。

重要的还在于，在古人看来克己恰恰是自由的前提。也就是说，只要对自我内心欲望进行有效的克己，通过长期的自觉、自制与自律最终能达到自由的境界。这是一个从自发到自觉再到自由的过程。也就是说，自由不是随心所欲的任性，更不是肆无忌惮的妄为，它恰恰以对自我生命欲望的克己为前提条件。在人的物欲被过分张扬的现代，在世人推崇物质人生、财富人生的今天，先哲们对克己之合理性的这些论述，对于我们形成身心合一的欲望观具有极大的启迪意义。

尚俭的行为范式是对物质欲望享受方面的自我约束。作为人与自身的身心合一之道的重要德目，它是知耻与克己的进一步具体化。这一伦理立场在儒道墨诸家的创始人那里便已奠定。就儒家而论，子贡曾就孔子为什么受国君敬重这样评价说："夫子，温良恭俭让以得之。"（《论语·学而》）在这里，"俭"被列为一个重要的德性规范。孔子自己在回答弟子什么是礼的根本时也说："礼，与其奢也，宁俭。"（《论语·八佾》）值得一提的是，儒家不仅推崇俭以养德，而且还认为俭以养廉。这就如曾国藩所言："唯俭可以养廉。"（《挺经·勤廉》）因为为官之廉，就是不贪婪、不苟取、不见钱眼开、不贪赃枉法。要做到这一点，恰恰需要有尚俭之德作为人生哲学的前提。可见，持俭才能居廉、守廉、养廉。这也就是清代学人张圻所总结的："居官之所恃者，在廉；其所以能廉者，在俭。"（《答周仲和书》）

道家也推崇俭德。老子说："我有三宝，持而宝之：一曰慈，二曰俭，三曰不敢为天下先。慈，故能勇；俭，故能广；不敢为天下先，故能成器长。"（《老子》第六十七章）"俭"在道家典籍中，也称为"啬"，故老子称："治人事天莫若啬。"（《老子》第五十九章）在道家看来，俭与啬的要义在于守持自己的纯朴本性，减除私心和贪欲。庄子直接承继了老子这一尚俭的思想。庄子向世人反复论证以生命为贵、以名利为轻的理念。他曾这样批评世俗之人："今世俗之君子，多危身弃生以殉物。""今世之人，居高官尊爵者，皆重失之，见利轻亡其身，岂不惑哉！"（《庄子·让王》）为此，庄子主张"能尊生者，虽富贵不以养伤身，虽贫贱不以利累形"（《庄子·让王》）。

不仅儒、道推崇俭德，墨家有"俭节则昌，淫佚则亡"（《墨子·辞过》）之说，法家也有"侈而堕者贫，而力而俭者富"（《韩非子·显学》）之说，农家、杂家、阴阳家等均有类似的思想。事实上，正是因为诸子百家有诸如此类相同的立场，尚俭之德堪称自先秦至近代的价值共识，即所谓的"俭，德之共也"（《左传·庄公二十四年》）。后来宋代的司马光曾将这一传统伦理立场做了如下的阐释："有德者皆由俭来也，俭则寡欲，君子寡欲则不役于物，可以直道而行；小人寡欲而能谨身节用，远罪丰家。故曰：俭，德之共。"（《训子孙》）

古代圣贤这一俭以养德（儒家）、俭以养身（道家）的思想，积淀于民族精神之中，对后来的中华民族历史产生了极大的积极影响，诸如"克勤于邦，克俭于家"（《尚书·大禹谟》）"静以修身，俭以养德，非淡泊无以明志，非宁静无以致远"（诸葛亮《诫子书》）"历览前贤国与家，成由勤俭破由奢"（李商隐《咏史》）"清贫，洁白朴素的生活，正是我们革命者能够战胜许多困难的地方!"(方志敏《可爱的中国》)之类的格言警句广为流传。可见,俭以养德、俭以养身的思想已积淀为民族精神的重要组成部分,至今激励着中华儿女的奋斗人生。

与天人合一、人我合一之道一样,中华传统文化推崇的身心、欲理合一之道也具有全球性的意义。它为克服西方的物欲主义、消费主义、享乐主义文化提供了中国主张。这一主张的核心是以道德理性来主导和制约消费的本能,从而营造出身与心、欲与理的合一状态。

然而,问题的严峻性在于,当唯利是图的资本逻辑成为西方社会主宰一切的逻辑后,尤其是当这一市场逻辑也开始影响中国社会时,人们围绕着金钱、商品、交换价值展开自己的一切活动的过程时,人与自身的关系注定会被消费主义所异化。事实上,正如我们看到的那样,物欲主义、消费主义、享乐主义在对有限自然资源的过度消耗,在对消费品背后凝结的劳动者付出的不尊重,在对自我身体的自然承受性的破坏等方面均是不道德的。因此,当今世界亟待改变"我消费,我存在"的人生逻辑。以儒家为代表的中华传统伦理文化主张的以理制欲的身心合一之道显然可以起到匡正时弊之效。正如有学者指出的那样:"以道德理性节制人们的感性欲望是儒家伦理文化一贯的主张。"①在当今世界物欲主义、消费主义、享乐主义还颇受推崇的语境下,中国传统文化推崇的以理制欲之修身之道作为中华民族价值共识的核心原则予以有效地培植,无疑是非常有意义的一项文化建设工程。

6.2.3　超越压抑与放纵:身心合一之道的现代重建

在探讨了身之欲与心之理的合一之道以及作为这一合一之道具体伦理范式的知耻、克己、尚俭之后,我们可以对中国传统的身心合一思想的批判性传承和现代性转型做一个基本的学理梳理。或者说,我们需要基于学理梳理的基础对传统的身心合一之道进行现代重建。我们将从如下三个向度进行学理探究以期实现这一重建。

首先,从抑制消费到适度消费的转型。"消费"在今天已经是人们日常生活中最平常的行为。人们在反复谈论着"消费升级""共同富裕"与"美好生活"时深含着当代中国人对于美好生活的向往。而且,当代中国经济的飞

---

① 孙超等:《中国人伦学说研究》,上海古籍出版社 2004 年版,第 51—52 页。

速发展也使人们的物质生活越来越向高质量的方向前进。人们期待着在不远的将来拥有更多更好的物质产品,享受着更为舒适、周全的服务。传统时代的消费境遇显然不能和今天同日而语,因为在传统小农社会中,社会生产还不能提供和创造出完全满足人的需要的所有产品,因而消费根本就不可能得到提倡。但无可否认的是,在一个普遍物资匮乏的社会中产生出来的消费观念,它依然能够对今天的消费观念有着积极的启发意义。这个启发就是适度消费。我们提倡来自传统的适度消费理念并不是提倡人们不去追寻生活质量的改善,也不是去抑制生产而使社会重新回到"低度生产"和"低度欲望"的传统社会,而是要在现今生活条件下提倡一种理性的、平衡的、自在的消费理念。它促使人分清虚假需要与真实需要,不因人性的自我放纵或过度压抑承受着来自消费生活领域的心灵痛苦,尤其是它可使人避免走进"消费奴役"这一异化境遇。

其实,就传统消费观念而言,占据传统社会主流的文化理念既不是"禁欲主义"的,也不是"奢侈主义"的,而是"崇俭黜奢"的"适度主义"。儒家和道家等主要思想派别都强调人的基本需要作为"真实需要"的重要性。它认可人的感性需要是人生存在这个世界上首先所面对和亟须解决的问题。比如《诗经》里就说:"民之质矣,日用饮食。"(《诗经·小雅·天保》)《礼记·礼运》也强调:"饮食男女,人之大欲存焉。"荀子更是从人性的角度强调了人欲存在的必要性:"性者,天之就也;情者,性之质也;欲者,情之应也。以所欲为可得而求之,情之所必不免也;以为可而道之,知所必出也。故,虽为守门,欲不可去,性之具也。"(《荀子·正名》)这里的"欲者,情之应也"即是从人的基本生理需要的自然性与必然性及其对人的生活的合理性角度加以阐明的。人只要活着就有所谓的"饮食男女",这是人的基本物质消费。但另一方面,传统主流消费思想又突出地强调纵欲与奢侈消费对于身心健康的诸多干扰和害处。《尚书》作为上古时代劝谏君王的教科书,就曾强调了"欲败度,纵败礼"的观点。老子更是在其书中用大量篇幅突出"纵欲"是招致祸患的重要因素:"罪莫大于可欲,祸莫大于不知足,咎莫大于欲得。"(《道德经》第四十六章)庄子也认为人若沉溺于欲望的无度满足之中必然会失掉自我天性的本真,即他所说的"其耆欲深者,其天机浅"(《庄子·大宗师》)。

事实上,在古代哲人看来,超过了人的基本需要的"虚假需求"其实并不会给人带来幸福与快乐,反而是人生的牵累和羁绊,它使人与自我的觉醒越来越远。由此,古圣先贤对于日常生活的物质消费都保持在基本需要满足的适当程度上,对超过基本需要的欲望都主张保持适度的节制。比如孔子在祭祀饮食上面一方面追求"食不厌精,脍不厌细",但另一方面又说"肉虽多,不使胜食气;唯酒无量,不及乱";服饰上也认为"君子不以绀緅饰,红紫不以为亵服"(《论语·乡党》)。这一适度消费的智慧对于现代人而言,可以启发人们去厘清当下生活的真实需要与虚假需要,尤其不要沉浸在虚假的需要当中放纵人性而走向非本真的存在。

重要的还在于,适度消费所展现的这种自我节制的能力,其实质是为了人的自由本质之彰显。在传统伦理社会,人们自动节制自我欲望是为了修养自我德性。比如孔子认为:"质胜文则野;文胜质则史。文质彬彬;然后君子。"(《论语·雍也》)可见,在孔子看来"文质彬彬"才是君子该有的品质,它既不是追求五彩缤纷的华丽服饰也不是不修边幅的粗野,适度的礼仪其要务是体现君子的"仁道"。老子要人在节制欲望中保持"简朴"的生活态度,这样就不会被欲望所控制,即"不见可欲,使民心不乱"(《道德经》第三章)。正是由此,老子主张人要"去甚、去奢、去泰"(《道德经》第二十九章),要人在清心寡欲中体悟人间真乐。

而且,就儒家而论,它还特别地要求节制欲望以求符合伦理之"义"。事实上,儒家的这一立场是很值得肯定的。儒家"君子义以为上"(《论语·阳货》)的义利观非常清晰地向世人表明,就人的消费行为而言如果只想着自身的私利就会违背"义",从而失去消费的合理性与适宜性。可见,儒家的这一消费观念强调了人在欲与理、身与心、义与利之间的平衡,反对极端个人主义和精致的利己主义,让人不致在消费主义的诱惑中沉迷乃至堕落。这告诫显然是合理而睿智的。

当然,传统适度消费观与现代适度消费观固然有其一脉相承的地方,但同时也需要在现代社会基础上对传统适度消费观进行现代转换与价值创新。就现代社会生产体系而言,消费本身就是必不可少的一个环节。需求不足会导致生产过剩,影响经济活力和社会发展。这就正如有学者指出的那样,现代消费观念的建构可以吸收传统适度消费观对于人的真实需求和自由本质的关注,同时还需要以现代社会生产、生活为根基来阐发科学消费、绿色消费和可持续消费的理念。①

其次，从修身养性到重塑人的健全生活的转型。如果现代人依然习惯于承袭五四运动以来一些学者片面认定儒家对一切"人欲"都采取消灭立场的话，这在某种程度上误解了儒家对于人的需要、欲望与人的自由理性的真实看法。我们想指出的是，那仅仅是宋明理学的偏颇。而且，在程朱理学流行的年代就有学者批评过这一偏颇。从本质来看，当代中国社会需要继承儒家身心、欲理合一的立场，以一种创造性转化的方式对其进行现代开掘，传统文明就能开出"现代之花"。

可以肯定地说，儒家和道家的身心哲学和生命哲学都有着积极的现实意义。在儒家看来，人是天地之间最为可贵的，是"天、地、人"三才之一。儒家认为："人者，其天地之德，阴阳之交，鬼神之会，五行之秀气也。"（《礼记·礼运》）事实上，传统社会中的中国人最重视孝道，也是根源于对人的存在价值的看重。所以孔子认为："孝悌也者，其为仁之本与。"（《论语·学而》）孟子曾提出过"不孝"的五种情形："惰其四支，不顾父母之养，一不孝也；博弈好饮酒，不顾父母之养，二不孝也；好货财，私妻子，不顾父母之养，三不孝也；从耳目之欲，以为父母戮，四不孝也；好勇斗狠，以危父母，五不孝也。"（《孟子·离娄下》）这里论及的显然是儒家身心合一的生命哲学观。道家也同样有这一方面的强调，它从法自然的角度认识到人的生命存在就是天地之间最为重要、最为自然之事，即所谓的"域中有四大，而人居其一焉"（《道德经》第二十五章）。为保全身心，老子还论述了人应该"宠辱不惊"的道理："宠辱若惊，贵大患若身。何谓宠辱若惊？宠为下，得之若惊，失之若惊，是谓宠辱若惊。何谓贵大患若身？吾所以有大患者，为吾有身，及吾无身，吾有何患？故贵以身为天下，若可寄天下；爱以身为天下，若可托天下。"（《道德经》第三十章）可见，无论儒家还是道家，它们都主张身心合一的修养观，反对以身心二元的对立模式来看待自我的需要、欲望与德性的内在增长，因此都重视塑造身心圆满的健全人生。

也因此，在道家那里"养生"便成为人追求健全生活的重要内容之一。道家有专门的养生方法，如服食、辟谷、外丹术、导引、行气、炼神、食疗、啸法与内丹术等众多方法，其目的一是通畅血脉，二是长生久视，以达到羽化成

---

① 李辉：《反消费主义》，高等教育出版社2016年版，第164—168页。

仙的不死之向往。羽化成仙固然缺乏科学性，但道家在这个探求中还是留下来一些合理和可取的养生术的。事实上，深受道家哲学影响的中医养生方法运用传统的阴阳五行、五运六气的学说，以应天人合一的价值理念，对于中国人的养生观念产生了颇为积极的影响。比如《黄帝内经》的第一篇《素问·上古天真论》中就分析了人们不能得享天年的原因，在于"以酒为浆，以妄为常，醉以入房，以欲竭其精，以耗散其真，不知持满，不时御神，务快其心，逆于生乐，起居无节，故半百而衰也"，而人们若要像"上古之人"那样"法于阴阳，和于术数，食饮有节，起居有常，不妄作劳"，做到"虚邪贼风，避之有时，恬淡虚无，真气从之，精神内守"，这样不仅不会生病，而且还能"志闲而少欲，心安而不惧，形劳而不倦，气从以顺，各从其欲，皆得所愿"。这些都是中国养生文化中极为宝贵的思想遗产。

在儒家那里，修身则是人追求健全生活的重要方法之一。《礼记·大学》明确强调，"自天子以至于庶人，壹是以修身为本"。儒家修身是在日常人伦生活之中展开的，其重要的方式就是"格物、致知、诚意、正心"，其目的是"齐家、治国、平天下"的"外王"之道。这种修身的方式已经融进了中国人的文化骨髓，让人自觉地认识到自我身体要不受动物性的本能（天性）控制，就必须要有道德修养的功课，以人的德性境界超脱于流俗，去倾听自我内心的声音。王阳明的心学即以这一目标为宗旨。为此，儒家主张以自省作为提升自我修养的重要方法。孔子的大弟子曾子就曾有"三省说"："吾日三省吾身，为人谋而不忠乎？与朋友交而不信乎？传不习乎？"（《论语·学而》）

儒家这种强调"道德之身"的文化传统让千百年来的中国人自觉地把握到欲与理的辩证关系，重视自我身体的社会性存在方式，而不是沉溺于单纯的物质享受领域不能自拔。正如有学者指出的那样："以高度重视人类理性的心本论和理本论为哲学依据，儒家文化十分强调理性在人类道德生活中的作用。他们所谓的理性主要是指真与善相结合的道德理性。以道德理性节制人们的感性欲望是儒家伦理文化一贯的主张。"[1]因此，儒家修身特别强调"身教"的重要作用，认为其具有更为根本的道德教化意义。"在这种教化过程中，礼乐文明最终表现为一种身体文明，它须以身践德，以身行礼，以身定命，使得命、德、礼最后统统落实到身体上，身体成了道德实践和天命呈

---

①　孙超等:《中国人伦学说研究》,上海古籍出版社 2004 年版,第 51—52 页。

现的器皿,身体也因为承载了德、礼、命的超验价值而焕发出神圣的光辉!"①这样的修身结果就是儒家所倡导的君子和圣人的理想人格,即内圣外王的做人境界。这里的人生逻辑是因为"内圣"进而便自然地开出了"外王"之路。

无论道家的养生之学还是儒家的修身法则,其当代价值都聚焦于如何使人保持"身心一如"的状态,克服由于消费主义、享乐主义所带来的身与心的二元对立,精神与肉体的自我分离,以及需要、欲望与理性的分离状态。它既不过度节制人的基本需要和感性欲望,也不纯粹突出道德、理性的制约作用,而是回到人保持身心合一的平衡状态这一根本着力点去探讨欲与理的辩证关系,以使人对自我的生活有着自觉的主导意识和自我创造精神。这就正如庄子所描述的,要使人过上一种健全的生活,就要使自己的身体不为外物所牵绊,即"知天乐者,无天怨,无人非,无物累,无鬼责"(《庄子·天道》)。事实上,道家认定富贵、名利最易成为人的负累,不能让人拥有恬淡虚无、返璞归真的精神体验的观点,具有相当的现实启发性。当今时代无疑正需要人们保持这样一种自觉的意识,才能够摆脱物欲主义、消费主义、享乐主义等对人的精神生活的腐蚀,才能够真正体悟到"物物而不物于物"(《庄子·山木》)的人生智慧。

最后,从身心的二元对立向身心合一的现代重构。当西方的市场经济及其文化借助全球化的浪潮涌入中国,处于市场经济所开拓出来的世俗社会中的当代中国人,似乎已然习惯了资本所引领的社会生产和生活方式。人们以货币为中介展开普遍的交往活动,在其中每个人都是他人获得自身利益和满足自我需要的手段。于是,如下的追问便具有了某种现实性和紧迫性:置身个人的需要得到极大满足和开发的时代,习惯于通过生产、交换和消费建立起普遍的必然性的联系的现代人能否摒弃现有的生活方式,走出压抑或放纵的身心二元对立状态,重构自我新的生活方式?

我们有理由认为,传统文化中的身与心、欲与理合一的文化理念正是处于资本逻辑统治下的人们所亟需的价值观念。它所给出的让人身心、欲理和谐的法则对当下中国社会有着积极而清明的指引意义。它也可以为当代人更好地修身养性,积极创建身心合一的健全生活提供重要的思想史资源。

---

① 赵法生:《威仪、身体与性命——儒家身心一体的威仪观及其中道超越》,《齐鲁学刊》2018年第2期。

它可以帮助我们清晰地意识到物欲主义、消费主义、享乐主义等所表露出来的现代人对自我欲望的过度张扬以及对自我身体的过度放纵，其实源自资本逻辑操控下人在社会生产中的过度压抑，即赫伯特·马尔库塞所说的人在必要压抑之外承受了太多的"剩余压抑"，受到技术理性、文化工业以及资本意识形态的操纵，从而因认不清生活的本真状态而必然成为"单向度的人"并生成"异化人格"。中国传统文化的适度消费观以及由此表现出来的对人的自由本质彰显，还有其丰富的养生、修身文化都有助于现代人摆脱在压抑与放纵之间来回摇摆的生存现状，从而克服资本逻辑强加给人的异化生活。传统文化这种身心合一的修养观恰恰在当代物质富裕的时代有了真正落地的条件，它在现代的重建也就有了充分的必要性。

概括地说，身心合一的文化理念在当代消费社会中发挥独特的积极作用，帮助现代人超越压抑与放纵这两个极端的徘徊与茫然，可以从以下几个向度展开。

其一是以身心合一的文化理念引导人们对自我身体的真正占有和主宰，而不是仅仅受资本、市场的操纵，受虚假需要的蒙蔽。事实上，儒家从来不是单纯从个体生物本能的角度来看待个体欲望，而是将之导入人伦社会秩序的规范。就像孔子在讲到《诗经》的三百篇时以"思无邪"概括那样，这种"发乎情止乎礼"的表达正与现代人对自我放纵进行理性约束的迫切需要不谋而合。也就是说，现代性在张扬个性、独立人格的旗帜下走向的放纵极端，要在新的社会伦理中进行重新审思与纠偏。可见，儒家的生命哲学和身体哲学恰恰为现代人探讨自我身体、欲望的伦理层面提供了文化的表达方式。人不能控制自我情欲就不能在真正自由的意义上主宰和占有自我的身体。一个不能顾及自我身体和欲望之社会伦理规制的人，既无法得到他人和社会的"悦纳"，也无法使自我需要得到"合乎人性"的满足。传统文化中的养生、修身观念恰恰在这一点上给了当代人颇多的智慧启发。

其二是以身心、欲理合一的文化理念消除身心二元对立的窘境。道家主张人的形、气、神三者要统一为一个整体："夫形者，生之舍也；气者，生之充也；神者，生之制也，一失位则三者伤矣。是故圣人使人各处其位，守其职，而不得相干也。故夫形者，非其所安也而处之则废，气不当其所充而用之则泄，神非其所宜而行之则昧。此三者，不可不慎守也。"（《淮南子·原道训》）这种"性命一体""形神合一"的观念不仅从养生的角度有很大的借鉴意义,更启发现代人注重身体与精神的互动与互生,从而保持人对自我生命最本真的体察和最独特的感悟。道家内丹学讲究性命双修,虽然这种修炼方法未必适合现代所有人的生活体验,但其将人的性与命作为一个整体予以修炼的做法无疑对现代人有很大的参考价值。

众所周知,现代社会经历了世俗主义、个体主义和物质主义的文化洗礼之后,虽然"个体得到了很大的解放,但其后果却是人的身心开始出现分离。而且,在资本逻辑和消费社会里这种身心分离的现象愈加鲜明"①。于是,身体的解放激发出来的反而是肉体本能的放纵,个性自由走向反面,即对欲望和非理性的本能无限崇拜之后人的心灵自由反而荡然无存。我们主张回归并重建身心、欲理合一的文化理念当然不是主张过一种禁欲主义的生活,而是试图推动现代人去反思现代文明之下人的身心分离困境,从而启发和推进人重新思考自我的身体与需要、欲望与理性的真实关系,并以这种真实关系的理念来指引自我人生的实践。

其三是以身心、欲理合一的文化理念建构自由的个人生活方式。在资本主义生产方式支配下的人的生活是没有真正的自由个性可言的,这里只有资本的个性与自由。这就正如马克思、恩格斯在《共产党宣言》中所阐述的那样:"资本具有独立性和个性,而活动着的个人却没有独立性和个性。"②马克思曾设想未来共产主义社会中,生产劳动不会成为人的一种"负担"而是一种"快乐"。当然,这种生活方式依然还存在于现实生活的彼岸,或者说产生它的社会条件至今还没有完全具备。但正如马克思所言,这种生活方式虽然始终以一定的物质条件为基础,却需要人们在意识上由自发到自觉作为先导。这是意识和文化相对独立性原理的体现。

也就是说,就目前社会发展状况而言,身心、欲理合一的传统文化理念可以让人有一个对自我生活方式的总体性自觉,可以启发个人自由选择自己的生活方式,而不是被动地受资本主义生产体系对自我生活的规划和操控。只有无数个体开始对生活方式进行自觉而不是自发的意识审视,现代人才有可能有意识地超越压抑与放纵的循环往复,使人在具体的"自我实现"(个体)的活动中去创造"总体性"(类)的自我存在之自觉、自在、自为的生活方式。就人与自身的关系而论,我们从身与心、欲与理的传统文化理念

---

① [英]齐格蒙特·鲍曼:《现代性与矛盾性》,邵迎生译,商务印书馆2013年版,第294页。
② [德]马克思、[德]恩格斯:《马克思恩格斯选集》(第1卷),人民出版社1995年版,第287页。

中开掘出身心、欲理合一之道,正可以为这一意识自觉提供智慧引领和价值观启迪。比如孔子论身外之物的得失观对现代人就很有智慧启迪。子曰:"鄙夫可与事君也与哉? 其未得之也,患得之。既得之,患失之。苟患失之,无所不至矣。"(《论语·阳货》)孔子在这里论述了一个没有悟道之人("鄙夫")患得患失的困境。无独有偶,叔本华也曾断言:人生一定是痛苦的,因为欲望没有实现有"求不得"之苦,欲望实现了又有"怕失去"之苦。为摆脱欲望的这种患得患失之苦,唯有借助"寂灭"和"勘破"才能够暂时忘却痛苦。① 事实上,就身心关系而论的确有太多的现代人正遭遇着这种痛苦和不自由的状态。如何摆脱这一状态? 相比于叔本华提出的虚无缥缈的"寂灭""勘破",孔子给出的"悟道"显然更给现代人以立场与方法的现实启迪。

可以肯定的是,传统身心、欲理合一理念对于现代人生活的文化启发远不止以上三个方面。事实上,当传统文明以新的形式在现代社会找到生长空间的时候,这些来自传统文化的启发就会以新的物质形式和思想形式出现。这一新的文化理念有助于人们打造一个更新、更体现时代潮流的身心、欲理合一之生活方式,它不断引领我们不再汲汲于外在物质的追求,而是重在关注生命本身的体验和感悟。李泽厚先生曾经对"传统文化热"持谨慎的肯定态度。他认为传统一定要转型才可以与现代社会对接。李泽厚憧憬传统文化的转型目标是确立起"情本体"和"新感性"的人生哲学。② 从人与自身的关系而言,这一"情本体"和"新感性"的基本内涵或许正是身心、欲理合一之生活方式的回归,即理性制约下的感性与情感的新凸现和新彰显。或许在不远的将来,当人们真正开启了后物质主义的美好生活追寻的时候,身心合一、欲理合一的文化理念会有其更大的阐释和创造空间。

6.3　当代中国在身心关系问题上的创新性发展

当代中国虽然身处全球化、市场化的时代大潮之中,但背靠五千年中华传统文明,同时借助于马克思主义这一我们这个时代最先进的思想体系,中国共产党人在身心关系问题上不仅可以而且应该有其独特性的理论建树和

---

① ［德］叔本华:《爱与生的苦恼》,陈晓南译,中国和平出版社 1986 年版,第 42—43 页。

② 卫毅、施雨华:《八十李泽厚——寂寞的先知》,《南方人物周刊》2010 年 6 月 12 日。

创新性的解决之道。正如在天人关系和人我关系问题上的独特建树和创新发展一样，在身心关系上它也首先表现为对传统身心、欲理合一之道的传承和创新。尤其是对传统适度消费的文化理念的合理汲取，而且将其融入中国特色的消费文化的建构，在旗帜鲜明地批判物欲主义、消费主义、享乐主义这些思潮的基础上，中国共产党人在修养观上具体提出了八项规定等准则，不仅对党员及领导干部有了严格的约束，也以自我革命的方式为社会做出表率，从而在根本上扭转了整个社会的风气。中国共产党人不仅以传统身心、欲理合一之道的传承和创新作为新时代新文化来引领人们重新审视个人私利、欲望与社会理性之间的关系，而且还扬弃了传统文化如宋明理学重心不重身、重理轻欲之类的弊端，以最大限度地满足新时代人民群众追求"美好生活"为自己的初心和使命。在倡导新时代"美好生活"的追求中，以新的身心观的积极构建为实现马克思憧憬的"人的自由全面发展""人的解放"提供了充分的主体性保障。

6.3.1 建构身心合一的新时代修养观

当前社会中的奢侈消费、攀比消费、盲目消费和符号性消费，不仅滋生了大量的贪腐行为，损害了国家公权力和人民创造的财富，而且也使得整个社会的风气出现了一些令人担忧的现状，对此中国共产党人清醒地意识到首先必须要在党的思想建设层面高度重视这一问题。要在继承和创新传统修养理论的基础上，以新时代共产党人的修养观构建来应对和解决这一消费社会带来的新问题。

事实上，中国共产党从成立之初就非常重视自我修养的提升，将其视为党内思想领域建设的一个重要内容。比如刘少奇的《论共产党员的修养》一书，是党内第一本系统论述共产党员党性锻炼和修养的著作，刘少奇曾经于1939年7月在延安马列学院做公开演讲。同年8月该书又在延安《解放》周刊上连载。它曾被列为中国共产党1942年整风运动的指定学习文件。特别值得一提的是，刘少奇在这本著作中多处引用孔子、孟子、曾子等古代哲人的名言，加以改造，使其中的积极因素内在地融入共产党人的修养观。有学者曾将其称为"共产党人的'心学'"[①]。正是在这一注重党内修养的建党

---

① 曹文泽：《〈论共产党员的修养〉：共产党人的"心学"》，《解放日报》2019年4月28日。

思想引领下,在漫长的革命和建设时期,中国共产党逐渐形成了"全心全意为人民服务""毫不利己、专门利人""艰苦奋斗"以及"谦虚谨慎、戒骄戒躁"的优良传统。在改革开放的历史新时期,中国共产党同样始终不懈地发扬这一优良传统,以社会主义先进文化引领社会新风尚。于是,以执政的共产党人率先垂范为引领,以大多数中国人民的积极践行为依托,一个身心合一的新时代修养观正在神州大地开始兴起。

首先,从身心关系而论,中国共产党人倡导并积极践行的新修养观体现在建构了颇具中国特色的现代消费文化理念,促使人们形成一种真正以人为本的、科学的、理性的消费观念。这种消费观念以人的生存、享受、发展的价值为根本指归,以人的幸福感和获得感为目标,而不是单纯追求经济发展的单向度增长。因此它将最大限度地满足人的物质生活和精神文化生活层面的基本需要。除此之外,它也将不断提升人们的享受和发展的高层次需要。

也就是说,在这一颇具中国特色的现代消费文化理念中,消费不再仅仅被看作经济发展的驱动力而出现的一个概念,而是以提升人的自由全面发展为目标的活动。于是,在消费主义那里对消费报之物质主义的理解就被"以人为本"的价值理念所取代。特别值得指出的是,中国特色的消费文化并不鄙视人对物质的现实追求,但同样也不将消费理解为单纯的经济增长手段,更不将之只理解为物质消耗或浪费,它还有精神层面的诸种消费需要。与此同时,这种消费文化还会综合考虑自然资源的既有存量、自然环境的承载能力,还要考虑利益获取与发展的代际延续性等一系列相关联的问题。

中国特色消费文化的科学性就在于它是合理消费,是适度消费,同样也是文明消费。因此,它可以被视为中国传统的适度消费观念转化为现代消费文化的重要体现之一。事实上,在传统消费文化那里"寡欲"是为了"清心",为了启发人不在纯粹的物质享受中迷失自我的真心,放弃了人的需要的另一个更为高级的层次——精神文化需要。孟子就说过:"养心莫善于寡欲。其为人也寡欲,虽有不存焉者,寡矣。其为人也多欲,虽有存焉者,寡矣。"(《孟子·尽心下》)老子也反复强调"少私寡欲"(《道德经》第十九章)的道理。传统消费文化在这里的合理性在于它对欲望的节制是引导人注重身与心、欲与理的平衡发展,而不是偏废一方从而使人的发展受到物质主义的严重阻碍。重要的还在于,人一旦摆脱了因虚假需要而激发的消费欲望,也就摆脱了消费主义的奴役,从而在认清人与自身的真实关系进而在新的生产方式的形成过程中去建构起身心和谐的生活方式。

也因此,中国特色的消费文化除了对当下的消费主义、享乐主义有着批判的向度,它还有构建的向度。在构建的向度下,我们需要看到消费的解放意义,即中国特色的消费文化要在人的主体性重建、人文精神的塑造上有所建树。它要让人认清资本逻辑的本质,走出物的占有、欲望的满足带给人的普遍奴役的状态。在这一方面,传统的身与心、欲与理的平衡发展观以及这一平衡观熏陶和规范下形成的适度消费观念对克服现代社会身心二分的状况,对重新审视自我需要的真实性内容以及社会伦理意义,对消费主义文化主导下的消费奴役有更清晰的认识和自觉摆脱,从而实现"消费解放",都将是非常具有借鉴和启迪意义的。它可以指引我们走向这样的理想状态:"人们在消费自觉的基础上,树立科学消费观,在科学消费的实践中,将人从束缚自身的'物与人'的关系中解放出来,从资本逻辑的窠臼里解放出来,从消费奴役的陷阱里解放出来,从而使人真正实现'自由自觉的存在',为人类的自由而全面的发展,为人类的自由解放创造条件。"①

其次,中国共产党人倡导并积极践行的新修养观也体现在享乐主义的价值批判与法律规制方面。在西方现代消费社会中,高度发达的社会生产力和极大丰富的物质财富使人们越来越沉浸在物质富裕的神话之中,无论资本家还是普通雇佣劳动者,人们都认为享乐主义人生观是个人自由得以在现代社会实现的一种表现。改革开放以来,随着市场化、资本化和全球化的日益深入影响,中国社会也有相当一部分人抛弃了传统的适度消费观,视享乐主义为正当的、合理的人生诉求。于是,我们遗憾地看到享乐主义不仅在权力领域里成为腐败的一大人生观、价值观根源,而且也对普通民众的身心健康造成了诸多的伤害。尤其是少数为官者贪图物欲满足的享乐主义行径必然侵害国家和人民的利益,给政府和执政党造成了极为不良的影响。事实上,这些少数官员因满足于个人私利,为自我享乐而走上权力寻租、贪污腐败的不法之路,也使自己的人生走向了歧途。

众所周知,反对享乐主义历来就是中国传统文化和这一文化所衍生的

---

① 罗建平:《破解消费奴役:消费主义和西方消费社会的批判与超越》,社会科学文献出版社 2015 年版,第 277—278 页。

人生观、价值观的重要内容。我们从历代家训和治家格言中最能体会到古人对于享乐主义的批评以及对于勤俭持家的颂扬。比如在《治家格言》中就有"一粥一饭，当思来处不易；半丝半缕，恒念物力维艰"之说。《增广贤文》中的名言"由俭入奢易，由奢入俭难"也广为流传。中国共产党正是从传统文化中汲取了丰厚的文化养分，在新的社会条件下依然传承着勤俭节约、艰苦奋斗的优良作风。正是这份坚守让中国共产党能够在艰苦岁月和改革开放奋斗的历程中始终保持自身的纯洁性和先进性。

事实上，从中国共产党历次的"整风"运动和党风廉政建设中，我们可以看到共产党人特别重视反对享乐主义和奢靡之风。毛泽东早在第二次国内革命战争时期就批评红军队伍里有享乐主义的风气出现，他说："个人主义见于享乐方面的，在红军中也有不少的人。他们总是希望队伍开到大城市去。他们要到大城市不是为了去工作，而是为了去享乐。他们最不乐意的是在生活艰难的红色区域里工作。"①毛泽东告诫说，这种享乐主义和奢靡之风不是无产阶级思想，而是非无产阶级的，党员干部一定要学会杜绝其蔓延。在新中国成立前夕面临着党的工作重心的转移，毛泽东又高瞻远瞩地提出了"两个务必"的要求："务必使同志们继续地保持谦虚、谨慎、不骄、不躁的作风，务必使同志们继续地保持艰苦奋斗的作风。"②他还谆谆告诫全党要经得起"糖衣炮弹"的考验，只有这样才能够永葆共产党人的先进性和纯洁性。进入改革开放时代，邓小平同样非常强调党保持艰苦奋斗作风的必要性。他认为中国实现温饱和小康，要达到中等国家的现代化水平，"不改革不行，不开放不行。我们要走的路还很长，任务还很艰巨。我们要艰苦奋斗，一心一意搞建设，发展生产力"③。中国共产党反对享乐主义和奢靡之风的一个积极的效果是，它使党员干部始终坚持全心全意为人民服务的宗旨和初心，从而切实地维护了人民群众的根本利益。

十八大以来，中国共产党在新形势下更加注重落实全面从严治党的各项方针，大力纠正党在改革开放发展进程中逐渐形成的各种不正之风，特别是享乐主义的思想作风。其中一个重要的制度保障就是从中央到地方开始全面落实"八项规定"，严格禁止脱离群众的思想和行动，厉行勤俭节约，严

---

① 毛泽东：《毛泽东选集》（第1卷），人民出版社1991年版，第93页。
② 毛泽东：《毛泽东选集》（第4卷），人民出版社1991年版，第1438—1439页。
③ 邓小平：《邓小平文选》（第3卷），人民出版社1993年版，第251页。

格遵守廉洁从政的相关规定。从 2012 年至今,针对违反八项规定的查处力度越来越大。从相关统计数据上来看,查处违规配备公务用车、违规发放津贴、补贴或福利,还有大操大办婚丧喜事的数量巨大,对党内的思想触动也是巨大的。① 八项规定不仅在党内形成了巨大的影响力,而且其影响力必然从党内溢出到整个社会,带动了全社会风气的巨大转变。公款高消费、人情送礼、会所享乐等被严令禁止,社会风气为之一新。事实上,正是得益于执政党的全面从严治党,特别是八项规定的切实落地,不良的党风、政风、社会风气才得以根本扭转。

正是基于这一点,我们认为不能忽视八项规定的内在文化意义。这种意义既有中国共产党的优良作风的历史性传承,也有整个中华文明的勤俭持家之风在现代社会的文化基因激活。它有助于抑制消费主义的无限扩张。对于共产党自身来说有助于避免陷入"物质主义"的陷阱,从而更加坚定共产主义的理想信念;对于社会大众来说,使人们认清拜物教的本来面目,启发人重新回到生活本身,关注身与心、欲与理合一的自由的生活方式的现代建构。

6.3.2　推崇超越物欲主义的幸福观

幸福问题也是人类文明与文化要追问和探究的重要问题。可以肯定地说,不仅不同文化背景下的人对幸福的定义和感受会有巨大的差异,就是在同一文化熏陶和相似社会条件下生活的人对幸福的理解也往往大相径庭。但如果做一点归纳的话,那么正如有学者阐述的那样,对快乐和幸福的理解古今中外哲人不外乎分为"乐欲"还是"乐道"或两者兼顾这样三个阵营。② 也就是说,从身心关系而论,幸福的获得路径被理解为不同的三个途径:一是身之欲的满足。就灵与肉的关系来说,这是偏重于肉体的感官的快感的获取。二是心之理对道的认同和体悟。这是灵与肉之取舍中,偏重于心理、心灵层面的慰藉。三是身之欲和心之理兼顾的追求及实现。这里追求的是身与心、欲与理、灵与肉的平衡之道。

---

① 参见王明杰《"八项规定"带来的巨大改变》,人民论坛网 2017 年 1 月 24 日,http://www.rmlt. com.cn/2017/0124/457465.shtml。

② 参见张应杭、黄寅《快乐源于心——孟子教你的人生智慧》,天津科技翻译出版公司 2004 年版,第 85 页。

以儒家为主要代表的传统文化,显然更倾向于把幸福理解为超越物欲之上的精神之乐。儒家所推崇的这种"安贫乐道"的人生幸福论,荀子曾给予这样的总结:"君子乐得其道,小人乐得其欲。"(《荀子·乐论》)这就是说,君子把幸福和快乐理解成对道的把握和遵循,而小人则把物质欲望的满足看成是幸福和快乐的。由此可见,儒家哲人的"乐道"是一种认知和精神层面上的幸福感受。一旦拥有这种感受,哪怕物质生活再清贫,也能体验人生的快乐,用孔子的话说就是"曲肱而枕之,乐亦在其中矣"(《论语·述而》)。

最能体现儒家幸福和快乐思想的大概属《论语》里的如下一段记载:子曰:"君子道者三,我无能焉:仁者不忧,知者不惑,勇者不惧。"子贡曰:"夫子自道也。"(《论语·宪问》)孔子在这里是说:"君子遵循的三个原则,我还没能做到:有仁德的人不忧虑,有理智的人不受诱惑,有勇敢精神的人无所畏惧。"子贡接过老师的话说道:"这恰好是先生对自己的描述呀。"这里孔子及其弟子论及的"仁者不忧"境界,即为儒家所推崇的幸福和快乐之道。在以孔子为代表的儒家看来,仁者之所以不忧、之所以幸福和快乐是因为仁者的德行可以为人与人交往带来快乐的体验。由此,孔子还有句名言:"君子坦荡荡,小人长戚戚。"(《论语·述而》)孔子在这里是说:"君子心胸宽广,小人却经常忧愁悲伤。"这显然是"仁者不忧"思想的另一种表达。

孔子提出的"仁者不忧"的幸福和快乐思想,在当时就对儒门弟子影响极大。比如颜回就可谓是孔子这一思想的践行者和体悟者。《论语》记载过孔子对弟子颜回这样的一段评论,子曰:"贤哉,回也!一箪食,一瓢饮,在陋巷,人不堪其忧,回也不改其乐。贤哉,回也!"(《论语·雍也》)孔子在这里是赞叹说:"颜回是多么贤良呵!一筐剩饭,一瓢冷水,住在狭小的巷子里,别人都不能忍受那种苦楚,颜回却不改变他的快乐。多么贤良啊,颜回!"这就是儒家推崇的幸福和快乐之道,后世称孔颜之乐。可见,在儒家那里,幸福快乐与人的富与贵无关,它是心灵中因为仁德的充盈而体验到的一种愉悦感受。

儒家"仁者不忧"的幸福和快乐观对现代人的价值指引无疑是多维的。比如它主张"不义而富且贵,于我如浮云"(《论语·述而》),让人对财富的执着心可以变得淡泊一些;又比如它对美德熏陶的重视,推崇"里仁为美"可以让我们领略"德不孤,必有邻"(《论语·里仁》)的人生幸福和快乐境界;还比如"君子成人之美,不成人之恶"(《论语·颜渊》)的告诫让我们明白助人为乐的为人处世道理；又比如"反身而诚，乐莫大焉"（《孟子·尽心上》）的教诲让我们知晓真诚、坦诚、赤诚地面对自己是人生最大的快乐；再比如范仲淹的"先天下之忧而忧，后天下之乐而乐"（《岳阳楼记》）表现了不在乎自己的快乐是否比他人先得到，反而是在自己主动承担了自我在社会中的责任之后才能收获真正的幸福和快乐，如此等等。可见，针对时下一些人热衷于从物欲的满足来理解幸福和快乐的偏颇，我们认为儒家以"乐道"为核心价值的幸福和快乐之道有助于我们确立以道德理性为基石的幸福和快乐观。也就是说，在幸福和快乐的追求和体验中我们必须自觉地走出太过关注物质享受，忽视德性培植的迷局。这应该是儒家幸福观对现代人最有价值指引的地方。

时下的中国，物欲主义的一个非常令人忧心的表现就是在一些人那里"经济人"角色意识的增强和"道德人"意识的淡漠形成鲜明的比对。于是，我们不无忧虑地看到，在一些人的生活实践中，"失当"仿佛已不再遭贬斥，"正当"的行为却被无限地拓展，而"应当"的道德追求则被称为道德说教。有学者将这一情形概括为道德虚无主义的盛行。[1] 其实，以儒家的幸福观而论，道德虚无主义对人生快乐必然是否定性的。这一否定性表现在两个向度上：一方面是不道德的行为会导致社会道德舆论对行为主体做出否定性的评价；另一方面，不道德行为的主体还会因为良知的觉醒而内疚。这也是导致现代人快乐感缺失的重要因子。也许正是由此，孔子说："内省不疚，夫何忧何惧？"（《论语·颜渊》）

可见，以儒家的"仁者不忧"立场而论，我们要做一个幸福和快乐的人就必须走出道德虚无主义的迷局与困顿，让自己在仁爱的德行中体验以道为乐的精彩人生。事实上，在执政的中国共产党正大力倡导"德治"的现实背景下，儒家的这一快乐之道应该成为现代人体验快乐人生最主要的心灵途径。

与儒家相类似，道家的幸福和快乐观也主张要超越物欲的层次。庄子

---

① 对时下中国人的道德生活现状的评价，学界见仁见智，尚难形成共识。一些人习惯于用"道德滑坡"来概括，也有一些人则主张用"道德相对主义"来描述，还有一些人从诸如"13 亿中国人讨论老人倒地要不要扶"的严峻现实出发，更倾向于用"道德虚无主义"来表达。其实，无论是"道德相对主义"还是"道德虚无主义"至少都表明了当今中国对以儒家为代表的传统德性主义的远离。事实上，这恰恰是现代人快乐感缺失的一个重要的缘由。参见张应杭、黄寅《快乐源于心——孟子教你的人生智慧》，天津科技翻译出版公司 2004 年版，第 201 页。

曾有这样一段话来批评那些"俗之所乐"者:"夫天下之所尊者,富贵寿善也;所乐者,身安厚味美服好色音声也;所下者,贫贱夭恶也;所苦者,身不得安逸,口不得厚味,形不得美服,目不得好色,耳不得音声。若不得者,则大忧以惧,其为形也亦愚哉!"(《庄子·至乐》)庄子在这里是说,人们所趋者富贵寿善,厚味美服好色音声,所避者为贫贱大恶之类。如果得不到所追求的这些东西,就会不快乐。庄子感慨道:这些人的这种生活态度真是很愚蠢啊!也是因此,庄子提出了"至人无己,神人无功,圣人无名"(《庄子·逍遥游》)的幸福与快乐原则。这是一种不以物喜、不以物悲、不以物挫志、不以物伤情的逍遥自在的至乐之境。

佛家的幸福观与儒家、道家也有极大的相通之处。以佛家的观点来看,人生诸如苦海无边之类的世间景象归根到底是因为世人太执着于荣华富贵和功名利禄,太痴迷于豪车大宅等身外之物。这些身外之物没有得到时有求不得苦,得到了又会有新的欲求产生。所谓的欲壑难填。于是,痛苦便成为人生最经常的体验。为此,佛家给出了因"空观"而"无常",因"无常"而"无我",因"无我"而"无执",因"无执"而"放下",因"放下"而"自在"的快乐之道。这对于我们放下过度的财富欲望,走出物欲主义的羁绊,使自我人生到达快乐和幸福的彼岸世界(佛家称"波若蜜多"),显然有指点迷津之功效。

中国古代这种超越物欲主义的幸福观与唯物史观幸福观有诸多的契合之处。我们景仰和称羡马克思的一生,这是因为我们知道马克思在其青年时代就自觉地把人生的幸福理解为一个追求崇高理想的斗争过程。他在《青年选择职业时的考虑》一文中曾这样豪迈地写道:"如果我们选择了最能为人类福利而劳动的职业,那么,重担就不能把我们压倒,因为这是为大家而献身;那时我们所感到的就不是可怜的、有限的、自私的乐趣,我们的幸福将属于千百万人,我们的事业将默默地但是永恒发挥作用地存在下去,而面对我们的骨灰,高尚的人们将洒下热泪。"①众所周知,马克思的一生是艰辛的,政治上的被迫害、经济上的窘迫使得他终生颠沛流离。但也正是在这种"为大家而献身"的理想追求中,马克思体验和领略到了人生最伟大的幸福和快乐。可见,在马克思那里幸福不是一种物欲的满足,尤其不是那种利己主义的私欲的满足。这就如恩格斯指出的那样:"当一个人专为自己打算的

---

① ［德］马克思、［德］恩格斯:《马克思恩格斯全集》(第 40 卷),人民出版社 1982 年版,第 7 页。

时候,他追求幸福的欲望只有在非常罕见的情况下才能得到满足,而且绝不是对人对己都有利。"①

把幸福理解为乐道过程中获得的一种愉悦感受,也就可以理解为什么马克思在回答女儿的提问时认为"斗争就是幸福"。② 因为道的践行,尤其是大道的践行从来需要以对现实的抗争和奋斗作为手段。当一个人意识到这一为了道的践行是有着崇高的善的目的和价值时,他甚至可以在牺牲自己生命的同时,也依然能体验到人生真正的幸福。因此,许许多多信仰共产主义人生理想的志士仁人会吟诵着"砍头不要紧,只要主义真"而毅然地走向生命的自我牺牲。所以李大钊说:"人生的目的,在发展自己的生命,可是也有为发展生命必须牺牲生命的时候。因为平凡的发展,有时不如壮烈的牺牲足以延长生命的音响和光华。绝美的风景,多在奇险的山川。绝壮的音乐,多是悲凉的韵调。高尚的生活,常在壮烈的牺牲中。"③这种壮烈的牺牲是人生因为殉道而体验到的最高最有价值的一种幸福。

有必要指出的是,作为身心关系解决的一种理想状态,古人把幸福更多地理解为乐道而非乐欲,也有其一定的片面性。为此,我们强调唯物史观视阈下的幸福观又必须超越这一传统幸福观的局限性。这即是说,幸福就不只是一种超脱尘世的愉悦和满足,它同样建立在一定的物质享受的基础之上。在这一点上古代雅典的犬儒学派排斥一切物质生活的享受,认为幸福只能追求所谓精神上的自由和伦理上的善的观点在唯物史观者看来是片面的。古代印度的苦行僧主义者把人生幸福理解为在砂砾荆棘中摆脱尘世的烦恼,无疑也是虚幻的。在马克思的唯物史观看来,幸福的确是一种精神上的愉悦和满足的体验。但这个愉悦的体验来自对包括物质生活追求在内的人生目的和欲望的满足。这就把人类对幸福的追求置于真正现实的可能性基础之上了。

中国共产党人以唯物史观为基本立场,通过对传统幸福观的传承和创新,为执政党自身和广大人民群众构建了新时代的幸福观。这一幸福观继承和沿袭了物欲主义超越的基本路径,又赋予了它全新的时代内涵。毛泽东在延安时期就始终强调"全心全意为人民服务"的幸福观,他要求全党同

---

① [德]马克思、[德]恩格斯:《马克思恩格斯全集》(第 21 卷),人民出版社 1965 年版,第 331 页。
② [苏]瓦·奇金:《马克思的自白》,中央编译出版社 1997 年版,第 26 页。
③ 李大钊:《李大钊选集》(第 3 卷),人民出版社 2013 年版,第 107 页。

志做"一个高尚的人,一个纯粹的人,一个有道德的人,一个脱离了低级趣味的人,一个有益于人民的人"①。这正是共产党人的初心。执政之后的共产党人始终是这样严格要求自己的。它强调共产党人没有独立于无产阶级和广大人民群众的特殊的利益,它要在满足人民日益增长的物质文化需要中增进人民的福祉,它要全心全意为增进人民的幸福而努力工作。事实上,中国共产党人选择以"解放和发展生产力"作为中心任务,也恰恰是为人民幸福生活的实现而设定的。这一任务本身的目标就是为人民的幸福创造必要的物质前提,同时在此基础上推动物质文明与精神文明的同步发展,使人在身心协调的过程中实现人的自由全面发展。

在新时代条件下,中国特色社会主义需要解决新的社会主要矛盾,即人民日益增长的美好生活需要和不平衡不充分的发展之间的矛盾。中国的改革开放已经解决了中国人民物资匮乏的问题,在后物质主义的今天,人们对"美好生活"的追求成为最突出的需要。美好生活不仅涉及养老、教育、医疗、住房等方面的改善,这种改善说到底依然是外在环境的优化,它还必须涉及最重要的方面,即创造和享受美好生活的主体条件——和谐的身心观。这种身心观要超越物欲主义的左右,让人真实地面对自我的需要。事实上,正如赫伯特·马尔库塞论述过的那样,基于虚假需要的消费并不能给人以幸福的感觉。因为幸福与快感本来就是不同的两个概念。② 物欲主义、消费主义、享乐主义给人许诺了幸福生活,但这种许诺给人的仅仅是一种因短暂的占有和消费带来的快感。而快感之所以是快感,它自然很快就会消失殆尽。

因此,中国共产党人在新时代要引领人民构建起超越物欲主义的幸福观。这一幸福观强调物质福利的基础性意义,但并不因此认为有了充足的福利就造就了"美好生活"。从西方国家已有的实践看,民众在福利国家的福利政策庇护下舒舒服服地生活,但人并未获得自由,反而在"逃避自由"(埃里希·弗洛姆语),人成了"单向度的人"(赫伯特·马尔库塞语),不仅心悦诚服地接受资本、消费的宰治,而且还丧失了自主能力和追求自由的能力。这就如赫伯特·马尔库塞所言:"如果每个个人都满足于通过由管理所

---

① 毛泽东:《毛泽东选集》(第 2 卷),人民出版社 1991 年版,第 660 页。
② [美]赫伯特·马尔库塞:《单向度的人:发达工业社会意识形态研究》,刘继译,上海译文出版社 2014 年版,第 6 页。

提供的商品和服务设施而获得的幸福的话,他们为什么还要为不同商品和服务设施的不同生产而坚持不同的制度呢? 如果每个个人预先受到制约,以致令人满意的商品包括思想、感情和愿望的话,他们为什么还要希望独立地思考、体验和想象呢?"①可见,"美好生活"的身心观必须、必然是和谐合一的。就如马克思说的那样,在这里人就能够"以一种全面的方式"占有人自身,即"作为一个完整的人,占有自己的全面的本质"②。在马克思看来,这种占有是人的视觉、听觉、嗅觉、触觉、思维、直观与爱等一切器官的活动都在人自身的对象性关系中为人自身所现实地占有。人不再以"占有货币"作为发展自我个性的前提,而是通过开展消除了旧式劳动分工的"自我实现"的活动自由地创造自我的美好生活。

当今的中国共产党人正积极引领中国人民不断实现身心合一、欲理合一之"美好生活",而这本身正是中国共产党人幸福观的体现与彰显。也是因此,与马克思"斗争就是幸福"的观点相一致,新时代的中国共产党人通过"幸福都是奋斗出来的""奋斗本身就是一种幸福""新时代是奋斗者的时代"之类理念的有效确立,让以人民为中心的执政理念落在实处:"我们的人民热爱生活,期盼有更好的教育、更稳定的工作、更满意的收入、更可靠的社会保障、更高水平的医疗卫生服务、更舒适的居住条件、更优美的环境,期盼孩子们能成长得更好、工作得更好、生活得更好。人民对美好生活的向往,就是我们的奋斗目标。"③这就是说,国家和谐稳定、人民丰衣足食就是中国共产党人最大的幸福。

特别值得一提的是,对中国共产党人而言这一幸福观的倡导和践行,对于有效地惩治腐败也可起到价值观的清明指引。众所周知,腐败问题正成为当今中国社会可持续发展必须清醒面对的挑战之一:"人民群众最痛恨腐败现象,腐败是我们党面临的最大威胁。只有以反腐败永远在路上的坚韧和执着,深化标本兼治,保证干部清正、政府清廉、政治清明,才能跳出历史周期率,确保党和国家长治久安。"④解决腐败问题是一项系统的社会工程,以正确的幸福观去进行理性指引和心灵润泽显然是首要的。如果我们能够

---

① [美]赫伯特·马尔库塞:《单向度的人:发达工业社会意识形态研究》,刘继译,上海译文出版社2014年版,第44页。
② [德]马克思、[德]恩格斯:《马克思恩格斯文集》(第1卷),人民出版社2009年版,第189页。
③ 《中国共产党第十八届中央委员会第一次全体会议公报》,《人民日报》2012年11月16日。
④ 《党的十九大文件汇编》,党建读物出版社2017年版,第72—73页。

有效地把传统文化诸如少私寡欲之类的尚俭之德培植成为执政者人格品性中自觉的德性，从而形成身心合一、欲理合一的幸福观，腐败的遏制就有了来自德性和心灵方面的保障机制。在当前惩治腐败的过程中如果说不敢腐、不能腐主要依赖于制度的完善，那么，不想腐则取决于价值观的自觉。由此，我们甚至有理由期待，诸如身心合一、欲理合一的修身之道如果能够有效地转化为我们党员干部自觉的人生幸福观，那么内在的德性润泽与外在的制度钳制就能够相辅相成，从而极大地提升腐败惩治力度。

6.3.3　倡导立德树人的生命观

从身心关系而论，有一个问题是古今中外哲学家都回避不了的，这就是死亡可否超越的问题。生命科学已经有足够的证据证明身体的长生是不可能的。既然身心两者中，肉身无法永存，那么心灵、灵魂可否不灭？正是基于这一思路，西方文化便有了灵魂不灭的悠久推断和论证。与西方一直探讨灵魂不灭的文化传统不同，中国古代思想家们更关注死而不亡的问题，以老子的语录来表达就是："死而不亡者寿。"（《老子》第三十三章）以身心关系来说，中国传统文化的这一立场明确主张与其探究死后灵魂或神不灭之类虚无缥缈的问题，还不如思考如何更好地生存，以自己生前的身与心两方面的努力来创造不凡的业绩，从而超越死亡以达不朽之境。这事实上是一个死如何向生转化的问题。

事实上，在中国古代思想史上，早在《左传》中便有"三不朽说"："太上有立德，其次有立功，其次有立言：虽久不废，此之谓不朽。"（《左传·襄公二十四年》）这"立德""立功""立言"之三不朽中，"德"指的是个人道德品格方面的价值，像屈原、岳飞、包公、文天祥一类的人，忠信精诚，品格高尚，既使当时的人们对其景仰敬爱，更使千百年后的人们怀念崇敬，这便是"立德"的不朽。"功"就是指为国家为百姓建功立业，像秦王、汉武、唐宗、宋祖、一代天骄成吉思汗，他们开辟新天地，为历史谱写了新纪元，从而为子孙后代造福，这是立功的不朽。"言"则是指言论著作，像《诗经》三百篇的许多无名诗人，像老子之于《道德经》、孔子之于《论语》、孙子之于《孙子兵法》，像司马迁写《史记》，像曹雪芹写《红楼梦》，这是立言的不朽。可见，中国传统的这种不朽说，不问人死后灵魂能否存在，只问他的人格品行、他的思想境界、他的事业有没有永久存在的价值。可见,古代圣贤所谓的不朽,就形神之辩而论就是通过践行的创造性活动给后人留下物质或精神财富,从而被后人所景仰、所效仿、所纪念。而一个人生命的价值也就在这个实践理性的途径中得到了最后也是最高、最完美的体现。

也正是在这个德行不朽思想的影响下,儒家才对生与死有了"生则乐生,死则乐死"的积极坦然态度。同样,也是在这个思想的熏陶下,中华民族形成了"杀身以成仁"(《论语·卫灵公》)"舍生而取义"(《孟子·告子上》)的一种英雄主义精神。可以说,儒家这一生死之辩问题上的基本伦理态度,就集中代表着我们传统文化在生死观上的普遍心态。这一生死问题上的价值取向和伦理心态对中华民族的历史影响显然是非常积极的。事实上,我们可以发现中国历史上那些名垂千古者,总是或以德,或以功,或以言,或兼而有之而使自己英名永存的。比如,以一句"人生自古谁无死,留取丹心照汗青"(《过零丁洋》)之千古绝唱名垂史册的文天祥,他在被俘之后被囚禁长达三年。元世祖忽必烈对他极为尊崇和器重,将丞相之职虚置三年以等他回心转意。但文天祥大义凛然,坚决不降。忽必烈自己也多次到牢里亲自劝降,自然也是毫无效果。最后文天祥对他说:"你如此器重我,也算我的知己。既然如此,那就成全我吧!"忽必烈终于明白劝降无望,于是只得点头应允。文天祥一听此言,恭敬地给忽必烈行大礼拜谢。然后,文天祥从容就义。可见,在中国古代思想家看来死亡是可以超越的。事实上,以文天祥的人生而论,他显然已经超越了死亡。重要的还在于,在战场上的视死如归,有时只是一时之勇,而文天祥三年不改初衷,则非大仁大义大勇者不能。这才是真正"死而不亡"的崇高境界。

值得一提的是,中国古代还因此推崇向死而生的生命境界。道家的老子曾经这样论述过这个问题:"民之轻死,以其上求生之厚,是以轻死。夫唯无以生为者,是贤于贵生。"(《老子·第七十五章》)这句话的意思是说:百姓之所以看轻生死去铤而走险,是因为他们的执政者过分贪求生活享受,由此百姓才看轻生死不惜铤而走险。也是由此,道家认为那些不在生的方面过分看重享受的人,比贪求个人生活奢侈、安逸的人要更符合道与德。可见,老子在这里论述的是道家生死观上的一个基本原则:不一味贪求生之享乐的人,胜过重视生命的人。这是一种"不贵生"的抉择,尤其是为了对"道"的遵从而"不贵生"被视为生命的至德境界。

中国共产党人对这一身心关系中的不朽观,在肯定、继承的基础上更是予以了创新。其最明显的创新之处在于不仅在古代"立德""立功""立言"之不朽的路径中确立了"立德"为最高境界,而且还赋予了"立德"的新内涵,即为人民利益而奉献的精神。这是共产党人必须确立的生命价值观。毛泽东在延安时期为纪念张思德而作的《为人民服务》演讲中,就曾明确提出了这一共产党人的"立德"内涵:"人总是要死的,但死的意义有不同……为人民利益而死,就比泰山还重。"①新中国成立之后,中国共产党人无论是在广大人民群众中倡导向雷锋同志学习,还是在党内提出做焦裕禄式的好干部,其核心精神都是对"立德"生命观的褒扬和肯定。进入新时代的中国共产党人,提出"立德树人"的命题,更是对这一共产党人先进文化理念的继承和弘扬。事实上,它也同样可以被认为是对儒家"大学之道在明明德,在亲民,在止于至善"(《大学》)这一优秀传统的当代激活。

尤其值得自豪的还在于,中国共产党人这一"立德树人"的生命观,正在神州大地上处处绽放出美丽的华彩。比如,2021年岁末,当举国上下遭受突如其来的新冠病毒时,以医务工作者为杰出代表的各行各业涌现了那么多视死如归的"最美逆行者",谱写出了中国抗疫的无数壮美篇章,令全世界为之瞩目。这就正如有学者写的那样:"这次抗疫留给中国现代伦理学思考的东西是异常丰富的。如果说它让我们在自然观上懂得了何谓敬畏自然、社会观上明白了尊重他者,那么在生命观上则学会了看淡生死。我们既学会了鄙视那些诸如为一己口腹之欲无视禁令肆意外出者,或害怕交叉感染而执意不肯去医院就诊者的胆怯;我们更学会了心怀感恩地致敬那些救死扶伤的白衣天使、那些几天几夜不合眼的社区守护者、那些不计名利四处奔波的志愿者。这是德治语境下现代中国最可贵的财富。"②我们完全有理由期待中国共产党人对古代身心关系所做的这一立德树人的创新性发掘,尤其是倡导以"立德"超越生命的自然时限以达不朽的生命观,会在中华大地浇灌出更多更善更美的生命之花,从而把美丽中国装点得更加绚丽多姿。

---

① 毛泽东:《毛泽东选集》(第3卷),人民出版社1991年版,第1004页。
② 张应杭:《传统伦理文化视阈下的疫情反省录》,《人民论坛网》2020年2月14日。

7　结束语

"文化兴国运兴,文化强民族强。"①文化自信是民族强大的表现,是国家软实力的彰显。文化自信之所以重要,本质上是因为文化重要,而文化的重要是因为它通过"以文化人""以文育人"可以凝聚起强大的物质力量。这一物质力量对推进中国式现代化以谋求中华民族伟大复兴具有不可替代的意义。因此,我们特别需要以文化的凝聚力来推进这一目标的尽早实现。但与此同时,我们也必须清醒地意识到民族复兴这一中国梦的实现尚需当代中国人付出极为艰辛的努力。就坚定文化自信和建设文化强国,以提升国家的软实力,从而更好地凝聚起华夏儿女的力量投入这一伟大事业这一任务而言,就堪称任重道远。

7.1　以中华优秀传统文化增强文化自信的源头性力量

从整个世界的文明与文化发展来看,古代中国与古埃及、古巴比伦、古印度并称世界四大文明古国。作为世界文明与文化发展最古老的发源地之一,中国古代文明虽然在时间上稍晚于古埃及、古巴比伦与古印度文明,但与它们不同的是,中国古代文明从诞生直至今日,一直绵延不绝,体现了非凡的生命力和时空穿透力。众所周知,在四大文明古国中,印度文化因雅利安人入侵而雅利安化,埃及文化先后因亚历山大占领而希腊化、因恺撒占领而罗马化、因阿拉伯人涌入而伊斯兰化,希腊、罗马文化则因日耳曼族入侵而中断并沉睡千年。但是,在中国此类情形从未发生过。这足以让中华儿女由衷地产生对自己文明与文化的优越感和自豪感。

中国传统文化这种强健的生命延续力的成因是多方面的。正如一些学者指出的那样,东亚大陆特殊的地理环境提供了相对隔绝的状态,显然是一

---

① 《党的十九大文件汇编》,党建读物出版社 2017 年版,第 91 页。

个重要的原因。① 但我们认为华夏文化长期以来以明显的先进性多次"同化"以武力入主中原的北方游牧民族，反复上演着"征服者反被征服"的历史戏剧，是一个更主要的原因。事实上，在漫长的历史发展过程中，中国古代文化虽未受到远自欧洲、西亚、南亚而来的威胁，但也屡屡遭到北方游牧民族的军事冲击，比如春秋以前的"南夷"与"北狄"交侵，十六国时期的"五胡乱华"，宋元时期契丹、女真、蒙古人接连南下，直至明末满族入关。这些勇猛剽悍的游牧民族虽然在军事上大占上风，甚至多次建立起强有力的统治政权，但在文化方面却总是自觉不自觉地被以华夏农耕文化为代表的先进的中原文化所同化。游牧或半农半牧民族在与先进的中原文化的接触过程中，几乎都发生了由氏族社会向封建社会的过渡或飞跃。军事征服的结果不是被征服者的文化毁灭与中断，而是征服者的文化皈依和进步。重要的还在于，在这一过程中，华夏传统文化自身也多方面地吸收了新鲜养料，比如游牧民族的服饰与骑射技术，边疆地区的物产、技艺乃至独具魅力的音乐、舞蹈等，从而增添了中华文化的新活力。

正是从这个意义上说，中国传统文化犹如万里长江，是由无数高山上的涓涓细流汇合成的一条奔腾的大河，它一直向前发展，从不中断，直到汇入大海。而且，中国传统文化在其发展中既是一脉相承的，又汇入并综合了我国各民族的智慧，形成了独特的具有强盛生命力的文化体系，成为世界文化史上一道独特而亮丽的风景线。

但是，1840 年的鸦片战争成为一个转折点。由于经历了一次次的屈辱的战败和割地赔款，我们的文化自信遭遇到了巨大的打击。这是因为面对西方的船坚炮利，那个时代的中国人开始思考为什么我们的传统文化没有孕育出如西方船坚炮利所代表的现代文明？饱受欺辱的中国将如何实现向现代文明的转型？在这个充满危机与痛苦的转型过程中，一方面是对传统文化的怀疑乃至否定，另一方面则是对船坚炮利背后西方文化的过度推崇。这成为近代向现代转型中的中国文化景观中最无奈的一道风景线。美国学者吉尔伯特·罗兹曼在其《中国的现代化》一书中曾提及这一点："到 20 世纪初叶，中国人已强烈地意识到现代化的重要性……借鉴外国的现代化文

---

① 黄寅：《传统文化与民族精神——源流、特质及现代意义》，当代中国出版社 2005 年，第 12 页。

化成为知识分子尤其是归国学生的共识。"①正是在这样的历史背景下,甚至连"现代化就是西方化""先殖民化再现代化"之类的极端主张也会赢得不少人的喝彩。

"乱花渐欲迷人眼。"正是在国内国外形形色色的西方文化优越论鼓噪于世、不绝于耳的现实语境下,如何看待传统文化的优劣以及它是否具备现代性,便成为一个严峻的时代问题摆在欲走现代化道路的中国人面前。事实上,我们回望这一段历史便会发现近代以来西方文化伴随着殖民活动传播至中国,形成了与中国传统文化相对抗、相对照、相融合的文化交流的盛大历史场景,在对中国传统文化构成严重挑战的同时,也为中国传统文化思考反省自身文化优劣提供了历史的机遇。历史可以被超越,却无法被割裂,文化史也是如此。

正是基于这一历史与现实背景,构建文化自信、打造文化强国在成为中国共产党人治国理政的一个重要国家战略的同时,更成为进入新时代的中国人民推进中国式现代化建设的一个重要历史使命。正是由此,如何构筑起坚定的文化自信,便成为一份时代的答卷,需要我们认真思考并书写好答案,以精彩的华章回应好这一时代之问。可以肯定地说,我们要回应好这一时代之问,既需要中国共产党引领人民大众进行积极的实践创新,也需要对已有 5000 多年历史积淀的中华优秀传统文化、争取民族独立解放年代形成的革命文化和社会主义建设时期产生的先进文化进行整理、传承和弘扬光大。

在中华优秀传统文化、革命文化和先进文化诸形态中,如果就文化自信的源头而论,显然是中华优秀传统文化。也正是由此,执政的中国共产党人立足坚持和发展中国特色社会主义、实现中华民族伟大复兴和构筑文化自信的战略全局,对传承与发展中华优秀传统文化做出了一系列重要理论创新和实践探寻。把中华优秀传统文化视为中华民族的根和魂,就是其中的一个重要论述:"泱泱中华,历史悠久,文明博大。中华民族在几千年历史中创造和延续的中华优秀传统文化,是中华民族的根和魂。"②重要的还在于,进入新时代的我们在激活中华优秀传统文化以塑造适应中国式现代化伟大

---

① [美]吉尔伯特·罗兹曼:《中国的现代化》,国家社会科学基金"比较现代化"课题组译,江苏人民出版社 2010 年版,第 443 页。
② 习近平:《习近平谈治国理政》(第 2 卷),外文出版社 2017 年版,第 426 页。

实践的民族精神方面,推出了比如出版全景式记述中华民族走向伟大复兴的历史逻辑、思想源流和文化脉络的大型图书——《复兴文库》,在中央电视台开设《诵读经典》《诗词大会》等弘扬优秀传统文化的专题节目,积极推进大、中、小学的传统文化类教材与课程建设等一系列举措,从而把优秀传统文化的创造性转化与创新性发展真正落实到了实处。

可以肯定的是,中国共产党人把文化自信的源头理解为中华优秀传统文化的思想,也是在汲取了文化研究界诸多学者智慧基础之上提出来的。比如费孝通先生于1997年就提出了"文化自觉"的命题,认为中国知识分子应承担起认识自己的文化及其定位、认识不同的文化及展开跨文化对话的任务。他认为,文化自觉是对本民族文化自信的前提。在后来出版的《中国文化的重建》一书中他再次阐述了这一思想。在他看来,没有文化自觉,就没有新文化的创建。① 又比如,梁漱溟先生在《东西方文化及其哲学》一书中曾强烈表达过对中国文化的自信。他认为西方、印度、中国存在三种对待人生欲望不同的文化体系:追求人生欲望的西方文化、否定欲望的佛教文化和调节欲望的儒家文化。他的最终结论是儒家文化显然最合理,应该发扬光大成为世界文化的范本。②

时至今日,传统文化本位论与西化论的争论已经有了超越性的共识,学者们不再被困扰于老一辈学人非此即彼的"传统"与"现代"的绝对对立,而旨在具体探寻如何提炼中国传统文化的精髓。重要的还在于,现代社会的人们已经远离了传统社会的宗法等级秩序与伦理主义倾向的道德控制,平等、自由、民主的社会伦理以及唯物史观文化批判的立场,这一切都让人们更能认清中华传统文化的精华与糟粕之所在。而且,从文化哲学的角度来看,文化自信是一种以主体间性为哲学基础的文化间性,其基本原则是"和而不同"(《论语·子路》)"和而不流"(《中庸》),意在达成一个文化的"星丛共同体"。③ 文化自信的核心应该从民族文化传统与他者文化之间的关系进行阐述,坚持传统并汲取他者营养,主张大胆地显现我们的特殊性于世界,使之成为普遍性,坚持民族性的同时使其介入世界,自信于我们自己古老文化的当代价值和对于当代世界的价值。

① 费孝通:《中国文化的重建》,华东师范大学出版社2014年版,第148页。
② 梁漱溟:《东西方文化及其哲学》,商务印书馆2009年版,第245页。
③ 金惠敏:《文化自信与星丛共同体》,《哲学研究》2017年第4期。

有学者把以中华优秀传统文化为源头的文化自信的构建誉为"是基于传统文化创新基础上的新人文精神的确立,是对中国现实问题的人文主义关怀"①。我们有理由相信,中华民族的伟大复兴需要民族文化的复兴作为序曲。我们也有理由期待,在这个百年未遇风云激荡的历史征程中,中华优秀传统文化作为中华民族的根和魂,在为中华儿女提供精神滋养和价值指引的过程中,其自身也将在创造性转化和创新性发展中完成凤凰涅槃式的新生。

7.2 以唯物史观文化批判理论为引领提升国家软实力

构建文化自信的指归,从国家层面上看可以为打造和提升国家的软实力找到一条现实途径。当代中国社会经过改革开放,继"站起来"之后已初步完成了"富起来"的阶段,当下正开始迈向"强起来"的新时代。这不仅意味着当下的我们已经告别了物资匮乏阶段,还意味着我们的 GDP 总量、经济增长速度、人民的可支配收入等均取得了令世界称羡的成就。但是,一个国家的强大除了物质层面的衡量指标外,还有软实力的指标。美国学者约瑟夫·奈不仅是"软实力"的最初提出者,而且他还强调指出:"硬实力和软实力虽然同样重要,但是在信息时代,软实力正变得比以往更为突出。"②

正是基于这样的时代语境,我们认为从中华优秀传统文化的价值开掘与创新角度对文化自信的指归作进一步思考、探究和概括是有意义的。因为这可以为国家软实力的提升找到一条来自传统文化的路径。以马克思主义为指导思想的中国共产党人不是文化决定论者,但以马克思的辩证法立场来看文化的相对独立性与反作用又是不容忽视的。由此,基于唯物史观文化批判的理论视域,中国共产党人从唯物史观的角度出发明确承认传统文化的相对独立性,积极首肯传统文化内蕴的对社会政治、经济、军事、外交等方面的巨大反作用,并由此确认其在对现代社会公民的意识、精神的领域

---

① 任维、张应杭:《文化自信与中国风景园林的美学自觉、传承与创新》,《丽水学院学报》2020 年第 3 期。

② "软实力"是美国哈佛大学肯尼迪政治学院院长约瑟夫·奈于 20 世纪 80 年代首先提出的概念。其基本含义是指一个国家所具有的除经济、军事之外的第三方面实力,主要是传统文化、价值观、意识形态及民族精神等方面的影响力。参见余潇枫主编《非传统安全理论论辑(2018)》,浙江大学出版社 2019 年版,第 116 页。

依然发挥着独特作用的基本事实。文化自信的积极构建,尤其是对优秀传统文化的传承和创新,正是由此被彰显于现代中国社会。

重要的还在于,优秀的传统文化自古以来就是我们民族生存和发展的精神命脉和魂之所在。从上古时期女娲造人、夸父追日的神话传说,到春秋战国百家争鸣的出现;从汉唐雄风的横空出世,到近代鸦片战争开始的救亡图存;从先秦的《诗经》《离骚》诸子散文,到汉赋、唐诗、宋词、元曲、明清小说……千百年来,中华优秀传统文化既是中华民族大一统发展形态的文化基石和维系民族凝聚力、向心力的精神纽带,也是我们民族虽历经磨难却总能自强不息、浴火重生的不竭动力。因此,抛弃中华优秀传统文化,看不到优秀传统文化对物质文明、制度文明所具有的巨大反作用,中华民族的伟大复兴必将成为无源之水、无本之木。事实上,也正是基于"不忘本来"的立场,通过对优秀传统文化的创造性转化和创新性发展,我们国家的文化软实力才得以真正寻觅到提升的具体路径。

当今世界就人与自然关系而论,不仅气候变暖、空气和水资源被污染等原有的环境问题没有解决,诸如核泄漏、光污染之类的新问题又迭出;就人与他人(社会)的关系而论,利己主义(包括国家利己主义)的价值观畅行无阻,"我优先"的排他性原则被视为天经地义,这直接导致人与人、国与国、民族与民族之间冲突不断,新殖民主义沉渣泛起、恐怖主义肆虐、极权主义有抬头之势;就人与自身关系而论,消费主义盛行,物欲对理性以及整个精神世界的逼仄和挤压,追求豪车大宅,实现财富梦想,仿佛变成了生活的根本目的,严重导致了现代人身心关系的无比紧张。

正是在解决这些全球性问题的过程中,中华民族的优秀传统文化正日益彰显出其全球性的现代价值。比如,就人与自然关系而论,中华传统文化推崇的天人合一之道以及顺天、慎取、节用等民族精神,为克服西方文化长期以来存在的自然与人类二元对立提供了可贵的中国立场。又比如,就我与他人关系而论,中华传统文化推崇的人我合一之道以及孝亲、贵和、崇义等民族精神,为克服西方文化中因为视他者为异己而导致的利己主义现代性危机提供了解决问题的中国路径。还比如,就人与自身关系而论,中华传统文化推崇的身心合一、欲理合一之道以及知耻、克己、尚俭等民族精神,为克服西方的消费主义、享乐主义提供了中国主张。我们有理由相信,中华优秀传统文化不仅可以为我们在全球化时代彰显国家的软实力提供深厚的来自历史的基础,更可走向世界为全球问题的切实解决提供充满智慧的中国道路和中国方案。也就是说,中华优秀文化既是历史的也是当代的,既是民族的也是世界的。我们要以坚定的文化自信让中华文化同各国人民创造的多彩文明与文化一道,为人类提供正确的精神指引和价值导向。事实上,也正是在这个过程中,我们国家的软实力才得以真正地彰显。

7.3 以民族文化共识的培植凝聚起民族复兴的伟力

构建文化自信的指归,从个人层面上看即是通过民族文化共识的培植凝聚起实现中华民族伟大复兴的磅礴精神之力。尽管学界对民族文化共识这一概念尚存诸多异议,但就普遍性与特殊性的一般关系而论,对它的存在应该予以肯定。就世界上不同的民族而言,民族文化共识是特殊性的存在,它是各个民族之间在价值观上的不同标签和识别码;就一个民族内部而言,民族文化共识又是普遍性的存在,它是一个民族在自己历史发展和文明演进中形成并世代承袭的共同文化基因。当今世界,全球化固然是一个趋势,但只要民族国家依然是一个客观的事实存在,不同文明和文化依然处在交融和冲突并存的格局之中,那么民族文化共识的培植就是提升一个国家软实力和全球影响力的重要途径。

民族文化共识的培植固然有诸多的路径,但传统文化的继承与创新被认为是最重要的途径。联合国教科文组织相关专家的数据描述也印证了这一点。相关专家发现,相比于经济、政治(其影响因子各为10%)而言,历史与文化对一个国家民众的价值观生成和民族自豪感产生更为深远的影响(其影响因子为24%～30%)。①

正是基于对传统文化与国家软实力、影响力之间这一关联性的高度自觉认知,中国共产党从治国理政的高度提出了坚定文化自信以构建中国特色社会主义文化事业的战略部署和伟大实践。这也就为我们回望传统、激活传统,在对优秀传统文化做创造性的转化和创新性发展的基础上如何培植起民族的文化共识指明了方向。也就是说,传统文化不是抽象的存在,而

---

① 联合国教科文组织编:《世界文化报告 2000:文化的多样性、冲突与多元共存》,北京大学出版社 2002 年版,第 233—234 页。

一定要体现为民族成员的文化共识。这一文化共识在每一个个体的世界观、人生观、价值观中积淀,在他们的理想、信念、信仰中呈现,从而作为整体性的呈现时就转化为国家的软实力和影响力。可见,作为文化自信构建的一个重要路径,民族文化共识的培植是至关重要的。

不言而喻的是,对于究竟哪些优秀传统文化可以作为文化共识的内容予以培植的问题是有争议的。有学者曾从伦理层面把优秀的至今仍有现代价值的传统文化罗列为十大德目:一是仁爱孝悌;二是谦和好礼;三是诚信知报;四是精忠爱国;五是克己奉公;六是修己慎独;七是见利思义;八是勤俭廉正;九是笃实宽厚;十是勇毅力行。① 也有学者认为作为中华民族的文化共识应该概括得更精炼简洁一些,比如杜维明主张回归传统的"五常德"提法,即仁、义、礼、智、信。② 也有学者认为,文化共识不能仅仅从人与他人、与社会的伦理层面来进行概括。事实上,除此之外在人与自然的关系上道家以"道法自然"(《道德经》第二十五章)为核心的一系列诸如敬天、节用、守常、无为等范式和命题,在人与自身关系上的空观、因果、慈悲、放下等精神,也可以为当代人的世界观、人生观和价值观提供智慧启迪。③ 这些论述虽然也都言之成理,但如果从既要具备宏观性、整体性的概括视野,又使这一概括彰显民族性和现代性的要求出发,显然还有待于更具有总括性又彰显现代性、全球性的学理梳理与核心范式的概括。

正是基于这一理解,我们认为民族文化共识的培植从天人合一、人我合一(群己合一)、身心合一这三个向度推进是合适的。事实上,就人与世界的基本关系而言,不外乎人与自然、人与他人(社会)、人与自身这三重关系。中国传统文化提倡的天人合一、人我合一(群己合一)、身心合一的安身立命之道,彰显着中国文化的特质,分别对人与自然、人与人、人与其自身之间关系进行了充满睿智的理性表达,其最终是为了达到"合天人""同人我""一内外"的人与自然、与他人、与其自身之间和谐相处的境界。

不仅如此,中华文化在天人合一、人我合一(群己合一)、身心合一这三个安身立命之道统摄下,还生成了诸多具体的文化范式和伦理规范。这正

① 张岱年、方克立主编:《中国文化概论》,北京师范大学出版社1994年版,第281—290页。
② [美]杜维明:《杜维明文集》(第4卷),郭齐勇、郑文龙编,武汉出版社2002年版,第420页。
③ 黄寅:《传统文化与民族精神——源流、特质及现代意义》,当代中国出版社2005年版,第191—205页。

如老子所言:"道生一,一生二,二生三,三生万物。"(《道德经》第四十二章)中华民族安身立命之"道"必然要转换为诸多个体的内在之"德"。这是一个由道而德、由一而多、由抽象而具体的过程。所谓的民族价值共识正是由此而被培植和熔铸的。比如,天人合一之道培植出了敬畏自然、顺天、慎取、节用等诸多的价值共识;人我合一之道涵养出了推己及人、孝亲、贵和、崇义以及"天下兴亡,匹夫有责"的忧患与担当意识、"民贵君轻"的民本主义情怀、"己所不欲,勿施于人"的为人处世境界、"勇者不惧"的抗争精神、"先天下之忧而忧"的奉献精神等;身心合一之道衍生了以理制欲、知耻、克己、尚俭以及"见素抱朴,少私寡欲""破山中贼易,破心中贼难""唯俭可以养廉""静以修身,俭以养德,非淡泊无以明志,非宁静无以致远"之类的修身养性之言与行。这些中华民族特有的民族精神与人格品性世代相传并已然内生为民族成员的文化共识,从而成为我们民族具有强大生命力和非凡凝聚力的根脉之所在。在几千年的中华文明史上,是古代中国人安身立命之本和为人处世之道。这堪称博大精深的中华传统文化中最基本的理性积淀和价值传承,是以儒家为"道统"的人文主义精神的经典体现。

重要的还在于,在国家的现代化发展和现代性构建的过程中,信仰问题已经是深度融入市场经济的当今中国所亟待解决的问题。正如党的十九大报告中指出的那样:"人民有信仰,国家有力量,民族有希望。"①这段话形象地说明了信仰的重要性,即人民有没有信仰,是关系到国家有没有力量和民族有没有希望的国之大事。在信仰如何构建的问题上,除了马克思主义的指导之外,合理汲取中华优秀传统文化以形成民族文化共识无疑是一个前阶性、基础性的工程。我们对传统文化的传承性梳理和创新性开掘,正可以为民族文化共识的培植提供一个来自传统的有效路径。

当代中国正面临着全球化、市场化与深度资本化的时代。在这个时代,人们的生活已经从贫穷走向物质的富足,但美好生活的构建从来都不是物质财富堆积出来的,而是在人的自由生活的自主创建中积极累积起来的。以马克思的理解来看,这是一个从"占有式个人"成长为"生存性个人"的过程。② 传统文化中倡导的天人合一、人我合一(群己合一)、身心合一之道无疑有助于我们摆脱占有式的"物质人"而成为生存性的"文化人"。因此,在

---

① 《党的十九大文件汇编》,党建读物出版社 2017 年版,第 61 页。
② [德]马克思、[德]恩格斯:《马克思恩格斯全集》(第 30 卷),人民出版社 1995 年版,第 174 页。

我们对传统文化做批判性传承和创新性转化的过程中,要始终不渝地将其落实到构建文化自信、打造文化强国的国家战略中,落实到提升国家软实力使中国能够更从容、更自豪地向世界传递中国声音、中国方案、中国道路的进程中,落实到中华民族的民族文化共识和人生信仰的积极构建中,只有这样它才能够真正在当代社会中被"传承"与"转化"。这既是马克思主义中国化的题中应有之义,也是中华传统文化之现代意义得以彰显和呈现的唯一路径,这更是本书所有学理思考与探究的最终理论意义和实践价值之所在。

主要参考文献

一、国外著作类

[德]A.施密特.马克思的自然概念[M].欧力同,吴仲昉,译.北京:商务印书馆,1988.

[英]E.霍布斯鲍姆,T.兰格.传统的发明[M].顾杭,庞冠群,译.南京:译林出版社,2004.

[美]L.A.怀特序,等.文化与进化[M].韩建军,商戈令,译.杭州:浙江人民出版社,1987.

[美]埃里希·弗洛姆.弗洛姆著作精选——人性·社会·拯救[M].黄颂杰,主编.上海:上海人民出版社,1989.

[美]埃里希·弗洛姆.健全的社会[M].孙恺祥,译.上海:上海译文出版社,2011.

[美]埃里希·弗洛姆.在幻想锁链的彼岸:我所理解的马克思和弗洛伊德[M].张燕,译.长沙:湖南人民出版社,1986.

[美]埃里希·弗洛姆.占有还是生存[M].关山,译.北京:生活·读书·新知三联书店,1989.

[英]爱德华·伯内特·泰勒.原始文化[M].蔡江浓,编译.杭州:浙江人民出版社,1988.

[意大利]安东尼奥·葛兰西.狱中札记[M].葆煦,译.北京:人民出版社,1983.

[美]大卫·雷·格里芬.后现代精神[M].王成兵,译.北京:中央编译出版社,1998.

[美]丹尼尔·贝尔.资本主义文化矛盾[M].严蓓雯,译.南京:江苏人民出版社,2012.

[美]约翰·杜威.学校与社会·明日之学校[M].赵祥麟,等译.北京:人民教育出版社,1994.

［美］杜维明.现代精神与儒家传统［M］.北京:生活·读书·新知三联书店,1997.

［德］费尔巴哈.基督教的本质［M］.荣震华,译.北京:商务印书馆,1984.

［美］费正清.伟大的中国革命［M］.刘尊棋,译.北京:国际文化出版公司,1989.

［美］弗莱德·R.多尔迈.主体性的黄昏［M］.万俊人,等译.上海:上海人民出版社,1992.

［美］约翰·贝拉米·福斯特.生态危机与资本主义［M］.耿建新,等译.上海:上海译文出版社,2006.

［德］伽达默尔.诠释学Ⅰ、Ⅱ:真理与方法［M］.洪汉鼎,译.北京:商务印书馆,2007.

［德］格奥尔格·西美尔.时尚的哲学［M］.费勇,等译.北京:文化艺术出版社,2001.

［德］尤尔根·哈贝马斯.合法化危机［M］.刘北成,等译.上海:上海人民出版社,2000.

哈佛燕京学社.全球化与文明对话［M］.南京:江苏教育出版社,2004.

［美］赫伯特·马尔库塞.爱欲与文明［M］.黄勇,曹卫东,译.上海:上海译文出版社,2014.

［美］赫伯特·马尔库塞.单向度的人:发达工业社会意识形态研究［M］.刘继,译.上海:上海译文出版社,2014.

［美］赫伯特·马尔库塞.理性和革命——黑格尔和社会理论的兴起［M］.程志民,等译.重庆:重庆出版社,1993.

［美］赫伯特·马尔库塞.审美之维［M］.李小兵,译.北京:生活·读书·新知三联书店,1989.

［德］黑格尔.精神现象学(上、下卷)［M］.贺麟,等译.北京:商务印书馆,1983.

［德］黑格尔.历史哲学［M］.王造时,译.北京:商务印书馆,1963.

［德］黑格尔.小逻辑［M］.贺麟,译.北京:商务印书馆,1980.

［英］怀特海.过程与实在［M］.李步楼,译.北京:商务印书馆,2011.

［德］康德.历史理性批判文集［M］.何兆武,译.北京:商务印书

馆,1990.

[英]雷蒙德·弗思.人文类型[M].费孝通,译.北京:商务印书馆,1991.

[美]列文森.儒教中国及其现代命运[M].郑大华,任菁,译.北京:中国社会科学出版社,2000.

[法]卢梭.社会契约论[M].何兆武,译.北京:商务印书馆,2003.

[德]路德维希·费尔巴哈.费尔巴哈哲学著作选集(上、下卷)[M].荣震华,等译.北京:商务印书馆,1984.

[美]罗伯特·N.贝拉,等.心灵的习性——美国人生活中的个人主义和公共责任[M].翟宏彪,等译.北京:生活·读书·新知三联书店,1991.

[德]马克思,恩格斯.马克思恩格斯全集[M].中共中央马克思恩格斯列宁斯大林著作编译局,编译.北京:人民出版社,1956—1985.

[德]马克思,恩格斯.马克思恩格斯文集[M].中共中央马克思恩格斯列宁斯大林著作编译局,编译.北京:人民出版社,2009.

[德]马克思,恩格斯.马克思恩格斯选集[M].中共中央马克思恩格斯列宁斯大林著作编译局,编译.北京:人民出版社,1995.

[德]马克思.资本论(第1卷)[M].中共中央马克思恩格斯列宁斯大林著作编译局,编译.北京:人民出版社,2004.

[德]马克斯·霍克海默,西奥多·阿道尔诺.启蒙辩证法:哲学断片[M].渠敬东,曹卫东,译.上海:上海人民出版社,2003.

[德]马克斯·韦伯.新教伦理与资本主义精神[M].黄晓京,彭强,译.成都:四川人民出版社,1986.

[英]佩里·安德森.西方马克思主义探讨[M].高铦,等译.北京:人民出版社,1981.

[英]齐格蒙特·鲍曼.后现代伦理学[M].张成岗,译.南京:江苏人民出版社,2003.

[英]齐格蒙特·鲍曼.现代性与矛盾性[M].邵迎生,译.北京:商务印书馆,2013.

[美]乔尔·科威尔.自然的敌人:资本主义的终结还是世界的毁灭?[M].杨燕飞,冯春涌,译.北京:中国人民大学出版社,2015.

[法]让·鲍德里亚.消费社会[M].刘成富,全志钢,译.南京:南京大学

出版社,2008.

[美]萨缪尔·亨廷顿.文明的冲突与世界秩序的重建[M].周琪,等译.北京:新华出版社,2010.

[英]汤因比,[日]池田大作.展望21世纪:汤因比与池田大作对话录[M].荀春生,等译.北京:国际文化出版公司,1985.

[英]特里·伊格尔顿.马克思为什么是对的[M].李杨,等译.北京:新星出版社,2011.

[英]特里·伊格尔顿.审美意识形态[M].王杰,等译.桂林:广西师范大学出版社,2001.

[美]梯利.西方哲学史[M].葛力,译.北京:商务印书馆,1995.

[加]威廉·莱斯.自然的控制[M].岳长龄,等译.重庆:重庆出版社,1993.

[德]文德尔班.哲学史教程(下卷)[M].罗达仁,译.北京:商务印书馆,1997.

[瑞士]雅各布·布克哈特.世界历史沉思录[M].金寿福,译.北京:北京大学出版社,2007.

[以色列]尤瓦尔·赫拉利.人类简史:从动物到上帝[M].林俊宏,译.北京:中信出版社,2017.

[美]约翰·格拉夫,等.流行性物欲症[M].闾佳,译.北京:中国人民大学出版社,2006.

[美]约翰·罗尔斯.正义论[M].何怀宏,何包钢,廖申白,译.北京:中国社会科学出版社,2009.

二、国内著作类

孙超,等.中国人伦学说研究[M].上海:上海古籍出版社,2004.

陈戎女.西美尔与现代性[M].上海:上海书店出版社,2006.

陈学明,王凤才.西方马克思主义前沿问题二十讲[M].上海:复旦大学出版社,2008.

陈赟.困境中的中国现代性意识[M].上海:华东师范大学出版社,2005.

邓安庆.启蒙伦理与现代社会的公序良俗——德国古典哲学的道德事

业之重审[M].北京:人民出版社,2014.

邓红学,熊伟业.中国传统文化概观[M].上海:复旦大学出版社,2011.

邓小平.邓小平文选(第三卷).北京:人民出版社,1993.

邓晓芒.黑格尔辩证法讲演录[M].北京:商务印书馆,2020.

方晶刚.走出启蒙的神话——霍克海默社会批判理论研究[M].上海:复旦大学出版社,2013.

费孝通.论人类学与文化自觉[M].北京:华夏出版社,2004.

费孝通.文化的生与死[M].上海:上海人民出版社,2009.

费孝通.中国文化的重建[M].上海:华东师范大学出版社,2014.

丰子义.现代化的理论基础:马克思现代社会发展理论研究[M].北京:北京师范大学出版社,2017.

冯契.中国历代哲学文选(上)[M].上海:上海古籍出版社,1991.

冯友兰.中国哲学简史[M].涂又光,译.北京:北京大学出版社,2013.

贺麟.文化与人生[M].上海:上海文艺出版社,2001.

贺麟.五十年来的中国哲学[M].上海:上海人民出版社,2012.

黄力之.后革命语境中的中国文化矛盾[M].上海:上海三联书店,2016.

黄寅.传统文化与民族精神——源流、特质及现代意义[M].北京:当代中国出版社,2005.

李辉.反消费主义[M].北京:高等教育出版社,2016.

李鹏程.当代文化哲学沉思[M].北京:人民出版社,1994.

李淑梅,等.中西文化比较[M].苏州:苏州大学出版社,2016.

李佑新.走出现代性道德困境[M].北京:人民出版社,2006.

李泽厚.实用理性与乐感文化[M].北京:生活·读书·新知三联书店,2005.

李泽厚.中国古代思想史论[M].北京:人民出版社,1985.

李振纲.文化忧思录——中国文化的历史走向[M].石家庄:河北大学出版社,1994.

李宗桂.中国文化概论[M].广州:中山大学出版社,1988.

梁漱溟.东西方文化及其哲学[M].北京:商务印书馆,2009.

刘同舫.技术的当代哲学视野[M].北京:人民出版社,2017.

刘同舫.马克思的解放哲学[M].广州:中山大学出版社,2015.

罗建平.破解消费奴役:消费主义和西方消费社会的批判与超越[M].北京:社会科学文献出版社,2015.

罗军.中国人的文化仰望[M].北京:中央编译出版社,2016.

罗荣渠.现代化新论:世界与中国的现代化进程[M].北京:商务印书馆,2004.

马新颖.异化与解放:西方马克思主义的现代性批判理论研究[M].北京:中央编译出版社,2015.

邱根江.法兰克福学派现代性批判理论研究[M].西安:西安交通大学出版社,2016.

汪晖,陈燕谷.文化与公共性[M].北京:生活·读书·新知三联书店,1998.

王凯.逍遥游——庄子美学的现代阐释[M].武汉:武汉大学出版社,2003.

习近平.决胜全面建成小康社会夺取新时代中国特色社会主义伟大胜利——在中国共产党第十九次全国代表大会上的报告[M].北京:人民出版社,2017.

人民日报评论部.习近平用典[M].北京:人民日报出版社,2015.

谢少波.另类立场:文化批判与批判文化[M].南京:南京大学出版社,2009.

许苏民.文化哲学[M].上海:上海人民出版社,1990.

许倬云.许倬云说历史:中西文明的对照[M].杭州:浙江人民出版社,2013.

杨海燕,方金奇.智慧的回望——纪念冯契先生百年诞辰访谈录[M].桂林:广西师范大学出版社,2015.

俞吾金.被遮蔽的马克思[M].北京:人民出版社,2012.

俞吾金.传统重估与思想移位[M].哈尔滨:黑龙江大学出版社,2007.

俞吾金.重新理解马克思——对马克思哲学的基础理论和当代意义的反思[M].北京:北京师范大学出版社,2013.

詹石窗,谢清果.中国道家之精神[M].上海:复旦大学出版社,2009.

张岱年,方克立.中国文化概论[M].北京:北京师范大学出版社,1994.

张岱年.文化与哲学[M].北京:教育科学出版社,1988.

张岱年.中国哲学大纲[M].北京:中国社会科学出版社,1982.

张君劢,等.科学与人生观[M].济南:山东人民出版社,1997.

张绪通.黄老智慧[M].北京:人民出版社,2005.

张应杭,蔡海榕.中国传统文化概论(第二版)[M].杭州:浙江大学出版社,2016.

章启群.论魏晋自然观"中国艺术自觉"的哲学考察[M].合肥:安徽教育出版社,2013.

赵敦华.西方哲学通史[M].北京:北京大学出版社,1996.

赵恩国.马克思"个人解放"思想的历史与逻辑[M].上海:上海人民出版社,2017.

中国文化书院讲演录编委会.论中国传统文化[M].北京:生活·读书·新知三联书店,1988.

周天.《周易》和谐辩证法论稿[M].北京:中西书局,2015.

三、期刊论文类

[美]R.尼斯贝特.个人主义[J].李肃东,等译.哲学译丛,1991(2).

安晓静.文化自信的三个维度[J].人民论坛,2016(25).

包庆德,杨铮.天人合一:生态维度解读及其存在问题述评[J].伦理学研究,2016(1).

陈先达.关于文化研究中的几个问题[J].高校理论战线,1995(10).

陈学明.从马克思的现代性批判理论看中国道路的合理性[J].马克思主义与现实,2018(6).

陈学明.马克思的人的全面发展理论与当代人的生活取向[J].复旦学报(社会科学版),2000(2).

戴传江.哈耶克的文化进化思想及其对中国传统文化复兴的启示[J].江西社会科学,2010(12).

丁立群.文化全球化:价值断裂与融合[J].哲学研究,2000(12).

丁立群.文化相对主义与文化进化主义的超越——现代化建设中的中西文化融合问题[J].吉林大学社会科学学报,1998(6).

丁立群.文化哲学何以存在[J].求是学刊,1999(1).

方英敏.理查德·舒斯特曼与儒家身体美学思想对话的可能性、限度及启示[J].河北师范大学学报(哲学社会科学版),2018(3).

高长武.理解马克思主义与中国传统文化关系的三个维度——学习习近平关于中国传统文化的重要论述[J].党的文献,2015(1).

高长武.马克思主义与中华优秀传统文化相结合四题[J].红旗文稿,2018(5).

高长武.习近平文化建设思想的核心要义[J].东岳论丛,2017(4).

顾青青,张彦.论马克思主义与道德之争的三个问题[J].浙江大学学报(人文社会科学版),2018(4).

郭智勇.墨子消费伦理思想述论[J].南京林业大学学报(人文社会科学版),2009(4).

韩庆祥.现代性的本质、矛盾及其时空分析[J].中国社会科学,2016(2).

何萍.马克思的文化哲学及其传统[J].南京大学学报(哲学·人文科学·社会科学),2008(6).

何中华.文化哲学中的悖论刍议[J].哲学动态,1998(1).

洪晓楠.文化哲学研究的回顾与展望[J].哲学动态,2000(12).

洪晓楠.中国现代文化哲学的演进规律和理论倾向[J].哲学动态,1994(5).

胡军.从身心关系理论审视精神超越之可能[J].社会科学杂志,2009(3).

黄桂娥.中国现代性困境的突围与救赎——兼评《生命之思》[J].贵州社会科学,2015(1).

黄寅.科学主义在当代的超越——基于儒家文化的研究视阈[J].自然辩证法通讯,2007(4).

江天骥.从意识哲学到文化哲学[J].哲学研究,2001(1).

金惠敏.文化帝国主义与文化全球化——约翰·汤姆林森教授访谈录[J].陕西师范大学学报(哲学社会科学版),2012(6).

金惠敏.文化自信与星丛共同体[J].哲学研究,2017(4).

金民卿.马克思主义与中国文化关系演变的反思与展望[J].中国特色社会主义研究,2015(6).

景海峰. 儒家天人合一思想的历史脉络及当代意义[J]. 中国文化,2013(2).

阚平. 坚定文化自信信念就有源泉[J]. 实践(思想理论版),2017(2).

雷震,董继祥. 浅析人我兼顾的儒家价值观模式[J]. 理论月刊,2004(6).

李耕,等. 对身体哲学的本源追问——基于马克思主义的研究视角[J]. 湖南工业大学学报(社会科学版),2018(5).

李河. 传统:重复那不可重复之物——试析"传统"的几个教条[J]. 求是学刊,2017(5).

李琴. 当代西方消费主义文化的唯物史观思考:消费问题研究的新视角[J]. 学术界,2006(2).

李翔海. 论当代中国的国际文化环境——"西方文化中心"论的衰落和亚洲价值观的崛起[J]. 学术月刊,1998(1).

李翔海. 中国文化现代化历程的哲学省思[J]. 中国社会科学,2002(6).

李宗桂. 生态文明与中国文化的天人合一思想[J]. 哲学动态,2012(6).

梁宗华. 从《儒教中国及其现代命运》看列文森的儒学观[J]. 哲学研究,2004(7).

刘怀玉. 传统文化的现代转化与马克思主义中国化[J]. 南京政治学院学报,2014(6).

刘森林. 回归自然:马克思与尼采的共同旨趣[J]. 学术月刊,2017(10).

刘森林. 三种"辩证法"概念:从《启蒙辩证法》到《资本论》[J]. 哲学研究,2018(3).

刘同舫. 启蒙理性及现代性:马克思的批判性重构[J]. 中国社会科学,2015(2).

刘文英. 中国传统哲学的主题及其在现代和未来的意义[J]. 中国哲学史,1993(3).

龙静云. 消费伦理的变迁与当代家庭消费伦理之建构[J]. 道德与文明,2006(2).

罗骞,滕藤. 资本现代性的辩证逻辑[J]. 广东社会科学,2018(3).

罗志田. 整体与个别:梁漱溟对文化的思辨[J]. 南京大学学报(哲学·人文科学·社会科学),2017(4).

马拥军."中国道路"与实践唯物主义的"发展"理念[J].江苏行政学院学报,2017(3).

牛先锋,云付平.文化自信,我们是想要表达什么[J].科学社会主义,2016(5).

秦志龙,王岩.论坚定文化自信的三个基本问题[J].科学社会主义,2017(1).

任平.论现代性的中国道路及其世界意义——习近平新时代中国特色社会主义现代性思想解读[J].马克思主义与现实,2018(1).

商原李刚.儒、道价值观对立的生态哲学启示[J].理论学刊,2005(10).

孙利天.现代性的追求和内在超越[J].中国社会科学,2016(2).

孙世强.马克思消费伦理体系及时代意义:立足于生活消费视角与研究文本[J].马克思主义研究,2011(6).

孙向晨.现代个体权利与儒家传统中的"个体"[J].文史哲,2017(3).

孙玉霞.消费主义价值观批判[J].浙江学刊,2006(1).

汤一介."文明的冲突"与"文明的共存"[J].北京大学学报(哲学社会科学版),2004(6).

唐凯麟.对消费的伦理追问[J].伦理学研究,2002(1).

[英]特里·伊格尔顿.文化与社会主义[J].强东红,译.文艺理论与批评,2010(1).

田克勤.马克思主义中国化与中国文化从传统向现代的转化[J].马克思主义研究,2015(9).

田正平,朱宗顺.评列文森的近代中国史观——对列文森《儒教中国及其现代命运》的思考[J].浙江大学学报(人文社会科学版),2004(1).

汪怀君.消费异化与消费伦理观的一种构想[J].山西师大学报,2011(1).

王洪国,杨思平.墨子的消费伦理思想及现代价值[J].理论界,2010(3).

王家范,瞿林东,等.论亨廷顿《文明的冲突》:58位中国学者的观点(中)[J].中国历史评论,2018(4).

王庆丰.资本形而上学的三副面孔[J].哲学动态,2017(8).

王雨辰.当代西方马克思主义社会批判哲学对现代性问题的研究[J].

中南财经政法大学学报,2002(4).

王雨辰.论西方马克思主义消费伦理价值观[J].陕西师范大学学报(哲学社会科学版),2010(6).

王忠武.消费文化与中国现代化[J].学习与探索,2005(6).

吴晓明.文明的冲突与现代性批判——一个哲学上的考察[J].哲学研究,2005(4).

谢芳,王学峰.王夫之的消费伦理思想及其现代价值[J].船山学刊,2010(2).

徐稳.传统文化现代化与马克思主义中国化[J].山东社会科学,2011(8).

徐新.尚俭去奢与依礼而行——儒家消费伦理思想述略[J].消费经济,2011(1).

杨河,等.马克思主义与中国文化:陈先达、方克立、赵敦华先生中西马高端对话[J].北大中国文化研究,2012.

杨河,等.中国道路与中国文化:李宗桂、丰子义、傅有德先生中西马高端对话[J].北大中国文化研究,2015.

杨金华.身心和谐:建构和谐社会的内在意蕴[J].理论与改革,2008(2).

杨生平.五大发展理念:中国特色社会主义的新发展观[J].中国特色社会主义研究,2017(2).

杨英姿.返本开新:从"天人合一"到生态伦理[J].伦理学研究,2016(5).

叶险明.马克思哲学革命的文化逻辑及其现代启示[J].中国社会科学,2007(4).

于文秀.阿尔都塞的"意识形态"理论与"文化研究"思潮[J].哲学研究,2002(6).

曾盛聪.义利关系的历史视域与现代视域[J].科学社会主义,2006(6).

张光华.斯洛特的不对称性思想[J].伦理学研究,2008(3).

张箭飞.文化理论在西方的死亡[J].学术研究,2005(9).

张奎良.马克思哲学历程的深刻启示[J].学术交流,2010(7).

张明.西方现代性困境与中国道路的理论前景[J].毛泽东邓小平理论

研究,2016(2).

张雄,曹东勃.拜物逻辑的批判:马克思与波德里亚[J].学术月刊, 2007(12).

张秀琴.英语世界对马克思意识形态理论的解读方式[J].中国社会科学,2012(6).

张雪凤,王滨.孔孟关于自我定位与人我相和论及其现代意义[J].云南社会科学,2010(5).

张彦,金梦佳.发展伦理:解读生态危机的一种可能模式[J].思想理论教育,2017(11).

张彦,王长和.论改革开放以来中国发展理念价值排序的演进依据[J].浙江社会科学,2018(7).

张应杭."敬畏自然"究竟何所指谓? 基于道家哲学的一种解读[J].自然辩证法通讯,2013(6).

张应杭.论老子无欲说的"道法自然"立场与当代价值[J].自然辩证法通讯,2012(7).

张应杭.论孟子的心性说及其现代意义[J].华东师范大学学报(哲学社会科学版),2002(1).

张志宏.政治哲学之于当代中国哲学发展的范式意义[J].学术月刊, 2018(2).

赵付科,孙道壮.习近平文化自信观论析[J].社会主义研究,2016(5).

赵玲.先秦儒家的消费伦理精神解析[J].中国矿业大学学报(社会科学版),2004(6).

周桂英.西学东渐对中国文化自信的冲击及其重塑[J].湖南社会科学, 2012(4).

周中之.现代消费伦理视野中的节约观[J].消费经济,2006(5).

周中之.消费的自由与消费的社会责任[J].道德与文明,2007(2).

朱国华.别一种理论旅行的故事——本雅明机械复制艺术理论的中国再生产[J].文艺研究,2011(11).

朱贻庭.论儒道对世俗功利的超越精神[J].道德与文明,2011(1).

邹诗鹏.文化哲学的现代性立场[J].求是学刊,2000(4).

四、学位论文类

韩红艳.批判与革命:马克思主义文化理论的内涵——从经典马克思主义到法兰克福学派的文化理论研究[D].博士学位论文,复旦大学,2012.

何光辉.存在与朴真:先秦道家人文观研究[D].博士学位论文,南京大学,2011.

洪晓楠.科学文化哲学前沿问题研究[D].博士学位论文,大连理工大学,2006.

胡海波.马克思恩格斯文化观研究[D].博士学位论文,东北师范大学,2010.

江运东.中国特色社会主义文化自信研究[D].博士学位论文,电子科学技术大学,2017.

刘坛茹.异化与抵抗:西方马克思主义身体话语研究[D].博士学位论文,上海师范大学,2012.

叶树勋.先秦道家"德"观念研究[D].博士学位论文,清华大学,2016.

周颜玲.我国主流意识形态建设视域下传承弘扬中华优秀传统文化研究[D].博士学位论文,山东大学,2019.

后　记

　　当前,世界之变、时代之变、历史之变正以前所未有的方式展开。作为一位高校马克思主义学院的从业者,如何在课堂内外直面现实问题,并以自己的学理研究回应好世界之问、时代之问、历史之问,可谓使命在肩、任重道远。正是从这一意义上,本书可以被视为我以个人绵薄之力回应时代问题的思考成果。可以肯定的是,字里行间一定有诸多的缺憾。在这里我恳请读到本书的读者,尤其是学界的前辈时贤批评指正。

　　本书是在我博士论文的基础上修改而成的,因此我要由衷地感谢我的指导老师张彦教授所给予的无微不至、耳提面命的殷殷指点。事实上,在浙江大学马克思主义学院读博期间,没有导师的信任、鼓励和教导,我根本无法完成学业,尤其是完成博士论文的写作。今后的我会努力以自己的教学与科研业绩来回报师恩。

　　我也要感谢浙江大学马克思主义学院的张应杭教授。我自 2005 年在浙江大学经济学院攻读硕士学位时,就选修过张老师的课。因为学术兴趣相投,故在他的提携与引领下,我们合作过好几项科研项目,也联袂署名发表过相关论文。我期盼这种志同道合的合作可以长久地进行下去。

　　我还要感谢浙江省社科规划办对我这一研究成果的肯定,并于 2021 年对本书予以了立项出版资助(项目批准文号:22HQZZ42YB)。在当下学术著作出版难的现实境遇下,这一份资助显然是弥足珍贵的。

　　最后,我也还要感谢浙江大学出版社领导与责任编辑对本书选题的认可,尤其是责任编辑胡畔对本书给出了诸多极为专业的修改意见。事实上,她许多指点迷津的意见让我在修改书稿时少走了很多弯路。

　　我想倘若本书能够使读者开卷有益，那我就算没有辜负上述诸位师长及领导所给予的期望与支持了。当然，我也深知学术研究的路不仅孤寂，而且漫长，我将踔厉奋发、精进而行。

　　谨为后记。

朱晓虹

2023 年 6 月 30 日于丽水学院